KB046469

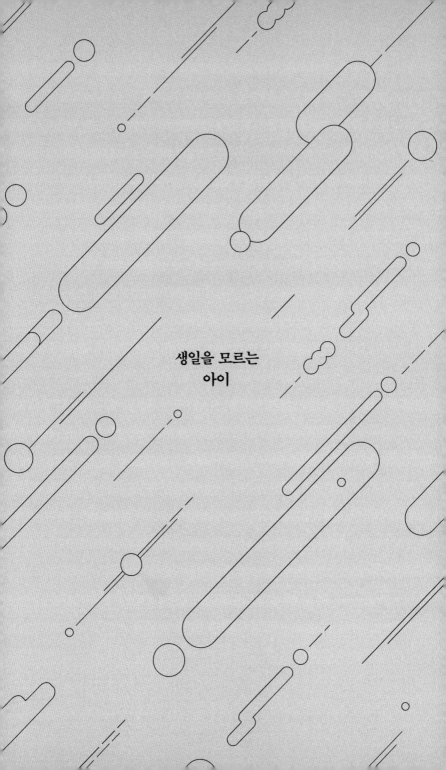

생일을 모르는
아이

**TANJOBI WO SHIRANAI ONNA NO KO**
**GYAKUTAI − SONOGO NO KODOMOTACHI by Shoko Kurokawa**

Copyright © 2013 by Shoko Kurokawa
All rights reserved.
First published in Japan in 2013 by SHUEISHA Inc., Tokyo.

Korean edition published by arrangement with
Shueisha Inc., Tokyo in care of UNI Agency Inc., Tokyo
through BC Agency

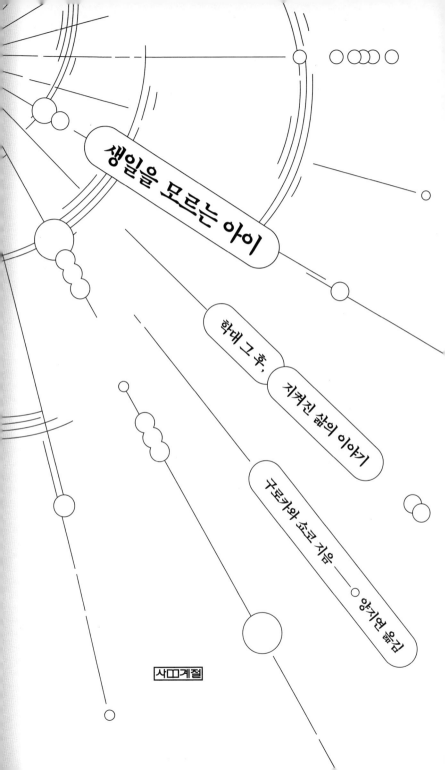

# 생일을 모르는 아이

학대 그 후, 지켜진 삶의 이야기

구도카와 쇼코 지음 ──○ 양지연 옮김

사□계절

　　그 사람은 어떻게 자기 딸의 장기 사진을 저리도 무심히 쳐다볼 수 있을까.

　　도카이도 본선 신쾌속선을 타고 흔들리는 열차에 몸을 맡긴 채 JR 기후역에서 오부역으로 향하는 동안 머릿속에선 2010년 5월 12일 교토지방재판소 101호 법정에서 목격한 한 장면이 되풀이해서 떠올랐다.

　　법정 모니터에 뜬 사진이 생후 8개월에 죽은 넷째 딸의 폐내 혈관 조직 세포라는 것을 그는 잘 알고 있었다. 죽은 자식의 장기 일부를 아무런 동요도 주저함도 없이 바라보다니 나라면 도저히 상상도 못 할 일이다. 그래서인지 눈썹 하나 까딱하지 않는 그의 얼굴에서 눈을 뗄 수 없었다.

2008년 12월 그는 교토대학 의학부 부속병원 집중 치료실에 입원 중인 다섯째 딸의 링거에 썩은 물을 혼입한 일로 체포되었다. 치마 주머니에서 물이 든 주사기가 나와 현행범으로 바로 체포됐다. 죽음의 문 앞에서 구출된 다섯째 딸은 그때 겨우 22개월이었다. 체포 후 그가 낳은 딸 가운데 둘째가 3년 9개월, 셋째가 2년 2개월, 넷째가 8개월일 때 병사했다는 사실이 확인됐고 곧바로 수사가 진행됐다.

　　법정에서는 죽은 아이 가운데 유일하게 병리해부 기록이 남아 있는 넷째 딸에 대한 심리가 이뤄졌다. 방청석에서 그를 지켜봤다. 검은 재킷에 하얀 셔츠, 검은 타이트스커트에 검은 스타킹, 블랙을 기조로 몸을 단장한 그는 아주 차분해 보였다. 보통 체격에 수수한 얼굴, 머리를 하나로 묶은 단정한 모습은 성실한 인상마저 준다. 하지만 가끔 노려보듯 방청석을 쳐다볼 때면 날카로운 시선에 순간 온몸이 움츠러들었다.

　　범행은 둘째 딸 때부터 시작됐다. 아이의 소변에 계란 흰자나 혈액을 섞어 넣는 일에 그치지 않고 나중에는 링거에 물을 섞기도 했다. 둘째는 2001년 8월에 사망했다. 2008년 12월 체포될 때까지 7년 남짓 사이에 그는 셋째, 넷째, 다섯째를 임신, 출산했고 둘째, 셋째, 넷째는 차례대로 사망했다.

　　다카기 가오리高木香織(수감 중, 체포 당시 35세). 그의 똑 부러지면서도 애교 섞인 목소리가 법정에 울려 퍼졌다.

"의사 선생님이 걱정해주는 아이, 관심 가져주는 특별한 아이의 엄마이고 싶었어요. 전 늘 좋은 엄마이고 싶었고 아이와 함께 시간을 보내는 일에서 제 가치를 찾았어요. 열심히 간병하는 엄마라고 인정받을 때마다 큰 만족감과 안정감을 느꼈습니다."

이런 이유로 링거에 물을 넣어 아이의 건강을 악화시켰다. 입원 생활을 연장해야 한다. 그것이 범행 동기이다. 가오리에게는 병원이 오래도록 머물고 싶은 편안한 공간이었기 때문이다.

범행 동기와 관련한 검사의 집요한 질문에 가오리는 이렇게 대답했다.

"일상을 떠나 아이와 둘이서만 스물네 시간 붙어 지내면서 친밀한 시간을 보낼 수 있어 좋았습니다. 아이는 모든 것을 나에게 맡긴 나의 일부입니다. 조그마한 아이와 착 달라붙어 있으면 마음이 편안했어요. 입원을 하면 의사 선생님과 간호사가 늘 (우리 아이에게) 관심을 가져주고 특별한 환자로 대해줬고 나에게 말을 걸어줄 때마다 나도 아이를 간병하는 엄마로서 특별한 존재가 되는 것 같아 기뻤습니다."

대리 뮌하우젠 증후군(MSBP, Münchhausen Syndrome by Proxy)을 보이는 사람의 공통된 특징이다.

다카기 가오리의 재판은 일본에서 처음으로 대리 뮌하

우젠 증후군이 문제가 된 형사재판이었다. 이 낯선 이름의 증후군은 주로 부모가 아이를 환자로 낙인찍고 불필요한 검사와 치료를 반복하게 하는 증상을 가리킨다.

뮌하우젠은 허풍쟁이 남작이라는 별명을 지닌 독일의 지방 귀족이었다. 이 남작은 증상과 병력을 날조해 진찰을 받고 치료와 검사를 반복했다고 한다. 뮌하우젠 증후군은 이 남작의 이름에서 유래한 병명이다. 한편으로 자신이 아닌 타인을 병이 있는 것처럼 만들어 자신에게 주위의 관심을 집중시키려는 사람도 있다. 이를 대리 뮌하우젠 증후군이라 부르며, 특히 부모가 아이에게 병이 있다고 주장하는 사례가 많다.

대리 뮌하우젠 증후군은 학대의 일종이다. 신체적 학대나 방임(부모가 양육 책임을 방기하는 일)에 비해 발생 건수는 적지만 생명을 심각한 위험에 빠뜨리는 학대로 알려져 있다. 동시에 부모의 정신 질환으로도 진단되는 복잡한 특성을 지녔다. 즉 부모의 정신 질환이 아이에게 병이 있다고 몰고 가는 증상으로 나타나는 병리 현상을 대리 뮌하우젠 증후군이라고 부른다.

이런 괴이한 엄마가 존재한다는 사실 자체도 믿기 어려운데 가오리가 법정에서 의기양양하게 자신의 논리를 설파하는 걸 보면서는 나는 입이 다물어지지 않았다.

"아이의 성장에 엄마로서 기쁨을 느낍니다. 첫애한테는 사람들에게 딸 바보라고 불릴 정도로 애정을 쏟았습니다."

"아이가 괴로워할 때에는 뭐든 해주고 싶어서 떨고 있으면 몸을 쓰다듬으며 진정시켰고 열이 높을 때에는 얼음으로 몸을 식히면서 열이 내리기를 간절히 빌었습니다."

자신이 저지른 행동과 자기 인식 사이에 엄청난 괴리가 존재했다. 가오리는 검사의 집요한 추궁에도 자신을 좋은 엄마, 아이를 사랑하는 엄마라고 당당하게 말했다.

"좋은 엄마를 연기하는 게 아니라 그때도 지금도 진심으로 좋은 엄마이고 싶습니다."

제 손으로 제 자식을 죽음으로 몰고 갔다는 사실을 전혀 심각하게 여기지 않는 듯했다. 자신이 무슨 일을 저질렀는지 가오리는 정말 알고 있기는 한 것일까. 저 날카로운 눈빛 뒤에는 도대체 무엇이 도사리고 있을까.


재판을 방청하고 나서 두 달 후인 2010년 7월, 나는 가오리가 살던 곳을 둘러본 후 JR 기후역에서 오부역으로 향했다. 어쨌든 이 이해할 수 없는 엄마의 정체를 알고 싶었다. '아이치소아보건의료종합센터(이하 아이치소아센터)'가 목적지였다. 아동 학대를 담당해온 아동 정신과 의사 스기야마 도시로杉山登志郞 정신과 부장(현 하마마쓰 의과대학 특임 교수)을 만나기 위해서다.

지금 생각해보니 아동 학대를 둘러싼 이 여행의 출발점은 아이치소아센터였던 듯싶다.

나 또한 싱글 맘으로 아들 둘을 키우고 있다. 산후 우울증, 홀로 전담해야 했던 육아의 고달픔, 육아하는 엄마들끼리의 사소한 갈등 등 엄마로서 정체성을 확립해가는 기나긴 터널을 지나고 난 지금은 그나마 조금 느긋하게 아이들을 바라보게 됐다.

그동안 가족 살인 등 주로 가족 문제를 중심으로 취재를 이어왔는데 아마도 나 또한 눈에 보이지 않는 엄마의 학대, 엄마와의 끊임없는 불화를 힘들어하며 성장했기 때문에 저절로 관심이 쏠렸던 것 같다. 가족이라는 작은 세계에서 일어나는 병리를 그냥 지나치고 싶지 않았다. 그래서 오랫동안 아동 학대는 주요 관심 주제였고 내가 잘 아는 분야라는 자신감 또한 있었다.

로비는 3층까지 뻥 뚫려 있어 시야가 확 트였다. 병원은 귀여운 목각 인형들이 사는 거대한 장난감 나라 같았다. 언덕 위에 위치해서 그런지 볕이 잘 들어 실내에는 밝은 기운이 넘실댔다.

발을 들인 순간 아이가 주인공인 병원이라는 게 피부

로 느껴졌다. 대기실 모니터에는 담당 의사의 캐리커처가 웃는 얼굴로 손을 흔들고 있었다. 아이치소아센터는 아이치현이 운영하는 소아 전문 종합병원으로 2001년에 문을 열었다.

3층에 있는 스기야마의 방으로 향했다. 아동 청소년기 정신의학을 전공한 스기야마는 발달 장애아와 학대 피해 아동 임상을 연구 주제로 삼고 있다. 지금까지 수많은 학대 피해 아동을 치료한 전문가이다.

온후한 인상의 스기야마가 아이치소아센터에서 다뤘던 대리 뮌하우젠 증후군 사례를 담담히 들려줬다. 다섯 살 여자아이였는데 어릴 적부터 뇌전증 발작으로 종종 응급차에 실려 왔고 여러 병원에서 입원과 퇴원을 반복했다고 한다.

"그런 일이 수차례 반복됐는데 검사를 해도 뇌파에 이상이 없고 입원 중에는 한 번도 발작을 일으키지 않았어요. 다섯 살인데도 아이가 걷지 못해서 신체장애인 수첩 3급도 갖고 있었죠. 엄마 말로는 입으로 음식을 먹지 못한다고 해서 아이는 튜브를 이용해 코로 영양을 주입받고 갑상선이 안 좋다고 해서 약도 먹고 있었어요. 그런데 입원했던 병원에서 대리 뮌하우젠 증후군이 의심된다며 학대 신고를 했어요."

아동 상담소에서 변호사를 불러 검토 회의를 연 결과 일시 보호 조치가 내려졌다. 아이가 어린이집에 있는 사이 아동 상담소 직원이 직권으로 아이를 데려와 보호하고 아이치소아센터에 입원시켰다.

"이 아이는 낯선 어른들이 갑자기 들이닥쳐 자기를 데려가는데도 당황하는 기색 없이 순순히 잘 따라왔어요. 식사를 줬더니 아무런 문제 없이 입으로 쩝쩝 잘 먹어서 그때부터 튜브를 뺐고 보행에도 전혀 문제가 없었어요."

입원 후 엄마가 호소하던 아이의 이상 증후는 모두 거짓임이 판명되었다. 뇌전증도 갑상선 이상도 신체장애인 수첩도 아이 상태와는 무관했다. 모두 엄마가 지어낸 병이었다.

"아이 엄마는 아이를 위해 블로그도 하고 있었어요. 육아 일기에 '난 이렇게 열심히 이 아이를 기르고 있습니다'라고 쓰면서요."

다카기 가오리도 똑같았다. 육아 블로그에 "헬리콥터로 교토대학 병원에 실려 와…… 집중 치료실에 들어가……빨리 회복되길……"같은 글을 남기는 한편 링거에 썩은 물과 스포츠 음료를 집어넣었다. 다섯째 딸에 이르러 엄마가 면회를 할 때마다 증상이 악화되는 상황이 지속되자 이를 수상히 여긴 병원이 경찰에 신고했다. 경찰관이 감시하다 현장에서 바로 체포했다.

얘기를 들을수록 머리가 어질어질했다.

"어떻게 엄마가 애한테 그런 짓을 할 수 있죠? 왜요?"

왜, 왜, 왜……. 내 입에선 이 말밖에 나오지 않았다.

얼이 빠진 취재기자에게 의사가 중얼대듯 답했다.

"기자들은 당장의 원인과 결과만 따진다니까요."

그리고 이렇게 잘라 말했다.

"이런 부모가 실제로 있어요. 설명할 수 없는 부정적인 면을 우리는 직시해야만 합니다. 논리적으로는 설명할 수 없지만 이런 부모가 있다는 걸 인정해야 해요. 거기서부터 출발해야 해요. 학대는 무엇보다도 아이의 처지에서 봐야만 하는 거예요. 아이를 포함해 학대의 전체 구조 속에서 생각해야만 합니다."

그러고 보니 내가 지금까지 집착해온 것은 부모였다. 아이의 처지에 서서 아이의 시선으로 학대를 바라보려는 시도를 한 적이 과연 있기는 했던가.

아이의 입장에서 바라보니 다카기 가오리 사건에서 대리 뮌하우젠 증후군이 면죄부가 되어서는 안 된다는 사실이 더 또렷이 보였다. 고열에 시달리고 피를 흘리고 구토를 하다가 결국 죽어간 아이들, 태어난 후 대부분의 시간을 병원 침대에서 보내면서 삶의 즐거움을 한 조각도 맛볼 수 없었던 아이들의 처지에 서서 아이들의 시선에서 사건을 봐야만 한다.

다카기 가오리 같은 엄마가 어디에서 생겨나는지도 검증되어야 할 일이지만 가해자의 기괴함에만 집착하다 보면 학대의 전체적 구조에서 점점 멀어지고 만다.

판사는 가오리의 범행을 인정하면서도 "대리 뮌하우젠 증후군이었던 점은 양형상 유리한 사정으로 참작한다"라며 검사가 구형한 징역 15년에 대해 징역 10년이라는 판결을 내렸고 가오리는 항소하지 않았다. 재판에서는 가오리가 대리 뮌하우젠 증후군이었다는 점이 형량을 좌우했지만 요코하마 시립대학의 난부 사오리南部さおり 조교수는 저서 『대리 뮌하우젠 증후군』에서 "대리 뮌하우젠 증후군은 아동 학대의 일종이지 부모의 정신 상태를 가리키는 말이 아니다"라고 지적하면서 이는 명백한 범죄행위이며 정상참작 요소가 될 수 없다고 강조했다.

스기야마는 "학대의 전체 구조 속에서 생각"하라고 강조했지만 무엇을 어떻게 바라보면 좋을지 난감하기만 했다. 아동 학대는 내가 잘 아는 분야라는 자신감이 엄청난 착각이었음을 깨닫자 어찌해야 할지 도무지 감이 잡히지 않았다.

"잠깐 병동을 보여드릴까요?"

스기야마가 얼굴에 미소를 띠며 천천히 일어섰다. 멍하니 뒤를 따라갔다. 심리 치료과 '32병동'으로 향했다. 주로 학대받은 아이들이 입원해 전문적인 치료를 받는 곳이었다.

병동 입구에서 스기야마는 목에 건 ID카드를 인터폰에 갖다 댔다. 해제음 비슷한 소리가 난 뒤 문이 열렸다. 그 순간 뭔가 부자연스럽다고 느꼈는데 그때는 왜 그랬는지 미처 알아차리지 못한 채 병동에 들어섰다.

문 안쪽은 밝고 쾌적한 공간이었다. 벽마다 자연을 소재로 한 부드러운 터치의 그림이 걸려서인지 분위기가 참 포근했다. 중앙 통풍구의 파랑, 주홍, 분홍 등의 선명한 색채가 복도와 병실 주위에 생기를 더해주었다. 벽 앞쪽에는 거실처럼 4인용 테이블 몇 개가 놓여 있었다. 초등학교 저학년 아이들이 앉아서 간식을 먹으며 진지한 표정으로 TV를 시청했다.

스기야마는 안쪽 깊숙한 곳으로 걸어가더니 문에다 다시 ID카드를 대고 문을 열었다. 그곳에선 초등학교 3, 4학년쯤으로 보이는 남자아이가 여성 간호사와 얘기를 나누고 있었다. 좀 토라진 듯한 남자아이에게 스기야마가 "왜 그래?" 하고 웃으면서 말을 걸었다.

병원인데 링거도 환자복도 환자를 돌보는 부모의 모습도 보이지 않았다. 아이들은 일상복 차림에 실내화를 신었고 간호사도 앞치마를 걸치기는 했지만 면바지에 폴로셔츠를 받쳐 입은 캐주얼한 차림이었다. 언뜻 일반 학교의 방과 후 교실처럼 보였다.

하지만 이 아이들은 입원 환자다. 그것도 학대라는 상상조차 할 수 없는 일을 겪고 이곳에 왔다. 눈앞의 광경을 어떻게 받아들여야 할지 몰라 몸과 마음이 멈칫거렸다. 혼돈에 빠진 채 병동을 둘러보고 밖으로 나오는데 등 뒤에서 찰칵하고 문이 잠기는 소리가 났다.

이곳은 환자가 마음대로 드나들지 못하도록 만든 공간, 즉 폐쇄 병동이었다. 설마 소아과에 폐쇄 병동이 있으리라고는 생각지 못했다. ID카드를 댔을 때 났던 해제음이 부자연스럽게 느껴졌던 것도 그 때문이리라.

도대체 어떻게 된 일일까. 이 상황을 어떻게 이해해야 할까. 학대를 받은 아이는 어떤 상태에 놓인 것일까. 지금까지 나는 학대 피해 아동이 부모로부터 분리되어 아동 상담소의 보호를 받기만 하면 그것으로 일단 문제는 해결된다고 생각했다. 적어도 더 이상 살해당할 위험은 없을 거라며 다행이라 여겼다.

다시금 나는 아무것도 모른다는 사실을 깨달았다. 나의 무지와 착각을 직면하고 나자 한없이 부끄러웠다. 머릿속이 뒤죽박죽 뒤엉킨 채로 아이치소아센터를 나왔다.


현재 일본에는 학대를 당해 보호받고 있는 아이가 얼마나 될까. 후생노동성(한국 보건복지부에 해당하는 일본 행정기관. - 옮긴이)의 보고를 보면 2013년도 전국 아동 상담소의 아동 학대 상담 대응 건수(속보치速報値)는 7만 3,765건으로 처음으로 6만 건을 돌파하며 6만 6,701건에 이르렀던 2012년도 보다 급격히 늘어나 1990년 조사를 시작한 이후 최대치를 기록했다.(속보치란 측정이나 집계 후 수정·검증을 거치지 않고 즉시 발표되는 수치를 뜻한다. – 옮긴이) 상담 대응 건수는 해마다 증가세를 보이고 있다. 생부모와 살 수 없는 보호가 필요한 아동 수는 2013년 10월 1일 기준으로 전국에 약 4만 6,000명이다.(후생노동성이 2021년 8월 26일 발표한 2020년 아동 학대 상담 대응 건수(속보치)는 20만 5,029건으로 전년 대비 1만 1,249건 증가했다. 상담 대응 건수는 아동 상담소가 상담 접수를 받아 지원 방침 회의를 거쳐 지도 및 조치 등을 진행한 건수를 말한다. 한편 한국 보건복지부가 2021년 8월 31일에 발표한 「2020 아동 학대 주요 통계」를 보면 2020년 아동 학대 신고 접수 건수는 4만 2,251건, 아동 학대 사례는 총 3만 905건이다. – 옮긴이)

이런 아이들 가운데 극히 일부가 아이치소아센터에 들어와 치료를 받는다. 아이치소아센터의 심리 치료과에는 '육아 지원 외래'가 있다. 내가 안내받은 32병동은 전국에서 손꼽히는 '아동 심리 케어'를 위한 입원 시설이다. 학대를 받은 아이 이외에도 발달 장애가 있거나 등교를 거부하는 아이들을 대상으로 한 전문 치료도 하고 있다.

2011년 2월 아이치소아센터를 다시 찾았다.

스기야마는 2010년 10월부로 하마마쓰 의과대학 특임 교수로 이직해서 아이치소아센터에는 일주일에 한 번 출근해 외래 진료만 본다고 했다. 그날 하루만 해도 60명 정도의 환자를 보는 사이 잠시 짬을 내 진료실에서 이야기를 나눴다.

"'육아 지원 외래'라는 식의 온화한 표현을 쓰고는 있지만 실제로는 학대 피해 아동의 심리 케어를 목적으로 한 '학대 피해 아동 외래'입니다. 만들어진 지 10년이 지났는데 아직 다른 곳에는 없어요. 외래로 이곳에 오는 환자는 아동 상담소에 보호 조치된 위급한 상황의 아이, 아동 양호 시설兒童養護施設(보호자가 없는 아동, 학대 피해 아동 등을 양육하는 일본의 아동 복지 시설로 아동 상담소장의 판단하에 지자체장이 입소 조치를 결정한다. 입소 대상자는 원칙적으로 만 1세 이상 18세 미만이다. 한국에선 일반적으로 아동 양육 시설이라고 쓴다. — 옮긴이) 등에서 문제를 일으킨 아이, 소아과 의사의 소개로 오는 아이 등이 있습니다."

무엇보다 폐쇄 병동이 있는 이유가 가장 궁금했다.

"소아 병원에 폐쇄 병동을 만든 이유는 학대를 받은 아이를 치료하다 보니 중증 아이가 올 것이라는 게 예상되었기 때문입니다."

중증 아이라니? 입원 환자는 도대체 어떤 상태일까.

"학대를 받은 아이는 문제 행동을 쉴 새 없이 일으킵니다. 자신의 약점이 드러나거나 분노가 쌓이면 폭발합니다.

즉 학대와 피학대의 대인 관계를 되풀이합니다. 아이들끼리 서로 위협을 주고받아서는 아이들의 안전을 보장할 수 없지요. 안전을 보장할 수 없는 곳에서는 치료가 불가능합니다. 이 병동은 그런 불안정한 아이들을 안전한 구조 속에서 품어주는 이미지를 실현한 곳입니다. 아이를 가두는 것이 목적이 아니라 지키기 위한 것이죠."

32병동의 폐쇄 규정에는 준폐쇄(저녁 5시부터 이튿날 아침 7시까지 폐쇄)와 스물네 시간 폐쇄, 두 종류가 있다. 규정은 모두 정신보건 복지법에 준거해 마련되었다. 윤리 위원회를 만들고 조례, 조문도 제정했다. 그리고 "아동 정신과 의사를 1인 이상 둔다" "자유를 빼앗을 때에는 반드시 설명하고 보호자 등의 서명을 받는다" "외부 위원회의 확인을 반드시 거친다" 등 법으로 정해진 필요 조항을 모두 갖춘 후에 개설했다.

하마마쓰 의과대학으로 이직한 스기야마 대신 아라이 야스아키新井康祥 의사가 취재에 응해주기로 했다. 아라이는 친절이 몸에 밴 젊은 의사였다. 면바지에 체크무늬 셔츠, 아이치소아센터의 분위기에 잘 녹아드는 스타일이었다. 하지만 말이 무척 빨라 정신을 바짝 차리고 귀를 쫑긋 세워야 했다.

처음 아이치소아센터를 방문했을 때 스기야마가 "요즘 성性 학대가 늘어서 그런지 잇달아 성 관련 문제가 일어나고 있습니다"라는 말을 했다. 성 학대는 성과 관련한 학대를 말하는 것 같았다. 하지만 성 학대가 늘고 있다는 건 무엇을 의미할까. 우선 성 학대의 증가가 무슨 뜻인지 물어봤다.

내 질문에 아라이가 설명을 시작했다.

"'성화 행동性化行動'이라는 걸 말해요."

처음 듣는 단어였다.

"성적 피해를 받은 아이는 어느 순간 자신도 성적 행위를 흔하게 합니다. 성적 발언이나 자위행위를 하기도 하고 직접 성행위에 이르는 일도 자주 있습니다. 이런 걸 성화 행동이라고 해요."

어린아이가 성적인 행동을 한다는 것은 어떤 의미인지, 아이들은 과연 자신이 하는 행동의 의미를 알기는 할지 의문은 더 커져갔다.

"행위의 의미를 이해하는 아이도 있고 부모의 성교 장면을 목격한 아이가 '저건 뭘 하는 걸까' 하고 흉내 내는 일도 있습니다. 이를테면 여기 기둥 뒤나 벽 뒤에서 그냥 하는 거죠. 사전에 서로 얘기를 했으니 가능하겠지요. 기둥 뒤에서 쓱 바지를 벗고 '했어' '못 했어'라고 말하며 나옵니다. 이런 행동 때문에 아동 양호 시설에서도 매우 힘들어하고 있습니다."

성적인 문제는 사춘기 이후에나 생기는 거라고 여겼던지라 아라이의 말이 믿기지 않았다.

"초등학교 저학년도 성적 흥분은 느끼기 때문에 성적

피해를 받은 아이는 보호 시설에 들어와서도 성적 행위를 하게 됩니다. 후생노동성 통계로는 전체 학대 피해 사례 중 성 학대는 3퍼센트 정도라고 나와 있어요. 하지만 치료 과정에서 피해 사실이 밝혀진 사례를 추가하면 실제로는 훨씬 많습니다. 이 병동이 개설된 이후 10년 동안의 진료 내역 통계를 보면 성 학대는 17퍼센트 정도입니다."

그래서 격리가 필요한 걸까.

"폐쇄 병동이 필요한 이유는 입원이 필요한 아이들만 모여 있으면 아무래도 성화 행동과 폭행 사건이 빈번하게 일어나기 때문입니다. 아이들을 가해자로도 반대로 피해자로도 만들고 싶지 않기 때문이죠. 아이들이 안전하다고 느낄 수 있는 공간이어야만 트라우마 치료가 가능하거든요."

성 학대를 당하는 아이가 이렇게나 많으리라고는 생각지도 못했다. 아이에게 성행위를 강요하는 비열한 어른은 상상을 초월할 정도로 많았다. 학대 피해자인 아이들의 문제 행동도 심각했다.

"학대받은 아이는 분노와 공포 등 다양한 감정을 꽁꽁 싸매둔 채 지내는데 부모와 분리되어 보호받는 공간에 오면 봉인됐던 감정이 풀려나와요. 그러면 안 보이는 곳에서 다른 아이를 괴롭히거나 폭력 행동을 자제할 수 없어 폭발하기도 합니다. 그런 행동을 하면 친구가 없어진다는 걸 알면서도 폭력 행동을 멈출 수 없어서 맹렬하게 서로 싸우기도 하고요."

아라이는 말을 이었다.

"약육강식의 세계에서 살아온 아이들이어서 초등학교 저학년 아이가 자기보다 체격이 훨씬 큰 중학생에게 싸움을 걸기도 합니다. 오로지 살아남는 일에만 온 신경을 모아야 하는 환경에서 살아왔기 때문에, 비유가 적절치는 않지만 마치 동물이 벌이는 영역 싸움 같습니다. 초등학교 1학년이든 2학년이든 살기 위해 자기 영역을 만들려고 필사적으로 덤벼듭니다."

학대 가정은 약육강식의 세계이다. 그 가혹한 환경에서 가까스로 살아남은 아이들이 가정으로 돌아갈 수 없는 보호 아동이 되는 셈이다.

그러고 보니 스기야마가 이런 말을 했었다.

"학대 피해 아동에 대한 대응이 늘 사후 약방문이 되고 마는 이유는 아동 학대가 초래하는 후유증을 심각하게 바라보지 않기 때문입니다. 복잡성 트라우마라고 부르는데 이는 뇌에 기질적인 변화를 초래합니다. 뇌를 촬영한 영상 사진에도 명확히 나타납니다. 매우 심각한 후유증이 생기기 때문에 약물요법, 생활요법, 심리요법을 적절히 조절하면서 오랜 시간 치료해야 합니다."

32병동에 입원한 아이들 대부분이 항정신병 약 등 여

러 종류의 약을 먹는다고 아라이가 덧붙였다.

"아이가 어른이 복용하는 양만큼 약을 먹어도 어지럼 증도 느끼지 않고 아무렇지 않아 해요. 그뿐만 아니라 '잠이 안 와요. 약 더 주세요'라고 말하기도 하죠. 학대 피해 아동은 언제 얻어터질지 모르는 경계경보가 스물네 시간 켜진 상황에서 살아왔기 때문에 머릿속이 늘 과도하게 각성된 상태입니다. 모든 자극에 굉장히 민감해서 웬만한 양으로는 진정되지 않아요."

나뿐만 아니라 언론에서는 지금까지 학대의 어떤 부분을 봐온 것일까. 언론은 학대받은 아이가 사망한 비참한 사건에만 승냥이 떼처럼 달려든다. 학대한 부모를 비난하고 관계 기관을 공격하며 "왜 아이를 구하지 못했는가"라고 한탄하는 기사만 쏟아낸다. "(아동 학대를) 학대의 전체 구조 속에서 생각해야만" 하는 임상 현장과 기사 속 현실은 마치 딴 세상처럼 동떨어져 있다.

2014년 9월에 후생노동성이 발표한 데이터를 보면 2012년에 학대로 사망한 아이는 51명, 자녀 살해 후 자살을 포함하면 90명이다. 2011년도는 58명의 아이가 목숨을 잃었고 자녀 살해 후 자살을 포함하면 99명이다. 학대를 받아온 많은 아이들이 끝내 살해당했다는 것은 명백한 사실이다.

하지만 한편으로 살해당하지 않고 살아남아 아동 상담

소에 보호 조치된 아이들은 그걸로 모든 일이 해결된 것일까. 그렇지 않다. 보호 조치된 아이들의 '그 후'에는 무엇이 기다리고 있을까. '그 후'를 제대로 지켜봐야 한다는 절박한 의무감이 물밀었다. 무엇보다 우선 내 눈으로 직접 있는 그대로를 보고 싶었다.

아라이는 그날 취재를 마치며 이런 말을 남겼다.

"취재 흐름상 지금부터는 아동 양호 시설과 위탁 부모를 찾아가 보는 게 좋겠는데요. 치료를 한 후 그 아이를 어디로 돌려보내면 좋을지 저희는 늘 고민합니다. 학대 피해를 당했지만 좋은 시설이나 위탁 부모를 만나 치료받고 열심히 살아가는 아이도 많으니까요."

그래. 학대받은 아이들이 지금 살아가고 있는 현장을 찾아가 보자. 살아남은 아이들의 '그 후'를 만나는 여행을 떠나보자. 아이치소아센터 취재를 마치고 나고야역으로 향하는 전철 안에서 여행의 확실한 목적지가 떠올랐다.

# 차례

**일러두기**

1. 책에 등장하는 학대 피해 아동과 패밀리홈 위탁 부모의 이름은 가명이라 일본어 한자를 병기하지 않았다. 의사, 전문가, 사건 피고인 등 실명으로 나온 사람의 이름은 원어를 병기하였다.

2. 아동 보호 기관과 관련하여 한국과 일본에서 쓰는 명칭이 다른 부분은 일본어 명칭에 옮긴이 주를 달았다. 예를 들어 한국의 아동 양육 시설을 일본에선 아동 양호 시설이라 쓰고, 공동 양육 시설의 경우 한국은 그룹홈, 일본은 패밀리홈이라고 일컫는다. 각 명칭이 드러내는 의식의 차이를 부각할 필요가 있기에 일본어 명칭을 그대로 쓰는 대신 옮긴이 주를 달았다.

3. 성별 고정관념과 편견을 드러내는 말들이 등장하는 경우가 더러 있으나 취재에서의 현장감을 살리기 위해 원서의 표현을 그대로 따랐다.

예) "그것도 용과 검 등 여자아이가 좋아할 만한 모양은 아니었다."

4. 책 제목은 『 』, 보고서·논문명은 「 」, 영화명은 〈 〉로 표시하였다.

# 제1장

## 미유

## 벽이 된 아이

"있잖아, 쇼코 아줌마. 나는 다섯 살 때까지 내 생일이 7월 10일이라는 걸 몰랐어."

미유가 하늘하늘 날리는 깃털처럼 보드라운 목소리로 소곤거렸다. 밝은 목소리로 노래를 흥얼거리며 인형 놀이를 하다 툭 내뱉은 말이었다.

아무런 맥락도 없이 툭 던져진 말. 가볍고 보드라운 목소리와 말하는 내용 사이의 차이에 어? 하고 순간 몸이 굳었다. 생일은 "태어나줘서 고마워" 하고 부모와 주위 사람들이 축복해주는 날인데…….

미유는 초등학교 3학년이다. 세 살 때 엄마의 학대로 아동 상담소에 보호 조치되어 학대 피해 아동 일시 보호소에서 잠시 지내다가 네 살 때 패밀리홈(한국에서는 공동생활 가정 또는 그룹홈이라 부른다. – 옮긴이)인 '요코야마홈'에 왔고 그때부터 쭉 요코야마네 미유로 살고 있다.

요코야마홈의 엄마는 50대 초반의 구미, 아빠는 40대 후반의 야스로이다. 미유 말고도 유아 1명, 초등학생 3명, 중학생 1명, 총 6명이 요코야마홈의 아이들로 요코야마라는 성으로 사회생활을 하고 있다.

패밀리홈은 2009년부터 시행된 제도로 정식 명칭은 '소규모 주거형 아동 양육 사업'이다. 말 그대로 양육자의 주거에서 5~6명의 보호 아동을 돌보는 사업으로 위탁 부모 경험 등 일정 요건을 갖춘 사람이 양육자가 되고 보조자를 포함해 3명 이상이 아이들의 양육을 담당한다. 양육자는 사업을 시행하는 주거에 생활의 근거를 둔 자에 한하며 그 이외의 운영에 관여하는 사람이 보조자가 된다. 이를테면 양육자 1명에 보조자 2명, 양육자 2명(부부 등)에 보조자 1명 등의 형태가 있다. 가정 위탁은 아동 4명까지라는 제한이 있지만 패밀리홈 정원은 5~6명이다. 즉 가정 위탁의 규모를 조금 확장한 형태다.

사업자가 될 수 있는 사람은 양자 결연을 목적으로 하지 않는 위탁 부모로서 일정한 경험을 갖춘 자, 아동 양호 시설 직원으로서 아이의 양육에 몸담아온 자 등이다. 아동 양호 시설 같은 법인이 직원에게 주거를 제공하는 등의 방법으로 사업을 진행하는 경우도 있다.

패밀리홈 최대의 특징이자 장점은 무엇보다도 시설이 아닌 가정에서 아이를 양육한다는 점이다. 아이들은 보통 가정과 마찬가지로 엄마와 아빠라는 특정 어른의 보살핌 속에서 자랄 수 있어서 가정 위탁 제도와 함께 '아이에게 가정이라는 양육의 장을 보장하는' 역할을 한다.

패밀리홈과 가정 위탁의 가장 큰 차이는 가정 위탁은 '개인'으로서 하는 일이지만 패밀리홈은 '제2종 사회 복지 사업'으로 분류된다는 점이다. 가정 위탁은 일정한 교육 등을 받으면 누구나 할 수 있지만 패밀리홈은 '설립 요건'이 따로 정해져 있다. 위탁 부모 경험자인 경우는 동시에 복수의 아이를 2년 이상 양육한 경험이 있는 자, 혹은 위탁 부모로서 5년 이상 등록하고 5명 이상의 위탁 아동 양육 경험이 있는 자여야 한다. 위탁 부모 경험자가 아닌 경우는 아동 양호 시설 등에서 3년 이상의 양육 경험이 있는 자라고 명확히 규정하고 있다. 회계는 소관 행정기관의 감사를 받아야 하며 공공의 양육을 담당하는 사업자로서 엄격한 책임이 따른다.

2013년 10월 1일 기준으로 패밀리홈은 일본 전국에 218개소가 있다. 그곳에서 829명의 아이가 산다. 일본 정부는 아동 양호 시설 일변도를 탈피해 가능한 한 가정과 같은 환경에서 양육이 이루어지도록 할 방침이며 이를 위해 향후 지속적으로 패밀리홈을 확충해나가겠다고 밝혔다. 앞으로 1,000개소 설치를 목표로 하고 있는데 이는 학대받았던 아이들이 가정이라는 환경에서, 안정된 인간관계 속에서 자라는 것이 아이들의 성장에 매우 중요하다는 사실을 인식하게 되었기 때문이다.


미유가 "나랑 놀자"라며 나를 자기 방으로 초대해준 건 요코야마홈을 세 번째로 방문했을 때였다. 이전까지는 멀찌감치 떨어져 바라보기만 하던 미유가 갑자기 "쇼코 아줌마" 하고 이름을 부르며 말을 걸어와 솔직히 놀랐다.

벽지, 카펫, 커튼, 쿠션 등 눈에 들어오는 모든 게 핑크이다. 미유의 방은 미유가 가장 좋아하는 핑크로 가득 찼다. 로프트 침대 밑 공간에는 전자피아노가 놓였고 작은 탁자 주위와 장식 코너는 자잘한 물건들과 헝겊 인형으로 꾸며져 있다. 초등학생 여자아이의 방이 신기해 두리번두리번 어리둥절해 있는 나에게 미유는 소품들을 들고 와 하나하나 설명해주었다. 모두 미유의 보물이었다.

"이건 엄마가 사준 거야. 이건 하루 언니가 선물해준 거고."

환하게 미소 지은 얼굴로 스스럼없이 말을 이끈다.

하루는 요코야마홈에 오는 보조자이다. 요코야마홈은 부부가 양육자, 성인이 된 아들인 유키오가 보조자로서 패밀리홈을 운영하는 요건을 갖추었다. 구미와 야스로는 아이들의 양육과 교육을 위해서는 더 많은 어른이 함께하는 게 좋겠다고 판단했고, 현실적으로도 아이들을 학원이나 병원에 데려다주려면 일손이 많이 필요해 복지학 전공 대학생을 보조자로 고용했다. 그러면 그만큼의 인건비가 더 지급될까? 그건 아니다. 국가가 상정한 인력은 2.5명(양육자 2명에 비상근 보조자 1명)뿐이다. 보조자를 추가로 고용했을 때에는 사업자가 자기 돈으로 비용을 해결해야 한다.

패밀리홈에 들어오는 아이는 보호 아동으로 생부모 등 보호자를 대신해 사회가 기르게 된 아이들이다. 아이는 아동 상담소 소장의 판단을 기초로 지자체장의 결정에 따라 아동 양호 시설, 가정 위탁, 패밀리홈 등에 보호 조치된다.

보호 아동의 양육과 관련된 비용을 조치비措置費라고 부르는데 패밀리홈은 국가로부터 사무비와 사업비라는 두 가지 명목의 조치비를 받는다. 사무비로 지급되는 금액은 아이 1명당 한 달에 15만 엔(약 160만 원) 정도이다. 사무비는 보조자 등의 인건비, 연수비, 여비, 소모품 구입 비용과 시설 보수 같은 데 경비로 쓰인다. 사업비는 아이의 식비와 피복비 등의 일반 생활비와 교육비로 아이 1명당 한 달에 약 4만 8,000엔(약 50만 원)이 지급된다.

요코야마홈의 경제적 측면은 어떨까.

구미의 설명은 이렇다.

"우리는 아이 6명분으로 한 달에 대략 120만 엔(약 1,300만 원) 정도를 받는데 아이 6명의 식비, 피복비, 학원비, 수영과 피아노 등의 교습비로 매달 40만 엔(약 420만 원) 정도, 보조 인력 인건비로 약 50만 엔(약 520만 원)이 나갑니다. 이 밖에도 자동차 보험료, 자동차 렌트비, 주차비 등으로 결국 대부분이 쓰입니다. 그래서 결코 돈이 모이지 않아요. 제 자신의 수입만을 고려한다면 밖에 나가 일하는 편이 훨씬 나아요. 하지만 패밀리홈을 만들어 아이들을 위해 돈을 쓸 수 있으니 그걸로 됐다고 생각해요. 아이들과 같이 여행도 갈 수 있고 유치원생, 초등학생 무렵부터 이런저런 걸 배우도록 할 수도 있으니까요."

미유는 지금 피아노 학원과 보습 학원에 다니고 있다. 피아노 치는 걸 좋아하고 공작 등 손으로 만드는 걸 잘한다. 그림도 잘 그린다. 미유가 보여준 만화를 봤더니 세세한 부분까지 정교하게 그려져 있어 귀엽고 재밌었다.


"이리 와봐"라고 미유는 로프트 침대 위로 나를 불렀다. 천장에 머리를 몇 번이나 찧으면서 침대에 놓인 쿠션과 헝겊 인형을 쓰다듬고 있었는데 그때 미유가 그 말을 했다.

왜 갑자기 생일 얘기를 나에게 꺼낸 걸까. 다섯 살 때까지 자기 생일을 몰랐던 아이는 미유뿐만이 아니리라. 그것 자체는 이상한 일이 아니다. 요코야마홈에 들어온 후 엄마와 아빠, 오빠들에게 처음으로 축하를 받았던 다섯 살 생일이 미유에게 강한 인상을 남겨서, 그 전까지는 생일 축하를 받아본 적이 없다는 사실을 내게 알리고 싶어 불쑥 말을 꺼냈는지도 모른다. 생일 축하를 받는 일은 기쁨이자 자랑이니까.

얼떨떨한 기분으로 미유의 환한 얼굴을 빤히 바라만 보다가 겨우 바보 같은 대답을 했다.

"어? 미유, 정말?"

"응. 이 집에 오고 나서야 알았어. 근데 가와무라에 사는 엄마는 케이크를 사다 준 적이 있어."

'가와무라 엄마'는 생모를 말한다. 구미에게서 들었다.

"그랬구나. 엄마가 다정했나 보네."

"아니. 무서워. 무서웠어."

미유는 이때 내 얼굴을 똑바로 쳐다보며 단호하게 머리를 흔들었다. 그러고는 어쩐지 넋이 나간 듯한 얼굴로 오른손 손등을 내 앞에 보였다. 손등 한가운데 주변, 손가락 가까운 쪽에 오래된 흉터가 희미하게 남아 있었다.

"가와무라 엄마가 프라이팬으로 여기를 꾹 눌렀어."

미유는 이때도 문장을 줄줄 낭독하듯이 말했다. 프라이팬 얘기는 이전에 구미에게 들은 적이 있는데 설마 미유에게 직접 듣게 될 줄은 몰랐다. 놀라 허둥대던 내 입에선 가까스로 이런 대답만 나왔다.

"아팠겠구나. 정말 뜨거웠지……."

미유의 마음은 이제 뜨겁게 달구어진 프라이팬으로부터 멀리 벗어났는지 통증도 열기도 아무 상관 없는 일인 양 가볍고 귀여운 목소리로 이번에는 이런 말을 했다.

"가와무라 엄마는 유키 오빠 손을 전기밥솥에 가져다 댔어."

이 얘기도 구미에게 들었다. 생모는 미유와 한 살 차이인 유키의 손을 전기밥솥 증기 배출구에 갖다 댔다고 한다.

"있지, 이시다 아저씨는 부자라서 초밥을 사다 줬어."

이시다는 가와무라 엄마와 교제하던 남자였다. 유키와 미유의 생부는 같지만 이후 아빠는 여러 번 바뀌었다. 엄마는 여러 남성과 교제했고 전부 네 아이를 낳았는데 현재 함께 살고 있는 아이는 하나도 없다.

왜 미유는 이시다 아저씨 얘기를 꺼낸 것일까.

"초밥 사다 준 걸 기억하는구나."

"응. 이시다 아저씨는 일을 하고 있어서 부자였거든."

'미유, 어른이 일하는 건 당연한 거야'라는 말이 목구멍에 걸렸다. 엄마의 교제 상대 가운데 일하는 사람은 이시다 아저씨뿐이었던 걸까.

이튿날 아이들이 학교에 간 후 이시다 아저씨의 초밥 이야기를 구미에게 했다. 구미는 한숨을 내쉬고는 중얼거리듯 말했다.

"그것 말고는 좋은 추억이 없으니까, 마침 초밥을 사다 준 일이 기억에 남았나 보네요."

생일의 즐거움도 모른 채 네 살이 될 때까지 미유에게는 이시다 아저씨가 사다 준 초밥만이 유일하게 남은 즐거운 기억이었다.

미유

"하지만 나도 처음에 미유가 프라이팬 얘기를 꺼냈을 때에는 세상에! 하고 정말 놀랐어요."

미유가 요코야마홈에 온 지 3년째 되는 여름이었다고 한다. 저녁 준비를 할 때였다. 미유는 부엌일 돕는 걸 무척 좋아해서 요리를 하는 구미 옆에 착 달라붙어 있었다.

"미유, 오늘은 햄버그스테이크를 구울 거야."

스테이크 모양을 만들어놓고 막 구우려던 참이었다.

"미유, 이건 전기로 하는 거라서 불꽃은 안 보이는데 프라이팬 만지면 뜨거우니까 조심해야 해. 화상 입으니까 만지면 안 돼."

구미가 아무 생각 없이 말한 그 순간 미유는 오른손 손등을 가리키며 시계태엽을 돌려 감듯이 과거의 사건을 술술 꺼내놓았다.

"가와무라 엄마가 프라이팬으로 여기를 꽉 눌렀어."

처음 집에 왔을 때부터 미유의 손등에 화상 흉터가 있다는 걸 구미는 알아챘다. 하지만 너무 작고 오래된 흉터여서 담뱃불로 생긴 흉터이겠거니 했다. 미유의 몸 여기저기엔 담뱃불로 지져 생긴 흉터가 많았다. 그것도 등이나 엉덩이 등 본인에게는 보이지 않는 곳에만.

구미는 순간 이렇게 말했다.

"아, 뜨거웠지. 아팠겠구나."

미유는 아무렇지 않은 듯 말을 이었다.

"정말 아팠는데 울면 화내니까 참았어."

미유는 엄마가 한 말도 다 기억하고 있었다.

"'울지 마, 소리 내지마. 울면 때릴 거야'라고 말했어. 그래서 안 울었어."

흉터가 오래된 것으로 보아 두 살 혹은 세 살의 기억이 아닐까 싶었다. 하지만 두세 살 적 일은 대부분 이렇게까지 선명히 기억하지 못한다.

나중에 구미가 미유의 주치의인 아동 정신과 의사에게 이 이야기를 했더니 의사는 이렇게 설명했다.

"평범한 일상의 기억은 남지 않지만 트라우마가 되는 사건은 평범한 기억이 아닙니다. 학대 피해 아동의 트라우마 체험은 뇌 깊은 곳에 선명하게 각인되죠. 그래서 매우 또렷하게 남아 있습니다."

구미는 3년이나 지난 후에야 기억이 떠오른 것도 이상했다. 의사는 이렇게 말을 이었다.

"보통은 트라우마 체험을 마음속에 꽁꽁 봉인해두는데 어떤 상황에서 봉인이 풀리며 훅 튀어나오기도 합니다. 괴로운 체험일수록 그 체험을 직시하고 말로 표현할 수 있는 편이 훨씬 좋아요. 말로 할 수 있는 시점에서 80퍼센트는 회복했다고 봐도 된답니다."

그럼 로프트 침대 위에서 미유가 아무렇지 않게 말을 꺼낸 건 회복의 증거일까. 구미는 말한다.

"지금은 웃으면서 꽤 아무렇지 않게 이야기해요. '이 흉터 어른 되면 없어질까'라고 묻기도 하고요. 명확했던 기억이 요즘은 희미해져 가는 것 같아요. 점점 흐릿해지다가 언젠가는 과거의 애매한 기억들 사이로 사라질 수 있지 않을까요."

그러고 보니 로프트 침대에서 한 말도 '가와무라 엄마'가 무섭다는 것을 나에게 알려주기 위해 필요한 사건을 전달한다는 느낌이었다.

5년 전 구미가 일시 보호소에서 본 미유는 '벽이 된 아이'였다. 아동 상담소의 아동 복지사는 "이 애는 말을 할 수 없을지도 몰라요"라고 했다. "일시 보호소에서 지내는 동안 말을 한마디도 하지 않았어요. 표정도 전혀 읽을 수 없고요, 가면을 쓴 것처럼"이라고.

네 살 미유의 모습이었다.


2011년 2월 두 번째로 아이치소아센터를 방문했을 때 나는 학대받은 아이의 그 후를 찾아가는 여행을 하자고 다짐했다.(공교롭게도 2011년 3월 11일 동일본 대지진을 심리 치료과 폐쇄 병동에 있는, 열쇠로 잠긴 1인실 '문moon'에서 경험했다. 싫은 일에는 "노"라고 말하기 위해 '대인 관계 연습' 훈련을 받고 있는 여자아이를 만난 후 여성 간호사에게서 설명을 듣던 참이었다. 좀처럼 멈추지 않는 흔들림의 진원지가 어디지 하고 불안에 떨었던 기억이 난다.)

그해 여름에는 도쿄도 스기나미구에서 일어난 '위탁 아동 학대 살인 사건'으로 전국이 떠들썩했다. 시작은 작은 여자아이의 조용한 죽음이었다. 2010년 8월 24일 아침, 생후 3년 7개월 된 와타나베 미유키渡辺みゆき가 스기나미구에 있는 자택 지하실에 쓰러진 채 발견되었고 병원으로 옮겨졌지만 사망했다. 사인은 흔들고 때려서 생긴 혈종과 뇌에 손상을 입힌 급성 뇌출혈이었다. 죽은 아이의 뺨에는 눈물 자국이 남아 있었다. 미유키의 눈은 죽기 전 마지막으로 어떤 광경을 봤을까.

그 일이 있고 1년 후인 2011년 8월 20일, 미유키의 위탁 부모가 상해치사 용의자로 체포되면서 그 죽음이 전국에 알려졌다. 유체에 멍과 상처가 다수 있는 것을 이상하게 여긴 병원 측에서 경찰에 알렸고 경시청이 학대를 염두에 두고 수사를 벌인 결과였다.

체포, 기소된 스즈이케 시즈카鈴池静(체포 당시 43세)가 성우이기도 해서 보도는 과열됐다. 스즈이케는 2007년 11월에 도쿄도에 위탁 부모 신청을 했고 반년 동안 면회, 외출, 숙박 등의 교류를 거친 후 2009년 9월에 미유키를 위탁받았다. 그 후 1년도 채 지나지 않아 미유키는 '새집'에서 숨을 거두었다. 그사이 도대체 무슨 일이 있었던 것일까.

미유

관련 정보를 찾다가 2011년 9월 11일 어린이교육호센 대학에서 '스기나미 위탁 아동 상해치사 사건 긴급 집회'가 열린다고 해서 참가했다. 전국에서 위탁 부모가 약 100명 정도 모였다.

50대 남성이 입을 열었다.

"저는 아이를 맡기 전까지 아이는 사랑만 있으면 쑥쑥 자란다고 생각했습니다. 친자식을 그렇게 키웠으니까요. 세 살 남자아이를 위탁받았는데 아내는 1년간의 기억이 없다고 말합니다. 저도 아직 괴로워서 말이 나오지 않습니다. 자칫하면 이 애를 죽일 수도 있겠구나 싶었던 적도 있습니다. 솔직히 아이를 향한 분노를 감당할 수 없을 때가 많았습니다."

백발의 남성도 말을 꺼냈다.

"위탁 부모가 된 지 3년 됐습니다만, 여자애인데 아이가 학교에서 폭력 사건을 일으킵니다. 툭하면 다른 애를 때리고 발로 차는데 잘 멈추질 못합니다. 아이의 멱살을 잡고 힘으로 억누른 적도 있는데 그러면 울음을 터뜨리고 그치지를 않아요."

위탁 부모들은 마음에 깊은 상처를 입고 괴로워하고 있었다. 위탁 부모들을 괴롭히는 것, 그건 바로 '학대 후유증'이었다.

후생노동성의 「아동 양호 시설 입소 아동 조사 결과」

(2013년 2월 1일)를 보면 위탁 부모에게 위탁된 아이들 가운데 약 30퍼센트가 학대 피해 아동이라고 한다. 이 아이들은 학대 후유증을 지닌 채 위탁 가정으로 간다.

학대 후유증이라는 말이 우리 사회에 어느 정도 공유되어 있을까. 적어도 나는 이 주제에 본격적으로 뛰어들기 전까지 이 말을 들어보지 못했다.

전문가가 치료를 담당하는 아이치소아센터 병동에서도 문제 행동은 수시로 발생했다. 그렇다면 위탁 부모는 매일같이 문제 행동에 휘말리는 나날을 보내고 있다는 얘기다.

왜 따뜻하게 맞이해준 사람을 괴롭게 만드는 것일까.

아이치소아센터의 아라이 의사는 이렇게 말한다.

"학대받은 아이들이 억눌러온 분노는 보호를 받으면서 마음이 편안해지고 안전하다고 느끼게 되면 점차 밖으로 드러납니다. 본래 이 분노는 자신을 학대한 부모를 향한 것이지만 아이에게 그건 지극히 위험한 일이죠. 부모를 공격하면 부모는 훨씬 격하게 화를 내고 그에 따른 앙갚음을 당하게 된다는 걸 알기 때문에 무서워서 할 수가 없습니다. 그래서 분출할 길 없던 분노가 자신을 친절하게 보호해준 사람들에게 향하고 맙니다."

스기나미구 사건의 스즈이케는 아이를 위탁받은 지 10개월이 지난, 사건이 일어나기 한 달 전에 블로그에 이렇게 적었다.

"왠지 아이를 마주 보고 있으면 이런저런 걸 판단할 수 없게 된다. 내 어두운 면이 모습을 드러내는 것일까?"

2007년 여름 요코야마홈에 아동 복지사가 전화를 했다. 당시 요코야마홈에서 맡아 키우는 아이는 둘이었다. 아동 양호 시설에서 온 초등학교 4학년 사키가 집과 학교에서 이런저런 문제를 일으키던 시기이기도 했다.

"힘든 시기일 텐데 아이를 한 명 더 맡으시기는 아무래도 무리겠지요? 실은 갈 곳이 정해지지 않아 반년째 일시 보호소에 있는 아이가 있어요. 남매를 같이 보호하고 있었는데 생모가 '아들은 데려가겠지만 딸은 필요 없다'라고 해서 제가 알았다고 해버렸어요. 앞으로 이 아이가 행복하기만 하면 된다고. 내가 책임지고 갈 곳을 찾겠다고요."

담당 아동 복지사는 마지막에 이렇게 덧붙였다.

"그런데 이 애, 말을 못 할지도 몰라요. 일시 보호소에서 지내는 동안 한마디도 하지 않았어요. 그래도 괜찮을까요?"

구미는 "다른 아이의 의견도 들어봐야 할 것 같아요" 하고 대답을 미룬 후 아빠인 야스로, 아들이면서 보조자인 유키오, 보호 아동인 초등학생 사키와 어린이집에 다니는 가오루와 함께 다섯이서 일시 보호소로 면회를 갔다.

일시 보호소 마당 구석에서 미유는 혼자서 흙을 만지고 있었다. 놀 때도, 목욕을 한 뒤 직원이 몸을 닦아줄 때도 미유는 아무런 말도 하지 않았고 표정도 가면을 쓴 듯 무표정했다. 구미는 그때의 인상을 이렇게 전했다.

"작고 귀염성 있게 생긴 아이였어요. 하지만 말을 한마디도 안 해서 있는지 없는지 모르는 아이였죠. 목욕한 후에는 봉지에 든 과자를 받아서 조용히 먹고 있었어요."

아이의 모습을 본 사키가 말했다.

"저 애, 불쌍해. 데리고 가자."

그러면서 사키는 미유에게 프리큐어(애니메이션 캐릭터. - 옮긴이) 카드를 주었다. "그랬더니 그 애가 정말 신이 난 표정을 짓더라고요" 하고 구미는 회상한다.

이때의 일을 미유는 똑똑히 기억하고 있었다. "그때 언니가 카드를 주었잖아요"라고.

집으로 돌아와 모두 같이 얘기를 나눴다. 모두의 마음이 똑같았다.

"그 애 데려오자."

그렇게 해서 미유는 요코야마홈의 아이가 되었다.


미유가 처음 집에 온 날의 일을 구미가 떠올린다.

"집에 와서도 내내 아무 말 없이 '밥 먹어야지' 하고 말

미유

하면 묵묵히 밥을 먹더라고요. '오늘부터 여기가 미유 집이야'라고 말해도 표정 하나 바뀌지 않아서 아, 정말 말을 할 수 없나 보다 했어요."

식사와 목욕을 마치고 방 하나에 이불을 간 뒤에 구미가 "다 같이 여기서 자자"라고 하자 가오루는 친구가 생긴 게 기뻐서 이불 위를 폴짝폴짝 뛰어다녔다.

그때 미유가 아주 작은 목소리로 말했다.

"여기 우리 집 아닌데."

모깃소리만큼 작은 소리였다.

구미는 "아, 말할 수 있구나" 하고 깜짝 놀랐다. 게다가 미유는 상황도 분명히 인지하고 있었다. 새 친구가 와서 신이 나 들뜬 요코야마홈 아이들은 그 말을 놓치지 않았다. 먼저 가오루가 소리쳤다.

"무슨 소리야. 나도 원래는 여기 안 살아. 다른 집이 있는데 야마무라(아동 복지사 이름)가 날 여기로 데려왔어. 모두 같이 밥 먹고 놀고 자니까 여기가 이젠 우리 집이고 우리 가족이야. 이 집에 오면 모두 이 집의 아이야."

"응? 정말?"

놀란 미유에게 사키도 신이 나서 소리쳤다.

"나도 옛날엔 다른 데 살았어. 멀리서 왔는데 이젠 여기가 우리 집이야."

"우아, 그렇구나."

구미 표현으로는 "몸에 붙어 있던 마귀가 떨어져 나간 듯" 그 순간 미유는 베개를 던지기 시작했다.

이튿날부터 미유는 언제 그랬냐는 듯이 말을 하기 시작했다. "밥 먹자"라고 부르면 "네" 하고 모깃소리만큼 작기는 했지만 대답을 했다.

구미는 곧 미유에게 집요한 집착이 있음을 알게 됐다.

"미유는 핑크를 좋아하고 또 치마만 입어요. 일시 보호소에서는 사이즈에 맞게 여러 종류의 옷이 나오는데 바지가 나오면 입지 않고 몇 시간이고 그대로 있었대요. '입기 싫어'라는 말도 없이 한 시간이고 두 시간이고 그대로 그냥 계속 서 있으니까 보육 교사는 영문을 알 수가 없죠. 밀랍 인형처럼 몇 시간이고 내내 서 있어요. 우리 집에 와서도 무슨 일이 있으면 스위치를 꺼요. 한순간에 얼어붙어요. 정말 깜짝 놀랐지요."

미유는 요코야마홈에서도 종종 갑자기 무슨 이유에서인지 기분이 나빠져서는 그대로 굳어버렸다. 미유는 생모가 걸어놓은 마법에 빠진 채 자랐다. 옷은 핑크여야만 해, 바지는 입지 마, 머리는 자르면 안 돼 등등. 미유는 오래도록 엄마의 명령에 묶여 있었다. 엄마가 하는 말을 만고불변의 진리인양 따랐다. 하지만 어쩌면 이 말들은 미유의 삶을 옥죄는 저

주이지 않았을까.

"미유는 '아니오'라는 의사 표현을 할 줄 몰랐어요. 울지도 않았죠. 아마 엄마에게 '이렇게 해줘'라든가 '이건 싫어'라고 말했을 때 그 말이 통했던 경험이 없어서 그런 것 같아요. 그래서 말없이 있자고 결심한 건지, 마음에 안 드는 일에는 그냥 스위치를 꺼버려요."

위탁받을 때 건네받은 미유의 어린이 수첩은 거의 백지였다. 생모는 미유의 성장 기록을 아무것도 남기지 않았다. '필요 없는 아이'였기 때문일까. 나중에 미유는 구미에게 집에서 어떻게 지냈는지 들려주었다.

"미유는 엄마에게 맞지 않으려고 숨죽인 채 소리를 내지 않으려 했대요. 엄마가 있을 때는 항상 벽 구석에 가만히 앉아 있었다는군요. 엄마가 ADHD(Attention Deficit Hyperactivity Disorder, 주의력 결핍 과잉 행동 장애) 경향이 있는 유키를 자주 때렸기 때문인 것 같아요."

미유는 '벽이 되어' 숨죽인 채 그 시간을 버텼다.

구미는 미유가 어느 순간 갑자기 몸이 굳은 채 얼음이 될 때마다 혹은 반대로 갑자기 격한 반응을 보일 때마다 깜짝 놀랐다.

"평소라면 '예쁜 꽃이네'라고 모기만 한 가냘픈 소리로 말했을 상황인데 갑자기 홱 돌변해서는 낮고 거친 목소리로

'누구야, 누가 때렸어'라고 소리를 지르니 다들 깜짝 놀라고 말죠."

어린이집에서 이런 일이 있었다.

"그런 아이들(학대 피해 아동)은 몸의 균형 감각이 발달하지 않아서 자주 넘어지곤 하는데 하원 준비를 하다가 남자아이가 발을 뻗고 있는 걸 모르고 미유가 발에 걸려 넘어진 거예요."

그 순간 미유는 벌떡 일어나더니 발을 뻗은 남자아이를 퍽 하고 때렸다. 삽시간에 일어난 일이었다. 미유는 보육교사도 막지 못할 정도로 민첩했다. 구미는 말한다.

"남자아이 입장에서는 '괜찮아?'라든가 '미안'이라고 말할 틈도 주지 않고 맞았잖아요. 정말 동물과 같은 반사 행동이었죠. 마치 야생동물처럼요. 자기가 당했을 때 반응이 무지 빨라요. '언제 엄마에게 맞을지 모르니까 늘 배에 힘을 주고 있었어'라고 미유가 말했는데 몸을 지키기 위한 야생의 방어 본능 같은 걸 갈고닦아왔던 게 아닐까요. 그러니 어린이집에 다니는 동안에는 늘 이 집 저 집 사과하러 다니는 게 일이었어요."

야생동물처럼 깨무는 행동도 그 무렵 미유에게 빈번하게 나타났다. 어린이집 마당에서 아이들이 세발자전거를 타며 놀고 있을 때였다. 미유도 세발자전거를 타고 싶어서 자기

차례가 되기를 기다리고 있었다. 세발자전거를 탄 아이가 미유에게 가까이 왔을 때 미유는 그 아이의 팔을 갑자기 꽉 깨물었다. 놀라 뛰어온 보육 교사가 떼어놓으려 해도 어찌나 단단히 물었는지 마치 개가 문 것처럼 떨어지지 않았다. 미유는 그 남자아이의 팔을 피가 날 때까지 계속 물고 늘어졌다.

구미는 상황을 이렇게 추측했다.

"미유는 '한 바퀴 돌고 나면 내 차례야'라든가 그와 비슷한 말은 한마디도 하지 않고 계속 말없이 기다렸던 거죠. 그러니까 상대방은 모르는 거예요. 미유는 마음속에서 계속 '내 차례야, 내 차례야' 하고 생각했던 거예요. 하지만 바꿔주지 않으니까 '왜 내 차례인데 계속 너만 타는 거야' 하고 화가 폭발했고 와락 달려들어 깨물었던 것 같아요."

미유와 같은 어린이집에 다니는 가오루는 갑자기 돌변하는 미유를 보고 구미에게 이렇게 말했다.

"난 절대로 저런 애랑은 결혼하지 않을 거야."

어린이집에서 일어난 다음과 같은 일도 구미는 잊지 못한다.

"미유는 운동을 엄청 좋아하는 아이인데 피구는 정말 싫어했어요. 어린이집 참관일에 부모와 함께하는 피구 경기가 있었는데 미유는 시작하자마자 꺅 비명을 지르고는 머리를 감싼 채 웅크려 앉아 덜덜 떨기만 했어요."

집에 돌아와 미유를 진정시키고 이유를 물었다.

미유는 이렇게 말했다.

"피구할 때 선생님이랑 엄마들이 귀신 얼굴을 하고 뱀처럼 달려와."

어른이 공을 잡고 던질 때의 표정은 결코 상냥하진 않을 것이다. 그 표정과 공을 던지려는 장면에서 미유는 무엇을 떠올렸을까. "엄마가 때리려고 다가오는 모습과 똑같아 보였던 것 같아요"라고 구미는 덧붙인다. 미유는 온몸을 떨면서 "엄마는 뱀"이라고 말했다. 어린이집 참관일의 흥겨운 분위기 속에서 뱀으로 변한 엄마를 떠올릴 수밖에 없는, 공포로 가득 찬 미유의 과거를 그저 짐작해볼 따름이다.

미유와 살아가면서 구미는 미유가 스위치를 끄듯 감정을 꺼놓는 상황을 수없이 직면했다.

"믿기지 않을 정도로 민첩한 행동을 하는가 싶더니 불러도 대답도 하지 않고 멍하니 있기도 해요. 뭔가로 잔소리를 하거나 주의를 주면 그 순간 얼음이 되는데 몇 시간이고 무표정한 얼굴 그대로 있어요. 그 상태로 기억을 삭제해버려 아무리 주의를 주어도 바뀌지가 않아요. 그러니 몇 번이고 똑같은 말을 해야 해요. 이런 게 해리예요."

"해리."

구미가 또박또박 말을 되뇐다.

뇌에 기질적인 손상은 없지만 몸과 마음의 불일치가 일어나고 기억과 경험이 흩어지는 현상의 총칭이 해리이다. 이를테면 기억이 날아가버리거나 정신을 차리고 보면 전혀 다른 장소에 있거나 어떤 연령대의 기억이 사라지거나 한다. 그중 가장 잘 알려진 현상은 두 가지 이상의 인격이 존재하는 다중 인격이다. 이런 현상을 통틀어 해리라 부른다.

아이치소아센터의 임상 경험으로 볼 때 학대받은 아이들 대부분이 해리 증상을 보인다고 스기야마 의사는 말한다.

"해리성 장애의 무시무시함은 치료해본 경험이 없으면 모를 거예요. 예를 들어 제 환자 중에 1년 동안 2주에 1회 꼴로 진료를 본 아이가 있는데 이름표를 가리고 '선생님 이름 뭐야?'라고 물으면 몰라요. 심리 치료를 담당하는 심리 상담사 이름도 기억하지 못하고요. 지적인 문제는 전혀 없는 아이인데도 그랬어요."

1년 동안 신뢰 관계 속에서 진료를 하는데도 그랬다.

"잊어버리는 거예요. 오후에 진료를 하는데 오전 중에 뭘 했는지 말을 하지 못해요. 아침에 무엇을 먹었는지도 기억하지 못하고. (학대받은 아이는) 순간순간을 살고 있기 때문에 그래요. 학대의 결과 기억을 조각조각 자르면서 살아가요. 참고로 지금 그 애는 치료를 다 받고 일반 학급에 다니며 보통의 아이들처럼 지내고 있어요."

이 아이는 학대라는 괴로운 기억을 지우기 위해 의식의 스위치를 <u>끄고</u> 살아왔다. 미유도 아기였을 때부터 그렇게 살아왔는지 모른다.

어린이집에 다니던 어느 날 미유가 구미에게 "나, 낮에도 꿈을 꿔"라는 말을 했다. 그런 현상은 특히 어린이집 급식 시간에 일어났다. 극단적인 편식을 하는 미유에게 급식은 싫은 일을 강요당하는 시간이었다. 미유뿐만 아니라 학대 피해 아동 대부분에게서 나타나는 극단적인 편식은 먹어본 적이 없는 음식이 너무나 많은 데에서 유래한다.

요코야마홈 식탁에서 미유는 카레라이스를 먹을 때에도 유부 초밥을 먹을 때에도 내용물을 헤집어 하나씩 하나씩 확인했다.

"이건 뭐야?"

"당근이야."

"당근이 뭐야? 난 못 먹어."

이런 상태이니 어린이집 급식 시간은 미유가 가장 괴로워하는 시간이었다. 보육 교사가 "가능하면 다 먹어보자"라고 말할 때마다 미유는 스위치를 <u>끄고</u> "꿈을 꾼다".

"싫은 일이 있을 땐 꿈이 보여. 그러면 키티랑 키키라라(캐릭터 상품명. ─옮긴이)가 나와서 이야기를 막 해줘. 선생님이 화가 나 있을 때면 난 키티랑 얘기해."

미유는 "낮에 나오는 괴물은 무섭지 않아. 언제든 볼 수 있어. 키티나 키키라라가 나오거든" 하고 말했다.

그럼 밤에는 어떨까? 요코야마홈에 오고 나서 미유는 밤마다 몇 차례나 깨서 울었다.

"꺅! 꺅! 꺅!"

몸 깊숙한 곳에서부터 쥐어짜 내는 듯한 포효에 구미는 벌떡 일어나 미유에게 달려갔다.

"미유, 왜 그래? 이제 괜찮아, 괜찮아."

미유를 일단 깨우고 온몸을 어루만지며 "괜찮아, 괜찮아" 하고 귓가에 대고 부드럽게 말해준다. 몸을 끌어안고 등을 어루만지며 "이제 괜찮을 거야"라는 말을 되풀이한다. 그래야만 할 정도로 구미의 가슴에 안긴 미유는 공포에 질려 몸을 격렬히 떨었다. 꿈이 너무 무서워서 잠을 이루지 못하는 날이 이어지기도 했다.

아침이 밝고 진정되면 어떤 꿈을 꾸었는지 물어봤다.

"미유, 무서운 꿈 꿨어?"

"목소리가 들려. 엄마의 무서운 목소리. '너 같은 애는, 데려가야 해. 이런 곳에서 행복하게 지내선 안 돼. 너 같은 애는 불행해져야 해. 너 같은 앤 안 돼. 너 따윈 죽어야 해'라고……."

생모의 목소리였다.

이런 밤도 있었다. 격렬하게 울부짖는 미유를 깨워 일

으킨 순간 미유는 구미에게 딱 달라붙은 채 흐느꼈다.

"날 괴물의 집에 데려간대."

미유는 꿈에서 내내 위협받고 있었다.

"넌 이 집 애가 아니야. 괴물의 집 애니까 돌아와."

미유는 공포에 계속 몸을 떨었다.

"엄마, 나 거기로 끌려가나 봐. 무서워, 무서워, 무서워!"

의사에게 얘기하자 의사는 수면제와 환청을 멈추는 약을 처방했다. 그리고 미유를 안심시켰다.

"그건 괴물 목소리니까, 괴물 목소리는 미유에게 아무 짓도 못 하니까 걱정하지 마."

미유는 약을 먹어도 생모의 '무서운 목소리', 환청에 오랜 시간 괴로워했다.


미유에게 나타난 환청은 '해리성 환각'이었다.

스기야마 의사는 저서 『아동 학대라는 제4의 발달 장애』에서 해리 과정 증상을 다음과 같이 설명한다.

"해리 과정 증상으로는 이인증離人症(주변으로부터 분리되어 비현실적인 느낌을 받아 괴로워하는 증상), 조종 망상(무언가에게 조종받고 있는 듯한 느낌), 해리성 환각(괴물이 보이거나 괴물의 목소리가 들리는 현상), 해리성 트랜스 장애(몰아 상태에 빠지는 현상), 해리성 정체성 장애(한 사람 안에 각기 다른 인격이 나타나는 현상), 스위치 행동(평소와는 다른 상태로 스위치가 바뀌는 현상), 해리성 사고 장애(괴물 등의 목소리에 방해받아 생각을 제대로 할 수 없는 상황) 등이 있다."

스기야마 의사는 아이치소아센터에 내원한 학대 피해 아동의 80퍼센트가 해리성 장애 진단을 받았다고 보고했다.

의사 앞에는 어떤 아이가 오는 것일까. 해리란 구체적으로 어떤 상황에 처하는 것일까.

아이치소아센터의 아라이 의사는 이렇게 말한다.

"그냥 정신 나간 듯이 폭력을 휘두르는 상황 속에서도 해리 증상이 나타나요."

그러고 보니 미유도 갑자기 툭 정신을 놓은 듯이 보일 때가 있다고 구미는 말했다. 아라이 의사가 말을 이었다.

"진정이 된 후 그 일(정신이 나간 듯한 상태)을 물으면 아이는 그 순간의 일을 '모른다', '기억나지 않는다'라고 말해요. 아이에 따라 인격이 깨끗이 분리되는 경우, 일부분의 기억만 누락되는 경우 등 다양해요. 인격이 분리되는 경우를 '해리성 정체성 장애'라고 부릅니다. 과거엔 다중 인격이라고 불렀죠. 이 밖의 해리 증상으로는 내가 아닌 듯한 생각이 들거나 이 세상에 존재한다는 현실감이 부족해지는 증상도 있고 일시적으로 정체성을 상실해 자기도 모르게 다른 곳으로 떠나는 둔주遁走 등의 증상도 있습니다."

해리는 TV 드라마에나 나오는 얘기인 줄 알았다. 하지만 외래로 찾아오는 학대 피해 아동에게 해리는 흔하게 나타나는 증상이었고 구미에게서 들은 미유의 모습도 똑같았다.

이 책에서 전문 분야까지 샅샅이 훑을 여유는 없지만 인간에게 왜 해리라는 증상이 나타나는 것일까. 아라이 의사가 해리성 정체성 장애의 발생에는 두 종류의 설이 있다고 알려주었다.

"아기들은 기분이 매 순간 바뀌잖아요."

그건 이해가 된다. 방금까지 온 힘을 다해 소리 지르며 울던 아기가 갑자기 천진난만하게 웃는다. 지금까지 필사적으로 호소하던 불편함, 불안은 뭐였나 싶을 정도로.

"울고 있는 줄 알았는데 웃고 있거나 웃고 있네 싶었는데 울거나. 성장하면서 이런 감정은 정리되고 인격으로 형성되어가요. 그런 중요한 시기에 특히 유아기에 성 학대 등과 같은 극심한 피해를 겪게 되면 인격이 조각조각 형성되고 말아요. 평소 밖에 나와 있는 주 인격 외에 트라우마와 괴로운 기억을 짊어진 인격, 복수를 생각하거나 상처에 맞서는 공격적인 인격이 생깁니다. 트라우마를 견뎌내지 못할 때에는 도중에 주 인격이 바뀌기도 해요."

순간순간을 살아온 인간이 연속된 기억을 축적해가는 일이 성장이라면 학대는 그 건강한 성장을 방해하는 가장 치

미유

명적인 독약이다.

그럼 또 하나의 설은 무엇일까?

"괴로운 체험을 하게 되면 그것을 개개의 인격에 가둬 넣어 분리하는 것입니다. 예를 들면 썩은 양파 껍질을 한 꺼풀 한 꺼풀 벗겨내는 느낌입니다. 하지만 치료를 하다 보면 한 겹 한 겹 돌아옵니다. 그리고 그 아이의 인간성에도 두께 가 생깁니다."

개개의 인격에 가둬 넣는 이유는 방어를 위해서다. 현 실이 너무나도 견디기 힘들기 때문이다. 현실과의 사이에 견 고한 벽을 만들고 기억을 가둬두어야만 살아갈 수 있을 정도 로 아이들의 삶이 참혹했다는 말이다.

"슬프다거나 괴롭다거나 같은 감정을 느낄 수 있는가 없는가, 곧 감정의 빈곤도 학대 피해 아동의 특징입니다."

느끼든 느끼지 못하든 감정은 선택하는 것이 아니라 저절로 다가오는 것이다. 그러므로 '느낀다'라고밖에 말할 수 없다. 그런데 학대 피해 아동은…… 아라이가 말을 잇는다.

"슬픈 생각을 했을 때 '슬프다'라고 느끼면 슬픔에 관 련된 외상 기억(트라우마)이 떠오릅니다. 무섭다고 생각하면 무서운 과거가 와락 떠오르죠. 성적 흥분을 느끼면 마찬가지 로 과거의 성적인 트라우마가 나옵니다. 이건 괴로운 일이죠. 또 공포감을 얼굴에 드러내면 가해자를 더욱 화나게 만들기 때문에 그런 감정까지 포함해서 모조리 뚜껑을 덮어버리는 거죠. 남은 건 감정이 배제된 채 웃고 있는 가짜 인격뿐입니다. 그렇게 해서 자신을 지키는 셈이죠."

해리는 방어 기제이다. 구타당하는 아프고 괴로운 상황을 '느끼지 못하게' 자신으로부터 떼어놓아버리면 통증도 괴로움도 가벼워진다. 미유도 '벽이 되어' 아무것도 느끼지 않으려 애쓰며 그 자리를 버텼다.


어린이집에서 전화가 왔다. 미유가 만 4세반에서 여름을 나고 있을 때였다.

"미유가 실은 금붕어를 신발장에 집어넣어서……."

무슨 일이 있었던 거지, 무슨 일을 한 거지? 교사의 말을 반신반의하면서 구미는 어린이집으로 달려갔다.

발단은 벌레였다고 한다. 미유의 신발장에서 공벌레, 메뚜기 등 말라비틀어진 벌레가 든 상자가 종종 발견됐다. 바싹 마른 채 죽어 있는 벌레가 나오곤 했었는데 이번엔 금붕어였다. 어린이집에서 기르던 금붕어가 그렇게 됐으니 아무래도 이번엔 집에 연락할 수밖에 없었다고 한다.

미유는 수조의 금붕어를 잡아 급식으로 나온 푸딩 용기에 물을 조금 담고는 그 안에 금붕어를 넣어 자기 신발장에 갖다 놨다. 그것을 우연히 어린이집 교사가 발견했고 큰 소동이 일었다. 다행히 금붕어는 아직 살아 있었다.

"애초에 벌레가 나왔을 때 알려줬으면 좋았을걸."

구미의 솔직한 심정이었다. 그 후 점점 생물의 크기가 커져갔으니까.

미유가 이런 행동을 하는 현장을 어린이집 교사 누구도 직접 목격한 적은 없었다. 이때 구미는 어린이집 교사가 건네준 미유가 그린 그림을 봤다.

"요즘 미유는 자기가 철창에 갇힌 그림을 그려요. 저희도 이 그림은 좀 문제가 있는 것 같아서 교사들끼리 얘기를 나누고 있어요."

종이 아래쪽에 철창으로 된 작은 개집 같은 우리가 있었고 그 속에 작은 사람이 둘 갇혀 있다. 우리 밖에는 거대한 사람이 방망이를 번쩍 치켜들고 섰다. 그의 얼굴은 검은색 크레파스로 마구 짓이기듯 칠해져 있다. 그리고 저 멀리에 작은 집이 한 채……

요코야마홈에 왔을 때 미유가 그린 사람은 얼굴이 모두 검은색 크레파스로 칠해져 있었는데 그림을 본 순간 구미는 갇힌 사람이 미유와 오빠인 유키라고 생각했다. 물론 방망이를 들고 위협하는 어른은 엄마이다.

"그 그림을 보면서 미유 마음속에 우리에 갇혀 있는 이미지가 들었다는 걸 알았어요. 엄마랑 있을 때에는 벽에 딱 달라붙어 숨죽인 채로 살아왔으니까."

구미의 머릿속에 책에서 읽었던 말이 불쑥 떠올랐다. 재현 행동. 미유, 이번에는 자기가 뭔가를 가두는 일을 시작한 것일까.

얼마 지나지 않아 사키가 방에서 기르던 영원(도롱뇽의 일종.-옮긴이)이 사라졌다. 사키와 미유, 여자아이 둘이서 같이 쓰는 방이었다.

"없어, 없어, 없다고! 영원이 없어졌다고!"

사키가 큰 소리로 울며 소리를 질러댔다. 구미도 함께 방을 샅샅이 뒤졌지만 찾을 수 없었다.

설마. 아니, 그럴 리가 없다. "그때는 미유가 했다고는 눈곱만큼도 생각지 않았어요"라고 구미는 말한다. 하지만 설마? 어쩌면? 하는 생각이 머릿속에서 떠나질 않았다.

"미유, 미안. 혹시, 정말 혹시나 해서인데 미유가 있는 곳으로 영원이 도망쳤을지도 모르니까 미유 물건이 있는 쪽도 찾아보게 해줄래?"

미유의 수납 박스를 열자 빈 요구르트 통이 보였다. 요구르트 통을 꺼내어 안을 들여다봤더니 물이 조금 들었고 그속에 영원이 있었다. 순간 사키가 꺅 하고 비명을 질렀다.

"이게 뭐야. 미유 미워. 나 이제 미유랑 방 같이 안 써."

구미는 영원이 살아 있다는 사실에 무엇보다 안도했

다. 만약 죽었다면……, 생각만 해도 끔찍했다.

"미유, 왜 이런 일을 했어?"

구미가 다정하게 물었다. 하지만 미유는 머리를 세차게 내저을 뿐이었다.

"난 몰라. 왜 여기에 이런 게 있어?"

해리였다.

이전에 사키의 펜던트를 미유가 가져간 일도 있어서 영원 사건을 계기로 구미는 두 아이를 따로 지내게 했다.


그로부터 얼마 후 사키는 방에서 햄스터를 길렀다. 요코야마홈 거실에 있는 세로로 긴 커다란 테이블은 모두가 둘러앉는 식탁이기도 하고 아이들이 공부하는 책상이기도 하며 어른이든 아이든 누구나 차를 마시며 수다를 떠는 휴식 공간이기도 했다. 아이들은 텔레비전 앞 마룻바닥에 철퍼덕 앉아 TV 만화나 비디오에 빠져 있는 시간이 많지만…….

거실 테이블에서 구미가 보조원들과 차를 마시면서 쉬고 있을 때 미유가 멍한 표정으로 앞을 지나갔다. 미유는 양손에 빈 마가린 통을 들고 좋아하는 물건을 모아두는 곳을 향해 걸어갔다. 구미는 순간 소리쳤다.

"미유, 그게 뭐니?"

마가린 통 안에서 바스락 소리가 났다. 열어봤더니 얇

게 깐 휴지 위에 햄스터가 있었다. 구미는 소름이 돋았다.

"미유, 이게 도대체 뭐야? 왜 이런 짓을 하는 거니?"

미유는 퍼뜩 정신이 돌아온 듯, 놀란 얼굴의 구미를 쳐다보며 금방이라도 울음을 터뜨릴 것 같은 목소리로 중얼거렸다.

"엄마, 난, 몰라. 몰라."

아무리 물어도 모른다는 말뿐이었다. 사키에게는 일단 방문을 잠가두라고 말했지만 구미는 이때도 역시 햄스터가 살아 있다는 사실에 무엇보다 안도했다. 구미는 입술을 깨물었다.

"아무튼 햄스터가 죽었다면 미유랑 사키의 관계는 회복 불가능했을 테니까요."

구미는 미유의 주치의에게 "결국 햄스터까지 그렇게 했어요"라고 보고했다.

"흠, 그건 좀 심하네요."

주치의는 지금보다 약을 더 강하게 쓰고 환청뿐만 아니라 환시를 억제하는 약을 처방했다. 미유는 그 약을 잘 챙겨 먹으려고 노력했다. 그건 미유 자신에게도 "이런 일을 하는 건 나빠. 고쳐야 해"라는 마음이 싹텄기 때문일 터이다. 햄스터를 가둔 건 자신이라고 이번만큼은 미유도 인지했다. 언니는 울고 있고 엄마도 슬퍼 보였다. 두 사람의 슬픔은 미유의 마음에 어떻게 비쳤을까.

구미는 미유에게 다정하게 말했다.

"소중한 동물을, 그것도 소중한 가족이 그렇게 하면 모두 정말 슬퍼. 엄마도 아빠도 유키오도, 그리고 사키도. 가오루도 그럴 거야."

미유는 "싸우자, 약을 먹자"라고 결심했다.

그리고 구미가 보기에 그 무렵부터 미유는 안정적인 상태로 접어든 것처럼 보였다.


하지만 걱정거리는 계속 생겨났다. 초등학교에 들어가고 나서부터 미유는 학교에서 친구 물건을 가져오는 일이 잦았다. 초등학교 2학년 겨울, 요코야마홈 가족들과 보조원이 다 같이 2박 3일 온천 여행을 갔을 때였다.

호텔에 묵고 이틀째 되는 오후, 방에서 함께 트럼프 카드 게임을 하던 미유가 구미에게 물었다.

"엄마, 아래층에 있는 가게에 구경 가도 돼?"

"그래. 사고 싶은 게 있으면 말해."

"응!"

잠시 후 방으로 돌아온 미유는 초점이 맞지 않는 멍한 눈을 하고 있었고 구미가 살피기에는 분명 해리 상태로 보였다. 미유는 뭔가를 숨긴 채 고타쓰(일본의 전통 온열 기구로 나무로 만든 밥상 아래 전기난로 등이 붙어 있으며 상 위를 이불이나 담요 등으로 덮는다. –옮긴이) 맞은편으로 들어가더니 부스럭부스럭 했다. 이상하다 싶어 구미가 말을 건 순간 미유는 움칫 몸을 떨었다. 미유의 손에는 키홀더와 스트랩 등이 열 개 정도 들려 있었다. 그것도 용과 검 등 여자아이가 좋아할 만한 모양은 아니었다. 미유에게 캐물으니 "그냥 가져왔어"라고 순순히 대답했다.

아빠인 야스로가 미유랑 같이 가게로 가서 사과를 하고 물건 값을 지불한 후에 미유에게 왜 그랬는지 물었다.

미유는 천천히 무슨 일이 일어났는지 말했다.

"처음엔 있잖아, 뭐가 좋을까 하고 보고 있었어. 그런데 목소리가 들렸어……."

미유는 가게에서 '목소리'와 싸우고 있었다.

"가져가, 저것도 좋지, 이것도 좋아. 가져가버려. 자, 빨리. 가져가자."

"그럼 안 되잖아. 싫어."

"내 말 듣지 않으면 죽여버릴 거야. 가만 안 두겠어."

"싫어."

"죽여버릴 거야."

"싫어."

"죽여버릴 거야. 죽여버릴 거야."

미유

그 후의 일은 아무것도 기억나지 않는다고 했다.

주치의에게 이야기하자 "환청을 좀 더 제어할 필요가 있겠군요"라고 말하며 더 강한 약을 처방했다. 나중에 미유와 오빠인 유키의 이야기를 듣고 짐작한 대로 생모는 두 아이에게 편의점 등에서 물건을 훔쳐 오라고 시켰다고 한다. 두 아이에게 가게에 들어가게 하고는 "가져와"라고 하며 상습적으로 도둑질을 시켰다. 엄마 입장에서는 만약 도둑질하다 잡히더라도 아이가 한 일이라며 그저 "죄송합니다"라고 말하면 그만이었다.

유키는 위탁 부모에게 이런 말을 했다고 한다.

"내 마음속에는 도둑과 경찰이 살고 있어. 도둑이 '가져와'라고 시키고 경찰이 '안 돼'라고 말해. 난 항상 도둑 경찰 놀이를 해."

두 아이는 당시 그 행위가 나쁜 일이라고는 생각지 않았다. 물건을 훔치는 일이 잘못된 일임을 두 아이가 알게 된 것은 새 양육자에게 맡겨지면서부터였다. 그러다 보니 미유가 사키와 방을 함께 쓸 때 사키가 아끼는 물건들이 자주 없어졌는데, 찾다 보면 늘 미유의 보석 상자에서 발견되는 일이 계속됐다. 구미는 생각했다.

"'죽여버릴 거야'라는 목소리는 아마도 엄마가 도둑질을 시킬 때에는 들리지 않았을 거예요. 양심이 생기면서 갈등이 일어난 것 같아요. 하지만 아무리 '안 돼'라고 말해도 남의 물건을 가져오는 일은 몇 년이나 이어졌어요."

학교에서도 친구의 연필이나 지우개를 가져와 문제가 됐다. 미유에게 물으면 이렇게 설명했다.

"예쁘다는 생각이 들면 '가져가, 지금이야'라는 목소리가 들려. 그러면 뭐가 뭔지 모르게 돼."

그리고 어느새 필통에는 친구의 연필이 들어 있다.

구미는 담임 선생님과 상담 후 미유에게 '물건 노트'를 쓰게 했다. 원래 갖고 있지 않던 물건이 자신에게 있는지 없는지 매일 확인하기 위해서다.

그리고 학교에서 돌아오면 매일 함께 '괴물 퇴치'를 하기로 했다. 구미와 미유, 둘이서 큰 소리로 외친다.

"괴물한테 질 수 없어! 미유는 열심히 노력했어! 미유는 나쁜 아이가 아니야! 괴물아! 저리 가!"

그럼에도 괴물은 찾아왔다. 친구의 스티커 수첩이 귀엽다는 생각이 잠시 스친 사이에 목소리가 들려왔다.

"지금이야. 가져가."

"싫어."

"넌 나쁜 아이니까 죽어야 해."

"미유는 나쁜 아이 아니야."

2학년 교실에서 미유는 홀로 괴물과 싸웠다. 목소리에

미유

힘껏 저항하며 스티커 수첩에 손을 대지 않으려 꾹꾹 참았다. 집에 돌아오면 매일 몇 번이고 구미와 함께 외쳤다.

"우아! 미유는 해냈어! 미유는 나쁜 아이가 아니야!"

매일 괴물 퇴치 훈련을 한 지 2~3주가 지나자 미유가 이제 더 이상 괴물 목소리가 들리지 않는다고 구미에게 말했다. 그 이후로 물건을 훔치는 일은 씻은 듯이 사라졌다.

3학년이 되자 담임 선생님은 구미에게 이렇게 말했다.

"이제 물건 노트는 필요 없어요. 노트를 쓸 필요가 없을 정도로 보통의 아이가 됐으니까요."

구미는 이때 괴물과 치열하게 싸웠던 일이 미유의 마음속에 큰 자신감을 불어넣어주었다고 확신한다.

"미유는 잠을 잘 때는 아직 불안해서 거실에 다들 같이 있을 때 잠을 자는데 어쨌든 한번 잠들면 푹 자니까, 자리에 가서 자라고 말하지만 아침까지 거실에서 그냥 자요. 가위눌리는 일도 없어졌어요."

내가 방문한 날 저녁 메뉴는 피망과 돼지고기를 가득 넣어 매콤 달콤하게 요리한 당면볶음, 감자 샐러드, 양배추 다시마무침, 돼지고기 된장국이었다.

"이 피망이 글쎄, 스무 개에 200엔이래요! 쇼코 씨, 이거 채 썰어줄래요."

구미의 지휘하에 저녁 준비가 한창이다. 평소 같으면

요리는 구미 혼자서 한다. 보조원들이 어리기도 했고 "요리 도와주는 것보다 아이들 봐주는 편이 훨씬 편하니까"라고 구미는 말한다. 주요리와 반찬 두 종류 정도를 만드는데 "늘 하는 일이니까 전혀 힘들지 않아요"라며 척척 해낸다. 피망 스무 개를 한 번에 조리하는 일은 처음일지도 모른다. 식탁에 도마를 가지고 와서 피망 써는 일에 열중하고 있는 내 옆에서 미유가 색연필로 네 컷 만화를 사각사각 칠한다.

눈앞에 있는 조그맣고 홀쭉한, 긴 머리를 하나로 묶은 깜찍한 여자아이가 몇 년 동안 그런 고통과 내내 싸워왔다니 마음이 먹먹해졌다. 다정하고 부끄럼 많으며 호기심 왕성한 여자아이. 한편으로는 미유 이후에 요코야마홈에 들어온 꼬맹이들을 냉정하게 돌보는 엄격한 언니이기도 하다.

"이제는 그냥 보통 아이가 됐어요. 우리 집에 처음 온 네 살 때는 동그라미도 세모도 그릴 줄 몰랐는데. 자폐아인가 싶기도 했죠. 자신감이 생기자 공부도 제법 잘하고 좋아하는 피아노랑 그림은 정말 열심히 해요."

3학년 무렵부터 미유는 자기 방에다 '집'을 만들기 시작했다. 처음엔 종이 상자로 만들더니 요즘은 옷장의 물건을 치우고 어른 하나가 누울 정도의 집을 만들고 있다. 자기가 좋아하는 소품, 보물, 인형을 내키는 대로 늘어놓고 좋아하는 무늬의 커튼을 달고 칸막이를 요리조리 끼워보면서 '자기 집'

미유

만드는 일에 열심이다.

그런 미유를 보며 구미는 이런 생각을 했다.

"무엇에도 얽매이지 않고 자유롭게 마음 내키는 대로 하고 싶은 대로 하고 있어요. 미유다운 정말 귀여운 집이에요. 미유는 이렇게 해서 자기의 자유의사를 확인하고 있는 것 같아요. 엄마에게 내내 매여 살았으니까. 엄마랑 있을 때에는 잠도 제대로 잘 수 없었고 벽에 달라붙어 서 있어야만 했으니까."

구미는 이렇게 말을 맺는다.

"선생님(의사)이 학대 피해 아동의 치료는 의료만으로는 고칠 수 없다고 하더라고요. 마음 놓고 지낼 안정된 공간이 갖춰지지 않으면 어렵다고 하는데 미유는 이제 이곳에서 자기가 머물 공간을 찾은 것 같아요."

최근에 미유는 구미에게 이런 질문을 했다고 한다.

"있잖아, 엄마랑 아빠도 싸워?"

"그야 당연하지."

"정말? 그럼 칼이랑 가위랑 그런 거 들고 와서?"

"미유, 설마. 아니, 아니."

"다행이다!"

환하게 빛나는 순진무구한 미소. 구미와 미유, 둘이서 마주 보며 배를 움켜쥐고 깔깔 웃었다고 한다. 둘만의 비밀을 공유하는 어디에나 있을 법한 엄마와 딸처럼.

# 제2장

# 마사토

커튼 방

나지막한 언덕에선 바다가 내려다보인다.

패밀리홈 '모두의 집 사와이'는 바다 근처 작은 마을에 위치해 있다. 목조 2층 일본 전통 가옥과 주변 풍경이 만들어 내는 사와이홈의 정경은 어린 시절에 대한 향수를 자아냈다. 보기만 해도 기분이 좋아지는 툇마루가 맨 먼저 눈에 들어왔다. 툇마루와 이어지는 방은 아이들의 공간이다.

처마 끝에는 꼬마 아이들의 빨래가 빈틈없이 널려 있다. 파란색, 남색, 회색. 옷의 색채를 보아하니 남자아이들이 많은 듯싶다. 초등학생 4명과 어린이집에 다니는 아이 1명. 현재 양육을 위탁받은 아이 5명 모두 남자아이다. 여기에 중학교 2학년인 딸과 고등학교 1학년인 아들 이렇게 친자식 둘이 함께 산다. 장남은 1년 전 대학에 진학하면서 독립했다.

"세탁기를 매일 세 번 돌리지 않으면 빨래가 감당이 안 돼요."

대가족의 엄마 사와이 유키(49세)가 빨래에 놀란 나를 보며 말한다. 이 어마어마한 빨래도 사와이홈에서는 평범한 일상 풍경이다. 검게 탄 얼굴에 방긋 웃음이 번진다. 유키는 언제 어디서나 분명 지금의 저 모습일 거라는 생각이 들었다. 방싯하는 얼굴에서 솔직하고 털털한 성격이 엿보인다. 꾸밈 없고 따스함이 넘쳐흐르는 유키를 보고 있으면 속 깊은 '기모타마카 상'(1968~1972년에 일본 TBS 방송국에서 방영한 드라마 제목이자 주인공을 부르는 별칭. 살집 있는 몸에 인정 많고 강단 있는 엄마가 주인공으로 나온다. - 옮긴이)이 떠오른다. 유키는 몸도 늘씬하고 아직 40대로 젊은데도 불구하고 말이다.

사와이홈에 도착해보니 마침 점심시간이었다.

"특별한 걸 준비할까 했는데 평소 먹는 점심 그대로도 괜찮지 않을까 싶어서……. 어제 먹다 남은 것이긴 해요."

부엌은 맛있는 냄새로 꽉 차 있다. 이건 불고기다! 남은 불고기에 우동을 넣고 지글지글 볶아서 계란을 얹은 게 오늘의 점심이다. 한 입 먹고 나니 젓가락질이 멈추질 않는다. 입에 착 감기는 달달한 맛에선 왠지 정겨움이 묻어났다. 마음까지 무장 해제시키는 볶음우동이다. 사와이홈의 기모타마카 상은 요리 솜씨도 뛰어났다.

드넓은 논밭 사이사이로 민가가 드문드문 보이는, 옛 정취를 고스란히 간직한 시골 마을에 자리 잡은 패밀리홈이라서 혈연관계가 없는 아이들을 모아 기르는 상황이 행여 마을 사람들의 눈총을 사지는 않을까 하는 걱정이 앞섰다.

하지만 기우였다. 현관 앞에는 이웃집에서 가져다준 채소가 놓여 있곤 했고, 이제 막 패밀리홈 가족이 된 아이가 길을 잃고 헤매면 마을 사람들이 집까지 데려다주기도 하고, "이번에 새로 온 애가 너구나" 하고 알아봐주기도 한 덕분에 아이들은 마을 울타리 안에서 하루하루 무럭무럭 자랐다.

마사토

전통 사회의 끈끈한 정이 아직 남아 있어서 그러기도 하겠지만 무엇보다 사와이 부부가 마을에 살면서 쌓아온 신뢰와 유대감 때문일 것이다. 유키의 남편 데쓰오(66세)는 대대로 이 마을에서 장인으로 살아왔다. 사와이홈이 아이들을 맡아 키우는 집이 된 계기도 소년원, 교도소에서 나온 청소년들을 집에서 먹이고 재우며 일하는 견습생으로 받은 일이었다. 유키 말로는 동네 아주머니들이 어린 남자애들을 정말 귀여워했다고 한다. 지금의 사와이홈은 그 연장선상에 있다. 이제는 구성원이 학대받은 아이와 일시 보호 조치 중인 유아 등으로 바뀌었는데 사와이홈의 자연스러운 변화를 마을 사람들은 거부감 없이 받아들였다.

"그렇긴 해도" 하고 유키가 회상에 잠긴다.

"처음에는 감당이 안 됐어요. 소년원에 면회를 간 적도 있는데 그런 애들은 벽에 구멍을 내기도 하고, 아무튼 난폭하기는 하지만 씩씩하거든요. 뒤끝이 없기도 하고. 처음엔 '학대'의 '학' 자도 몰랐다니까요."

그랬다. 마사토가 오기 전까지 사와이홈은 학대와는 아무 인연이 없었다.


2007년 10월 유키는 지방 도시에 있는 아동 상담소의 일시 보호소를 향해 차를 몰았다. 고속도로로 편도 한 시간

정도 걸리는, 평소 생활권과는 동떨어진 곳이었다.

아동 상담소에서 걸려온 전화 한 통에서 모든 일은 시작됐다. 사와이홈을 담당하는 아동 복지사는 이렇게 말했다.

"엄마에게 학대당한 남매를 보호하고 있었어요. 여동생이 갈 곳은 정해졌는데 오빠는 아직 일시 보호소에 있어요. 혹시 사와이 씨가 맡아주실 수 있을까요?"

유키가 아동 복지사에게서 들은 남자아이에 대한 설명은 "이상한 아이"라는 단 한마디였다. 유키는 남자아이를 만나러 갔다.

"일시 보호소에 만나러 가던 그때 이미 아이를 맡기로 마음을 정한 상태였어요. 지금까지 이 아이가 좋다든지 하면서 누군가를 골라서 받은 적도 없었고 아동 상담소에서 연락이 오면 어지간하면 거절도 안 했어요. 누구를 고르고 어쩌고 한다는 게, 말이 안 되는 일이라서."

핸들을 움켜쥐면서 유키는 2주 전에 똑같은 길을 달려 처음으로 마사토를 만나러 갔던 날을 떠올렸다. 분명 이상한 아이였다.

일시 보호소는 이른바 폐쇄 공간이다. 어린이집이라기보다 작은 병원 같았다고 유키는 회상했다. 열쇠로 잠근 공간 안에 복도를 끼고 방이 쭉 연이어 있었고 아이들은 큰 방과 중정에서 놀고 있었다.

마사토

그 남자아이는 1층에 위치한 안쪽 큰 방에 혼자 있었다. 보육 교사가 "마사토, 사와이 씨야. 마사토를 만나려고 일부러 오셨어"라고 유키를 남자아이에게 소개했다. 남자아이는 움찔 놀라며 얼굴을 들었지만 눈을 맞추려 하지 않았다. 그리고 "기노시타 마사토입니다"라고 초점이 맞지 않는 눈을 하고는 기계적으로 이름을 말했다.

기노시타 마사토, 다섯 살. 아동 상담소에 맡겨진 남매 중에서 오빠다. 엄마, 누나, 여동생과 함께 넷이서 살던 당시 엄마의 학대로 여러 차례 일시 보호소와 집을 오갔다고 한다. 엄마가 폭력을 휘두를 때마다 일시 보호 조치가 내려졌고 "두 번 다시 이런 일은 없을 겁니다"라는 엄마의 다짐을 받고 집으로 돌아갔지만 똑같은 일이 끊임없이 반복됐다. 결국 아동 상담소가 가정에서의 양육은 불가하다고 판단해 사와이 홈에 아이를 맡아줄 수 있겠느냐고 전화한 것이다.

이 아이, 귀엽게 생겼네. 근데 눈을 안 맞추네. 유키가 마사토의 첫인상을 떠올려보는데 마사토가 갑자기 유키 뒤로 돌아와 등을 타고 올랐다. 느닷없이 뭘 하는 거지. 마사토는 유키의 어깨를 딛고 서려 했다.

"난, 정말이지, 무서워서. 깜짝 놀라서 주저앉은 채 몸을 웅크렸죠. 다섯 살치고는 마사토 몸집이 꽤 컸거든요."

잔뜩 웅크린 채 앉아 있는 유키에게 마사토는 계속 소

리를 질렀다.

"'일어서, 일어서'라고 나한테 명령하는 거예요. 원래 허스키하고 걸걸한 목소리인데 여기에 차가운 말투로요. 깔보듯이⋯⋯."

아, 이 아이는 내가 만나러 왔다고 한 순간부터 뭘 해도 된다고 생각했구나. 유키는 직감했다.

마사토는 아무리 말해도 유키가 자기 말을 들어주지 않자 슬쩍 떨어져서는 더 이상 아무런 관심도 보이지 않았고 가까이 오려고도 하지 않았다. 이 아이는 자기 말을 들어주지 않는 사람은 필요 없다는 식이구나. 유키는 그렇게 생각했다.

그때부터는 "마사토, 산책 나갈까"라고 보육 교사가 물어도 아무 대답이 없었다. 유키는 마사토가 '산책은 절대 안 가, 내가 가나 봐'라는 식으로 철벽같이 거부하는 듯한 인상을 받았다.

"마사토, 다음에 나랑 산책 갈까."

유키가 무심한 투로 말을 건 순간 마사토가 외쳤다.

"자가리코 줘!"

아, 그 과자 달라는 건가. 자가리코. 그때 무심코 말이 나왔다.

"난 자가리코보다 자가비가 더 좋은데."

"난 자가리코 샐러드 맛이 좋아."

마사토

아, 대화 비슷한 걸 했다! 유키는 조금 안도했다.

"다음에 올 때는 산책 나가서 자가리코 사 먹을까?"

유키는 더 말을 나눠보고 싶었지만 마사토는 이미 자신만의 세계로 돌아가 있었다. 그저 "자가리코, 자가리코, 자가리코……"라고 되풀이할 뿐이었다.

흥미가 있는 것에 반응했을 뿐일까. 아니면 산책 갈 거면 자가리코를 달라는 요구였을까……. 어쨌든 대화를 했다는 데에 안도하며 유키는 집으로 돌아왔다.

두 번째 면담. 이번에는 가방에 자가리코 샐러드 맛을 챙겼다. 마사토와 함께 산책하면서 먹을 생각이었다.

이날 마사토는 중정에서 놀고 있었다. 중정의 작은 흙무더기에서 혼자 뭔가를 열심히 찾고 있었다. 곁으로 다가가 말을 걸었다.

"마사토, 사와이야. 산책 가서 자가리코 먹을까."

유키가 말을 걸어도 마사토는 얼굴 한번 들지 않았다. "사와이 아줌마"라고 이름을 부르지도 않았고 전혀 상대하려 들지 않았다. 자가리코도 까먹고 있었다.

"개구리가 있어"라고 한마디 했을 뿐이다.

보아하니 개구리가 있는데 찾지 못해서 화가 났고 그 대신에 돌멩이를 찾고 있었다. 오랫동안 그렇게 똑같은 돌멩이를 묵묵히 계속 찾고 있었다.

이 아이는 오랫동안 한결같이 같은 일에 흥미를 갖고 있구나. 살짝 감탄하며 바라보는데 말을 걸어도 반응이 없고 자가리코에도 전혀 관심을 보이지 않아 유키는 낙담한 채 집으로 돌아왔다.

세 번째로 마사토를 만난 건 유키 집에서다. 마사토가 사와이홈의 아이가 된 것이다.


"다녀왔습니다."

현관에서 남자아이 목소리가 들렸다. 유키가 "우리가 얘기하던 마사토예요"라고 알려줬다.

"엄마, 있잖아"라고 말하며 거실에 들어서던 마사토가 예상치 못한 손님에 흠칫 놀라며 겁먹은 듯 살짝 뒷걸음질했다. 초등학교 5학년치고는 키가 꽤 커서 책가방이 왜소해 보였다. 유키가 처음 봤을 때 받았던 인상처럼 정말 귀여운 얼굴이었다. 안경을 써서 그런지 지적인 분위기도 감돌았다. 키는 크지만 호리호리한 체격에 몸이 말라서 왠지 허약해 보이기도 했다.

"엄마 친구 구로카와 아줌마야."

유키에게 소개를 받고 마사토에게 "안녕. 놀러 왔어. 반가워" 하고 인사를 건넸다. 마사토는 어쩔 줄 몰라 당황하면서도 걸걸하고 허스키한 목소리로 "안녕하세요" 하고 잠시

마사토

였지만 제대로 눈을 맞추고 인사를 했다. 그러고는 서둘러서 허둥지둥 아이들 방으로 도망쳤다.

사와이홈을 처음 방문했을 때 아이와 어른 사이의 영역 구분이 유독 눈에 들어왔다. 일본 전통 가옥 특유의 미닫이문으로 이어진 방 세 칸의 구석구석과 툇마루 한편에 책상이 놓여 있었는데 그곳이 아이들의 개인 공간이었다. 공동으로 쓰는 방에는 텔레비전이 있어서 좋아하는 프로그램을 보거나 게임을 했다. 사와이홈 아이들은 어른들과 어울리는 게 아니라 아이들끼리 놀았다. 그리고 가끔씩 "엄마, 있잖아" 하고 거실로 나와서는 유키에게 간식을 달라고 조르거나 학교에서 있었던 일을 얘기했다.

그사이 어른은 어른끼리 대화를 나눌 수 있었다. 아이들과 딱 붙지 않은 적당한 거리감이 평화로워 보였다.

"왜냐하면 아이는 아이들끼리의 사회 속에서 커가잖아요. 지금 남자아이만 다섯이어서 딱 좋아요. 마사토가 가장 나이가 많아서 형님 노릇을 하고 있어요."

저녁 식사 전 유키가 음식을 준비하는 사이 마사토는 식탁 위에 한자 숙제를 펼쳐놓았다. 허약한 인상과는 대조적으로 손으로 연필을 꽉 쥐어 잡고는 힘 있고 큼직큼직하게 글씨를 써 내려갔다.

"아. 뭐였지. 그게 뭐였지" 하고 달각달각 연필을 흔들면서 진지하게 생각에 빠진다.

"아, 이거야. 맞아."

살짝 엿봤더니 대부분의 칸이 채워져 있었다. 네모 칸 밖으로 비어져 나온 두껍고 큰 글자 하나하나에서 힘이 느껴졌다. 반듯하지는 않지만 획순에 상관없이 한 획 한 획 꾹꾹 눌러쓴 힘 있는 글씨였다.

"마사토, 숙제 끝나면 식탁 좀 닦고 접시 좀 놔줘."

"응."

오늘 메뉴는 아이들이 좋아하는 마파두부, 말린 무로 육수를 낸 어묵탕, 참마생채, 채소절임, 된장국이다. 커다란 프라이팬 두 개에 아이들용 달콤한 마파두부가 가득 찼다. 마사토는 "있잖아, 엄마, 오늘 학교에서" 하고 쉴 새 없이 얘기를 하면서 춤추듯이 식탁을 닦는다. 그러더니 하라고 한 일은 두 가지인데 하나만 하고 끝내버렸다. 유키가 부탁했던 "접시 좀 놔줘"는 초등학교 2학년인 아쓰야가 맡았다.

"잘하네, 아쓰야. 아쓰야는 시키지도 않았는데 엄마를 정말 잘 도와주는구나."

은근슬쩍 말을 걸자 아쓰야가 쑥스러운지 빙그레 웃는다. 어린이집에 다니는 스스무도 냉장고에서 소스를 꺼내 와 테이블 위에 놓았다.

사와이홈에서는 아이들 모두 손을 보탠다. 모두 아직

어린데도. 평범한 집의 저녁 풍경처럼. 초등학교 1학년인 후미토가 내게 된장국을 가져다줬다. 1학년치고는 매우 작고 가냘픈 후미토가 생글생글 웃으며 건네준다. 3학년인 유는 주전자에 담긴 보리차를 각자의 컵에 따른다. 식탁에 둘러앉아 모두 다 같이 "잘 먹겠습니다" 하며 손을 모은다. 아빠인 데쓰오는 옆 고타쓰에서 혼자 텔레비전을 보면서 식사한다.

"미안. 오늘은 마파두부가 좀 매운 것 같아."

유키는 그렇게 말했지만 어린이집에 다니는 스스무도 저학년인 아쓰야도 흰쌀밥에 마파두부를 듬뿍 얹어서 오물오물 쩝쩝 정말 맛있게 먹는다. 야들야들하고 달콤한 고기가 담뿍 들어간 부드러운 식감의 마파두부에 밥이 쑥쑥 줄어든다. 아이들은 된장국을 꿀꺽꿀꺽 소리까지 내며 맛있게 마신다. 사와이홈 아이들 모두 된장국을 무척 좋아한다는 얘기를 듣고 놀랐다. 요즘에는 된장국을 먹는 아이가 드문데 말이다.

마사토만 마파두부에 전혀 손을 대지 않았다. 그리고 쉬지 않고 얘기를 한다.

"학교에서 나야 뭐 늘 왕따를 당하니까, 나야 뭐 어떻게 되든 상관없으니까, 나 그냥 죽어버릴까."

비관적인 이야기를 아무런 억양도 없이 쉬지 않고 내뱉는다.

"마사토, 그런 말 하면 안 돼. 엄마는 마사토가 정말 소중해. 죽는다는 말은 절대 해선 안 돼. 아마 친구들도 마사토를 그렇게 여기지 않을 거야. 그런 식으로 생각하지 마."

유키가 마사토의 말을 받아주며 끈기 있게 얘기하는 사이 친자식인 중학교 2학년 유미가 내게 귀띔한다.

"마사토는 늘 저래요. 신경 쓰지 마세요."

그렇구나, 늘 있는 일이구나.

그렇게 말하며 유미는 아이들에게 반찬을 집어다 주기도 하고 "어, 스스무, 엎지르겠어"라며 무심히 아이들의 식사를 챙긴다. 이 또한 사와이홈의 일상이다.

고등학교 1학년인 둘째 아들 겐타가 동아리 활동을 끝내고 집에 돌아와 뒤늦게 혼자 식사를 마친 후 "목욕 시간이야!" 하고 아이들을 부른다. 아이들이 신이 나 소리를 지른다.

"혼자서 다섯을 보기는 힘들어."

겐타는 유키에게 들리도록 일부러 크게 혼잣말을 하면서도 아이들 목욕시키기를 모두 마쳤다. 이제 아이들은 하나하나 이불에 들어가 잠자리에 든다.

아이들이 잠든 후 유키가 "망했다" 하고 한숨을 푹 쉬며 중얼거렸다.

"마사토 앞에서 맵다는 말을 해버렸네. 그 순간 아차 싶었는데. 역시나 녀석 입도 대지 않아요. 실은 마파두부 정말 좋아하는데. 한번 아니라고 생각한 건 절대 안 해요. 고집

　　　　　　　　　　　　　　　마사토

이 세고 융통성이 없어요. 이상한 고집이 아직 있어요. 성가신 일이죠."

지금은 그래도 "아유 성가시게" 하고 너털웃음을 지으며 넘길 수 있는 일이 됐다. 마사토가 사와이홈에 오고 난 후 한동안 유키는 학대 후유증을 정면에서 마주해야 하는 혹독한 시간을 보냈다.


"이상해. 이런 이상한 애는 처음이었어요. 그동안에도 말썽 피우는 애들은 많았거든요. 하지만 이 애는 도대체 어떻게 해야 할지 모르겠더라고요."

2007년 10월 중순 마사토가 집에 온 첫날 밤, 이불 속에서 유키는 머리를 쥐어뜯었다. 그날 내내 말 한마디 하지 않던 마사토가 한밤중에 무슨 뜻인지도 모를 말을 수십 번이나 되풀이하며 외쳐대서 한숨도 못 잤다.

마사토는 담당 아동 복지사가 사와이홈까지 데려다줬다. 그때 마사토를 어떻게 맞이했더라. 유키는 그날이 또렷이 기억나지는 않는다. 아마도 유키라면 "오늘부터 여기가 마사토 집이야. 잘 지내보자"라든가 아무튼 방긋 웃는 얼굴로 맞았을 것이다. 다만 마사토에게는 그런 말이 제대로 전해지는지조차 알 수 없었다고 유키는 기억을 더듬는다.

앞으로 살게 될 집에 왔는데도 얼굴엔 아무런 표정 변

화가 없었다. 묻는 말에 대답은커녕 인사도 없었고 아무런 말도 하지 않았다. 어느 순간 옆 다다미방으로 달려 들어갔다는 것만은 분명히 기억한다. 놀라서 따라갔더니 툇마루 창에 묶어놓은 두꺼운 커튼 속으로 들어가 숨었다.

"이 애, 커튼에 숨더라고요."

커튼에 숨을 줄은 생각지도 못했을뿐더러 커튼이 은신처가 될 수 있다는 것도 처음 알았다. 어쩔 수 없이 잠시 그대로 두었다.

오후가 되자 당시 중학생, 초등학생이었던 두 친아들이 돌아왔다.

"엄마, 오늘 새 아이 온다고 했지. 어디 있어?"

"저기."

유키는 커튼을 가리켰다.

뭐? 아이들은 의아해하며 "설마" 하고는 커튼을 걷고 마사토를 쳐다봤다. 그리고 한마디했다.

"귀엽네."

그러고는 숙제를 하러 갔다. 그러자 마사토가 슬슬 커튼에서 나오더니 자기 짐 속에서 연필을 가지고 와서 형들 옆에서 그림을 그리기 시작했다. 인사도 없었고 아무런 말도 하지 않은 채 그저 그림만 그렸다.

"보니까 물고기를 그리고 있더라고요. 주둥이에는 깔

쭉깔쭉한 이빨도 있고 눈, 아가미, 지느러미까지 정말 생생한 물고기 그림을 몇 장이고 그렸어요. 종이 한 장에 물고기가 그득했죠."

유키는 신기해서 멀찍이 떨어져 관찰했다.

조금 지나 이웃 아저씨가 채소를 가져다줬다. 처음 보는 어린 마사토를 가리키며 농담 삼아 이런 말을 했다.

"뭐야, 손자가 생겼네."

이 '손자'라는 단어에 마사토가 반응했다.

"뭔가 스위치가 켜졌나 봐요. 손자라는 말이 마음에 들었는지 그때부터 계속 혼자서 '손자, 손자, 손자'라고 이 두 글자를 중얼댔어요. 그러더니 이게 며칠이나 이어졌죠. 손자, 손자, 손자라고."

이날 메뉴는 카레라이스였다. 아동 복지사가 마사토는 카레를 좋아한다고 알려줬다. 카레라이스는 먹었다. 하지만 이튿날부터 카레라이스 말고는 흰쌀밥, 후리카케(생선가루에 김, 깨, 소금 등을 섞어 만든 가루로 주로 밥에 뿌려 먹는다. ─옮긴이), 닭튀김만 먹었다.

목욕은 중학생인 장남과 함께했다. "마사토, 목욕하자" 하고 부르면 의외로 순순히 따랐다. 마사토는 목욕을 정말 좋아해서 첫날부터 욕조에서 긴 시간을 보냈다.

이제 잘 시간. 첫날이기도 해서 유키는 자기 이불 옆에 마사토의 이불을 깔고 함께 자려고 했다. 하지만 마사토는 휑하니 커튼 속으로 들어가버렸다.

"불을 끄고 어두워지자 마사토가 갑자기 돌변하는 거예요. 정말 어이가 없었죠. 커튼 속에서 '야, 야' 하고 소리를 지르고 무슨 말인지는 모르겠는데 뭔가 머릿속에 들어온 구절을 수십 번씩 계속 외치는 거예요. 수십 번, 수백 번을. 그러고 나서는 기분이 좋은지 꺅, 꺅 소리 지르고. 자기가 말하고 자기가 받고. 기쁜 건지, 어떤 건지. '꺅, 꺅, 꺅, 손자, 손자, 손자……'라고. 아빠가 '시끄러워, 조용히 해' 하고 말해도 멈추질 않아요. 누가 못 하게 막아도 그만두질 않아요. 이런 이상한 아이는 처음이었어요."

유키가 말한다.

남의 눈을 마주 보는 법도 없고 말도 하지 않은 채 일주일이 지나갔다. 유키는 역시 이상하다고 뭔가 다르다고 생각했다. 마사토는 울지 않는 아이였다. 넘어져도 높은 데서 머리부터 떨어져도 울지 않았다. 유키는 다른 위탁 가정 엄마들에게 물어봤다.

"왜냐하면 보통 애들은 안 그렇잖아요. 어린애가 울음소리를 내지 않으려고 입술을 깨문다는 게. 그런데 마사토 다음에 온 유도 스스무도 아쓰야도 모두 그렇더라고요. 그때 상담했던 엄마도 아이가 울지 않았다고 하더라고요. 그 엄마랑 둘이서 그때는 걱정이 이만저만이 아니었죠."

　이 무렵 유키에게는 '학대 후유증'이라는 인식이 없었다. 마사토의 복부에는 칼로 베인 상흔이 있었다. 그것도 봉합이나 어떤 처치를 한 게 아닌 자연히 붙은 듯한 상처였다. 손에는 화상 흔적도 남아 있었다.


　"고통에 대해 인내심이 무척 강하다."

　"눈을 맞추지 않는다. 누가 자기를 쳐다보는 것도 싫어한다."

　"나, 인간관계, 인생을 부정적으로 생각한다."

　"규칙에 집착하고 유연한 사고가 불가능하다."

　마사토에게서 보이는 이런 특징은 '애착 장애'의 증상으로 묶을 수 있다. 애착 장애는 학대 피해 아동 거의 대부분이 보이는 증상이다. 학대받은 아이의 '그 후'를 마주하는 가운데 반드시라고 해도 좋을 정도로 꼭 직면해야만 하는 문제다.

　애착은 부모 등 양육자와 아이 사이에 만들어지는 정서적 유대 관계를 일컫는다. 애착이라는 단어 자체는 익숙하고 친숙한 것과 떨어지기 싫어하는 마음을 가리킬 때 일상적으로 쓰이지만, 심리학적으로는 유아기까지 아이와 양육자 사이에 형성되는 관계를 중심으로 한 정서적 유대를 지칭한다.

　아이를 양육해본 경험이 있는 사람은 아기와 함께했던

시간을 떠올려보면 이해하기 쉬울 것이다. 이를테면 아기가 울면 "왜 그래?" 하고 얼굴을 살피며 말을 걸고, 아기의 요구에 응해 "그래그래" 하고 안아서 등을 토닥이거나, 배가 고파 그런지 기저귀가 불편해서 그런지 아이를 유심히 살핀다. "맘마 먹자" 하고 젖을 주거나 "쉬했구나" 하고 기저귀를 갈아주는 등 마음이 편해지도록 불쾌한 요인을 제거해준다. 그것이 육아의 일상이다. 아이와의 이런 일상 속에서 아기와 양육자 사이에 애착 관계가 형성된다. 사실 이 애착 관계야말로 인간이 살아가는 정신적 기반이 된다.

양육자와 따스한 시간을 보낸 아기는 기어 다니고 걷게 되면서 행동반경을 넓혀간다. 하지만 문득 불안해지면 울면서 양육자의 무릎으로 돌아온다. 아기에게 세상은 공포로 가득 차 있다. 돌아갈 양육자의 무릎이 반드시 존재한다는 사실을 확신하고 안정감을 느끼는 아이는 점점 양육자와 떨어져 혼자 있더라도 불안해하지 않고 편안함을 유지한다. 불안에 쫓기는 일이 있더라도 양육자를 떠올리는 것만으로 불안을 불식할 수 있다. 아이는 자라면서 양육자와 애착이라는 관계를 형성하고 공고히 만들어간다. 이렇게 자신의 세상을 넓혀간다. 이것이 바로 성장이다.

아기가 획득한 애착 관계야말로 대인 관계의 기본이며 자기를 제어하는 기본이다. 타인과 자신과 세상을 믿고 성장

마사토

해가는 삶의 기반이 애착이다. 인간의 다양한 감정은 애착 관계 없이는 성립되지 않는다. 이를테면 슬픔이라는 감정은 엄마가 자기를 떠났을 때에 생겨나며 자부심, 기쁨의 감정은 엄마에게 칭찬받았을 때 일어난다. 그런 의미에서 애착 형성은 영유아기의 가장 중요한 양육 과제이기도 하다. 하지만 학대를 받고 자란 아이들은 안심하고 지낼 수 있는 환경에서 만들어지는 양육자와의 정서적 교류가 결여되어 있다.

학대 피해 아동의 문제 대부분은 애착이 형성되지 않은 데에서 유래한다. 밤에 보인 행동만 봐도 마사토가 그동안 안정적인 환경은 기대조차 할 수 없는 곳에서 살았음을 짐작할 수 있다. 마사토에게 밤은 새근새근 잠들 수 있는 마음 편한 시간이 아니었다.

이렇게 인간이 '인간으로서의 기반'을 만들지 못했을 때 애착 장애가 생기며 이를 정신의학 용어로는 '반응성 애착 장애'라 부른다.

도쿄복지대학 명예 교수인 헤네시 스미코ヘネシー澄子는 저서 『아이를 사랑하지 않는 엄마, 엄마를 거부하는 아이』에서 이렇게 지적한다.

"세상에 갓 나온 아기에게는 '편안하게 있고 싶어'라는 신체적 욕구와 '사랑받고 싶어'라는 정서적 욕구가 있다. 이런 욕구가 계속 무시되면 타인의 기분을 파악하는 뇌의 일부분이 성장하지 못해 애착 장애 증상이 나타난다."

애착은 사랑받고 보호받고 존중받은 기억이다. 언제든지 돌아갈 수 있는 엄마의 따스한 무릎이 존재한다는 믿음을 갖고 엄마의 보호를 받으며 자랄 때 자신을 믿고 타인을 믿을 수 있게 된다.

그런 까닭에 애착이 형성되지 않은 아이는 종종 스킨십을 할 수 없다. 그런 아이는 누가 자신을 만지면 공격받고 있다고 인식하기 쉽다. 등 뒤에서 어깨를 두드렸을 뿐인데 느닷없이 때리려고 대드는 일도 적지 않다. 신체적 접촉은 곧 얻어맞았던 경험을 떠올리게 하기 때문이다.

아이치소아센터에 입원한 한 남자아이는 다른 사람 옆에 나란히 앉을 수가 없었다. 누군가와 달라붙어 있었던 경험이 없기 때문에 이런 행동 자체를 공포로 받아들였다. 예를 들어 폭력 충동이 솟구쳤다 하더라도 엄마가 나를 보호해 줬던 경험, 충동을 참았을 때 칭찬받았던 경험이 축적되어 있다면 스스로 그 충동을 가라앉힐 수 있다. 마음속에서 엄마를 떠올리며 지금 내가 때린다면 엄마가 슬퍼할 거라고 생각한다. 내가 가장 좋아하는 엄마의 웃는 얼굴에 그늘이 지게 해서는 안 된다며 들어 올렸던 손을 내린다. 하지만 학대 피해 아동 대부분은 그렇게 떠올릴 엄마가 없다.

또한 학대 피해 아동은 애착이 '마이너스'이다. 인간에게 마이너스로 작용하는 애착도 있다. 왜곡된 애착이라 부르기도 한다. 스기야마는 아이들은 어떤 형태로든 양육자와 애착을 만들지 않으면 살아갈 수 없다고 말한다. 학대받는 환경에서 자란 아이는 양육자와 '학대적인 유대'를 형성하며 이때의 애착은 아이에게 마이너스로 작용한다.

학대 피해 아동이 살아가는 세상은 이를테면 이렇다. 안심할 수 있는 엄마의 무릎 대신에 무관심 속에 방치된 차가운 침대, 상냥한 미소 대신 괴물 같은 표정과 성난 목소리, 술 냄새 나는 입김, 얻어맞았을 때의 아픔, 공포, 피의 맛과 온몸이 저려오는 감각 등이 자리한다. 이것이 학대 피해 아동의 일상 즉 '익숙한 세계'이며 슬프지만 이것이 아이를 둘러싼 세상이다.

온몸이 저리고 아픈 느낌과 성난 목소리만이 양육자와의 연결 고리라고 한다면 아이는 그런 감각에만 의존한 채 살아갈 수밖에 없다. 이것이 가해자와 학대 피해 아동 사이에 형성되는 왜곡된 애착 즉 학대적인 유대이다. 이렇게 만들어진 학대적인 유대는 연쇄적인 학대로 이어진다.

알코올 의존증에 빠진 아버지 밑에서 폭력에 진저리를 치며 자라난 딸이 "절대 아빠 같은 남자와는 결혼하지 않을 거야"라고 마음속으로 굳게 다짐하지만 똑같은 남성과 결혼해 가정 폭력 피해를 당하고 결국엔 제 자식을 때린다. 그가 형성한 삶의 기반, 즉 애착은 그것밖에 없었기 때문이다. 술 냄새가 찐득거리는 입김과 술에 취해 폭력을 휘두르는 아버지야말로 '익숙한 세계'이며 그것 이외의 대인 관계 방식이나 감각을 그는 무엇 하나 알지 못한 채 어른이 되었기 때문이다.

마사토가 밤에 한숨도 안 자고 극도로 흥분한 채 안절부절못했던 이유는 그것이 엄마와 함께 보내는 밤의 '익숙한 세계'였기 때문이다. 그렇게 해서 마사토는 매일 밤 엄마와의 시간을 버텨왔다.


다섯 살인 마사토는 사와이홈에 오고 일주일 동안 밤에 잠을 자지 않으려 했다. "내가 신경쇠약에 걸릴 것 같았다니깐요" 하고 유키는 말한다.

생각다 못해 유키는 자폐 스펙트럼 장애 관련 책을 꺼내 들었다. 아이에게 '지시를 이해시키는 방법'을 따라 해봤다. 자폐 스펙트럼 장애는 사회성에 문제를 지닌 채 태어나는 발달 장애이다. 추상적 '지시'가 아닌 구체적이고 명확하게 직접적으로 하는 말에만 반응을 한다.

"여기 봐. 엄마, 얘기할 테니까."

손가락을 들어 마사토 눈앞에 대고 이렇게 말한다.

"불을 끄면 잠을 잘 시간입니다."

"화장실에 갑니다"라는 말도 마사토에게는 필요했다.

　　　　　　　　　　　　　　　　마사토

마사토는 사와이홈에 온 뒤로 화장실이 어디인지를 묻지 못하고 바지에 계속 볼일을 보고는 자기 짐에서 옷을 꺼내 갈아입는 일을 반복했다.

"밥을 먹습니다"도 필요했다.

이렇게 해서 조금씩 조용한 밤이 되돌아왔다. 바지에 실례하는 일도 줄었다. 식사는 반찬을 쳐다보기만 할 뿐 전혀 손을 대려 하지 않았지만 다른 사람들과 함께 식탁에 둘러앉았고 밥과 후리카케가 있으면 그래도 얼추 양을 채워 먹었다.

유키가 제일 곤혹스러웠던 일은 미유에게도 나타났던 '얼음'이다. 느닷없이 얼어붙는 마사토가 가장 무서웠다.

"굳은 채로 아무런 반응을 보이지 않는 게 정말 무서웠어요. 왜 화가 난 거지? 왜 얼어붙었지? 하고. 그런 마사토를 보고 있으면 나도 화가 나는 거예요. 속이 부글부글 끓고 머리끝까지 피가 쏠리는 게 느껴지거든요. 날 바보로 보는 거야 뭐야. 지금까지 함께 지냈던 아이들은 이렇게까지 아무런 반응을 보이지 않은 적이 없어서 불안하기도 하고 화도 났어요. 왠지 저 밑바닥에 숨어 있던 또 다른 내가 튀어나오는 느낌. 얼굴에 피가 확 쏠리고 나도 모르게 애를 두들겨 패고 발로 차지는 않을까 싶어 무서웠어요. 나 혼자서는 아무것도 할 수 없어서 어쨌든 마사토가 그런 상황에 빠지면 애와 떨어져 있으려 했는데, 아무튼 난 참을 수가 없었어요. 아무런 반응을 보이지 않는 그 상황을……."

마사토의 여동생 아유미가 사와이홈에 묵으러 온 적이
있었다. 아유미가 얼음이 되는 걸 목격하고 나자 마사토에 대
한 유키의 화는 누그러졌다.

"'이 옷으로 갈아입자' 하고 내놓은 옷이 아유미는 마
음에 들지 않았던 거예요. 그 순간 얼음이 됐죠. 보통 애들 같
으면 '이 옷 싫어'라고 말하잖아요. 발을 쭉 뻗은 채 앉아 있
었는데 눈은 어딘가 먼 데를 보는 것 같고. 소리도 들리지 않
는 것 같고. 사고도 중지된 상태예요. 그냥 놔뒀죠. 그랬더니
두 시간인가 두 시간 반이 지났는데도 그냥 그대로. 마사토가
아무리 '아유미, 괜찮아?' 하고 물어도 소용없었어요. 세상에,
어떻게 저러지 싶었죠. 이런 행동은 날 화나게 만들려는 게
아니라는 걸 분명히 알게 됐죠."

'해리'였다.

마사토와 아유미 남매도 얼어붙은 채 얼음이 되면서
휘몰아치는 엄마의 폭력 속에서 자신을 지켰다.


마사토가 온 지 2주가 지났을 때 일이다. 일시 보호 대
상인 초등학교 4학년생 히로시를 사와이홈에서 우연히 맡게
되었다. 어른의 마음을 얻으려 바동대는 눈치 빠른 아이였는
데 늘 기분이 고조된 상태였다. 하지만 보이지 않는 곳에선

마사토

자기보다 작은 마사토를 냅다 밀치는 등 양면성을 띠었다. 히로시는 유아원(원칙적으로 만 1세 미만의 아이를 맡아서 양육하는 일본의 아동 복지 시설. - 옮긴이)에서 아동 양호 시설로 옮겨갔고 1년 전에 위탁 가정에 들어갔지만 위탁 부모에게 심한 학대를 받는 충격적인 사건이 일어나 일시 보호 조치되었다. 이후 어디로 갈지 정해질 때까지 사와이홈에서 지내기로 했다.

"히로시는 밤이 되면 울어요. 나한테 '내 옆에 있어, 내 옆에 있어 줘'라고 말하면서. 그러면 난 '그건 안 돼. 난 평범한 엄마야. 아홉 시부터 텔레비전 봐야 돼'라고 말했는데, '무서워서 잠이 안 와'라고 하니까 자장가를 불러줬어요. 그러자 마사토가 자장가를 듣고는 기분이 고조돼서 신이 난 거죠. 그러니 두 애 다 잠을 안 자고. 11시쯤 돼서 내가 이불 속으로 들어가면 그제야 잠을 자요."

그러던 어느 날 밤 히로시가 자신이 폭행당했던 이야기를 꺼냈다. 유키는 옷장에 기댄 채 히로시의 이야기를 듣고 있었다.

"히로시는 그런 얘기를 (아동) 복지사에게 했구나. 그렇게 슬프고 아픈 기억을……. 장하네, 히로시."

언제부터였는지 마사토는 유키 발치까지 다가와 있었다. 그리고 유키의 발을 살살 만졌다. 아, 엄마에게 무슨 일을 당했는지는 모르지만 마사토는 뭔가 무서운 기억이 떠올랐나 보다. 히로시의 얘기를 듣고 떠올렸는지도 모른다.

유키도 마사토의 등을 감싸 안고 살살 쓰다듬었다. 그 때부터 마사토는 유키를 "있잖아……"하며 부르게 되었다. 머뭇거리면서도 옆으로 다가왔다. 그 전까지는 눈도 맞추려 하지 않았는데 말이다.

"히로시 일로 뭔가가 바뀐 거예요. 마사토가 자신을 드러내게 됐어요. 깜짝 놀랐죠. 허물 벗듯이 하나둘 벗겨냈어요. 이전에는 자신을 드러내지 않으려고 꽁꽁 싸맸었거든요."

과연 마사토가 보여준 마사토다운 모습은 무엇이었을까.

바다가 가깝기도 해서 이웃들이 직접 낚은 물고기를 먹어보라며 종종 가져다주곤 했다. 이날은 이전에 사와이홈에서 지냈던 아이가 애들에게 보여주고 싶다며 살아 있는 도미 세 마리를 스티로폼 상자째 현관에 두고 갔다.

유키가 요리를 하려고 도미를 가지러 갔더니 두 마리밖에 없었다. 한 마리는 어디로 간 거지? 문득 돌아보니 유미가 서 있었다.

"아마도 마사토가 뭔가 일을 꾸민 것 같은데."

"어디서?"

"커튼 방에서."

뭐? 이게 무슨 소리지.

"뭔가 수상하니까 가서 봐봐."

"싫어. 유미가 보고 와. 이상한 거 난 못 봐."

둘이서 이렇게 아웅다웅하고 있는데 히로시가 커튼 방으로 가더니 커튼을 홱 젖혔다.

세 사람이 맞닥뜨린 광경은…….

마사토는 양손으로 도미를 움켜쥔 채 얼굴을 정면으로 마주하고는 미동도 않고 뚫어져라 쳐다보고 있었다. 커튼을 젖힌 것도 모른 채 그 세계에 빠져 있었다.

"그 순간, 잠시 모두 아무 말도 못 했어요. 깜짝 놀라서. 누가 이런 걸 생각이라도 했겠느냐고요. 마사토가 도대체 뭘 하고 있는지 몰랐죠. 정말 아무 말도 안 나왔다니깐……. 난 기가 막혀서, 머릿속이 새하얘져서는……."

세 사람 다 그 자리에 얼어붙어버렸다.

드디어 마사토가 천천히 물고기를 눈앞에서 옆쪽으로 옮겼다. 그 순간 유키가 소리쳤다.

"이리 내!"

그제야 퍼뜩 정신을 차린 마사토는 모두가 자기를 쳐다보고 있다는 걸 깨닫고는 물고기를 재빨리 감췄다.

유키는 정신없이 아동 상담소 아동 복지사에게 전화를 걸었다. 삼십 분? 한 시간? 그렇게 긴 시간 마사토는 살아 있는 물고기를 계속 손에 들고 있었던 것이다.

"그러니까 그게, 물고기에 집착하는 저 애는 도대체 어떻게 된 애예요? 병이 있는 거 아니에요? 내가 보기엔 정말 이상해요."

그러자 아동 복지사는 이런 이야기를 들려줬다. 마사 토가 보호 조치를 받게 된 계기가 된 그날 밤의 일이었다.

"사와이 씨한테 얘기 안 했나요? 그 애, '물고기 소년' 이에요."

"그게 지금 어쨌다는 거예요? 맞아요. 마사토는 물고 기 그림만 그려요. 그것도 아주 생생하게."

"일시 보호 조치가 취해진 이유 중 하나인데 밤에 그 애 엄마가 전화를 해서는 '마사토랑 아유미가 욕조에 들어간 사이에 슈퍼에서 사 온 꽁치를 구우려고 봤더니 한 마리가 없어요. 그래서 찾았더니 둘이서 욕조에서 꽁치를 헤엄치게 하는 거예요. 그 꽁치 구워서 먹어도 되는 거예요?'라고, 그걸 나한테 묻더라고요."

아동 상담소에 전화가 온 그 시점에 마사토는 꽁치를 갖고 욕조에 들어간 일에 열이 뻗친 엄마에게 마구 두들겨 맞아 숨만 겨우 쉬며 쓰러져 있었다고 한다. 그런데도 엄마는 아동 복지사에게 '그 꽁치 먹어도 되는 건지'를 알려달라고 전화를 걸었다. 다음 날 마사토와 아유미는 어린이집에 있다 가 일시 보호 조치되어 엄마와 분리되었다.

유키는 "뭐라고? 무슨 소리야 이게" 하고 소리 지르고 싶었다.

"마사토 엄마라는 사람도 이상하고 다 이상해!"

"그때 엄마가 엄청 때렸나 봐요. 마사토를. 그게 자책감이 들어 나한테 그렇게 물어본 걸 거예요. 엄마랑 몇 차례 접촉해본 경험상 그날 밤은 괜찮을 거라고 판단해서 다음 날 보호 조치를 했어요. 사와이 씨도 그런 거예요? 먹어도 되는지 어떤지 나한테 물어보고 싶으세요?"

"그런 거야 내가 알아서 해요. 그것보다 저 애 어디 아픈 거 아니에요? 내가 보기엔 정말 이상하다고요. 살아 있는 물고기를 내내 손에 들고는……. 커튼도 빨아야 하고."

"보고 싶었던 거겠죠, 살아 있는 물고기를. 살아 있는 물고기, 본 적 없을 거예요."

"으아, 정말 이상해."

"괜찮아요, 그런 일쯤은."

"그런 일쯤이라뇨."

아동 복지사에게 자기가 얼마나 화가 났는지 전하고 싶었는데 그러는 사이 유키에게는 다른 감정이 스멀스멀 올라왔다.

"왠지 마음속으로 재밌어하고 있는 거예요, 내가 말이죠. 재밌어서. 기분이 이상했죠. 도미는 구워서 먹었어요. 그런데 마사토는 먹지를 않아요. 더럽다고."

식사 자리에선 다들 마사토를 놀려댔다.

"안 먹는다고? 왜? 네가 갖고 있었던 거잖아. 근데, 왜 그랬어? 물고기랑 뽀뽀라도 했어?"

아무리 놀려도 입도 뻥긋하지 않던 마사토가 "더러워, 안 먹을래"라고 완고하게 대답했다.

"난 정말로 이해가 안 됐어요."

그렇게 말하며 유키는 배를 움켜쥐고 웃었다. "아휴, 그런 일이 다 있었네요"라면서.

마사토가 집에 온 지 한 달이 지난 무렵 사와이홈에서는 신생아를 맡아 키우게 되었다. 아동 양호 시설에서 지내던 열일곱 살 난 아이가 아빠를 모르는 아이를 낳았다. 어린 엄마와 태어난 아기를 함께 돌봐줄 위탁 가정이 정해졌는데 산후조리원에 있던 산모가 사라져버렸다.

"마사토 때문에 힘든 상황이었지만 아기는 누워만 있을 테니까 그렇게 힘들진 않겠지. 뭐, 괜찮다고 받아들였는데 마사토가 아기를 정말 좋아하더라고요."

안거나 만지지는 않았지만 마사토는 "료, 료" 하고 아기의 이름을 부르며 귀여워했다. 이런 행동을 보이는 것에도 유키는 놀랐다. 이 상황을 놓치지 않고 유키는 마사토와 대화의 물꼬를 텄다.

"그 나이 때 가장 쉽게 친근감을 줄 수 있는 게 쉬랑

응가랑 고추거든요. 그래서 기저귀 갈 때마다 '기저귀 갈아야겠네!' 하고 마사토에게 말을 걸면 좋아서 달려와요. 그래서 기저귀를 열고 아기 고추를 보면서 '우아, 우아' 하고 매일 둘이서 그런 대화를 했어요. 정말, 아기에게는 미안한 일이지만 그것 말고는 뭘 해도 반응이 없었으니까요. 둘이서 '우아, 우아' 하면서 마사토랑 소통을 시도했죠."

이 무렵이 되자 마사토는 유키에게 응석을 부리기도 했고, 유키도 마사토가 싫어하는 것과 좋아하는 것을 알게 되었다.

해가 바뀌고부터 마사토는 어린이집에 다녔다. 얼마 지나지 않아 어린이집에서 이런 말이 들려왔다.

"'이렇게 하세요' 하고 지시를 해도 반응이 없어요. 말을 듣고 있는지 어떤지도 모르겠고. 마사토, 진단 같은 거 받은 적 있나요? 한번 전문 의사 선생님에게 진단을 받아보는 게 좋을 것 같아요."

이때 처음으로 유키는 "아, 그렇구나. 아무래도 어디가 안 좋은 거구나" 하는 생각에 마사토를 데리고 청력과 시력 검사를 받으러 갔다.

"검사를 받을 수가 없었어요. 꺅 하고 벌벌 떨면서 도망가니까. 시력 검사만 해도 표를 아예 쳐다보지 않아요."

아동 상담소에 물어봤더니 "발달 장애가 있는 것 같

다"라고 해서 소아 정신과를 찾아갔다. 그 의사는 마사토의 여동생인 아유미의 주치의이기도 했다.

"이 아이는 전에도 병원에 온 적이 있어요. 적응을 못 한다고 어린이집에서 얘기를 해서 엄마가 한 번 데려왔었죠. 마사토는 ADHD 진단을 받았어요."

ADHD, 즉 마사토에게는 주의력 결핍 과잉 행동 장애가 있었다. ADHD는 경증 발달 장애의 대표적인 예로 태생적으로 과잉 행동, 충동성, 부주의 세 증상을 지니며 발병률도 3~5퍼센트로 높다. 최근에 교실에서 가만히 앉아 있지 못하고 돌아다니는 아이들이 늘어 교사들이 비명을 지른다는 얘기를 종종 듣는데 이런 아이들에게 붙는 진단명 대부분이 ADHD이다.

마사토는 그때 병원에 다녀간 이후로 엄마가 다시 데리고 온 일이 없어서 진단만 내려진 채 방치되었다. 의사는 유키에게 치료 방침을 알려줬다.

"앞으로 잘 지켜봐야 하니까 정기적으로 진찰받으러 오세요. 대처 방법도 알아야 하고 약도 먹여야 해요."

의사는 유키에게 치료의 목적은 아이가 세상을 살아가기 쉽게 만들어주는 것이지 '다루기 쉬운 아이'로 만드는 것이 아니라고 덧붙였다. 그러기 위해서는 뇌 안 신경 물질 부족을 보충하는 약을 투여하고 의료적 지원과 교육적 지원을 해야 한다고 했다.

여기서 앞에서 언급한 애착 장애 증상과 ADHD의 특징이 겹치는 것을 알 수 있다. 이를테면 애착 장애의 특징인 과잉 행동, 충동성, 욕구불만에 따른 자제 불능, 인내력과 집중력 저하로 생기는 학습 장애 등은 그대로 ADHD인 아이의 특징이기도 하다. 이처럼 과잉 행동을 보이는 아이를 훈육으로 어떻게든 해보려고 할 때 학대가 일어나기 쉽다는 지적도 있다.

닭이 먼저냐 달걀이 먼저냐를 따질 수 없듯 마사토의 경우도 ADHD라는 태생적인 발달 장애가 원인으로 작용해 엄마의 학대를 받게 된 것인지 혹은 학대 환경에서 살아온 결과 애착 장애가 생겨 ADHD와 같은 증상을 일으킨 것인지 분명치 않다. 학대와 발달 장애는 이처럼 복잡하게 얽혀 있다.

왜 학대 피해 아동 중에 발달 장애인 아이가 많을까. 이는 양육자가 발달 장애를 지닌 아이의 비사회적인 특징 때문에 육아가 힘들어 이를 훈육으로 고치려 하다 자칫 학대로 이어지는 경향이 있기 때문이다. 이를테면 주의가 산만한 ADHD 아이에게 왜 다른 애들처럼 가만히 있지 못하느냐고 화가 나서 불쑥 손을 들고 마는 식이다. 지적 문제가 아닌 '고기능 광범성 발달 장애'는 양육자를 향한 반항, 도발적 행동으로 학대를 자극하기도 하는 등 학대 위험성을 키우는 요인이라고 스기야마는 지적한다.

한편 학대라는 가혹한 상황을 버텨내는 사이, 마사토처럼 과잉 행동 경향을 보이거나 타인과의 관계 형성에 문제를 일으키는 등 발달 장애의 특징을 드러내는 아이도 있다.

스기야마는 아이치소아센터를 찾아오는 아이들을 볼 때 태생적인 발달 장애가 아니라도 학대를 받아 발달 장애와 같은 증상을 보이는 경우를 발견했다. 그 발견을 토대로 스기야마는 아동 학대를 '제4의 발달 장애'라고 이름 붙였다.

학대는 대뇌의 여러 영역에 기능 장애를 일으키는데, 부주의한 행동을 보이거나 행동 제어에 어려움을 겪는 ADHD적인 증상, 앞일을 예측하지 못하고 현 순간을 벗어나는 데만 급급한 행동 등은 언뜻 보기에 광범성 발달 장애처럼 보인다고 한다.

학대가 장애라는 심각한 손상을 아이에게 입힌다는 사실에 다시금 놀랐다. 마음의 상처에 연고를 발라주기만 하면 나을 것이라 여겼던 안일한 인식이 무너지면서 한없는 절망감이 밀려왔다.

무엇보다도 학대는 뇌 전체의 성장에 물리적 영향을 끼친다고 한다. 뇌 영상 촬영 진단으로 명확하게 확인된 사실이라는 얘기를 처음 들었을 때에는 귀를 의심했다. 분명 언제 얻

마사토

어터질지 모르는 생존 환경에서는 뇌가 건강하게 발달할 리가 없다. 항상 경계경보가 울려대는 극도의 긴장 상황과 밤이 되어도 편히 잘 수 없는 상태에서 뇌가 쑥쑥 자랄 리 만무하다.

스기야마는 이런 메커니즘을 저서 『발달 장애의 현재』에서 이렇게 서술했다.

"생존이 위협받을 정도로 공포스러운 환경은 아이의 애착 형성에도 큰 영향을 끼친다. 진화론적으로 보면 공감성 같은 감정을 발달시켜서는 살아남을 수 없다. 이때 호르몬 동태 등의 변화로 후생 유전학(유전자의 배열은 바뀌지 않고 유전정보의 활성에 변화를 일으키는 과정)적 현상이 발생하는데 몇몇 유전자의 발현으로 뇌에 기질적인 변화가 생긴다."

아동 학대는 아이의 뇌에 기질적인 변화를 일으키고 아이가 성장하는 데 광범위한 장애를 초래해 발달 장애라 부를 만한 상태로 몰고 간다. 학대가 낳은 잔인하고 참혹한 결과다.


마사토는 차츰 "기노시타 씨는……" 하고 생모와의 일을 유키에게 얘기하기 시작했다. 별다를 것 없는 일상적인 얘기를 하는 와중에 갑자기 어떤 장면으로 되돌아간 듯이 한 컷, 한 컷 망가진 라디오처럼 단편적으로 말을 이어갔다. 이무렵 마사토는 유키를 "엄마"라고, 생모를 "기노시타 씨"라고 불렀다.

　이를테면 닭튀김을 하고 있는데 불쑥 과거의 장면이 튀어나온다.

　"엄마, 뭐 해?"

　"닭튀김 만들고 있는데."

　"닭튀김은 '슈퍼 고이케'에서 사 오는 거 아냐?"

　그렇게 묻기에 유키는 일부러 이렇게 대답했다.

　"닭튀김은 집에서 만드는 음식이야. 우리 집에선 옛날부터 그랬어."

　"기노시타 씨는 '슈퍼 고이케'에서 사 와서 나 한 개, 가오리 누나 세 개, 기노시타 씨 한 개. 근데 난 반쪽을 아유미에게 나눠줬어."

　마사토의 생모는 마사토의 누나인 가오리를 특별히 아꼈다. 마사토가 가져온 장난감 대부분에 '기노시타 가오리'라는 이름이 붙었고 '가오리'를 지우고 '마사토'라고 쓴 흔적이 남은 것도 몇 있다.

　"나 한 개……라고, 마사토는 소심한 목소리로 띄엄띄엄 말했어요. 제대로 밥을 해준 적이 없었다고, 어쨌든 그런 얘기를 계속 들려줬어요."

　혹은 갑자기 화면이 멈춘 듯 과거 한 장면을 묘사한다.

　"가오리 누나가 내 머리카락을 잡아당겨서 나도 가오

리 누나 머리카락을 잡아당겼는데 기노시타 씨가 '그만해!' 하고 말했어."

갑자기 과거가 쓱 끼어들어 오기라도 한 듯 아무런 억양도 없이 장면 하나하나를 묘사한다.

"기노시타 씨가 냄비에 내 손을 갖다 대면서 '뜨겁지?'라고 했어. 내 손을 대게 한 다음에 기노시타 씨는 '미안' 하고 자기 손도 갖다 댔어. 기노시타 씨가 울면서 미안하다고 해서 난 용서했어."

마사토를 차에 태우고 장을 보러 갔을 때의 일이다. 마침 마사토가 옛날에 살던 곳을 지나갔다. 그때 마사토가 패밀리 레스토랑을 가리키며 아무런 억양이 없는 말투로 이야기를 꺼냈다.

"기노시타 씨랑 밥 먹으러 갔을 때 내가 말을 안 들으니까 기노시타 씨가 젓가락으로 내 눈을 찔렀어. 그래서 병원에 갔는데 기노시타 씨는 울면서 나한테 세븐일레븐에서 토마스 기차 미니카 장난감을 사줬어. 그래서 토마스 기차에는 '마사토'라고 내 이름이 쓰여 있어."

그 영향일까. 마사토는 한쪽 눈의 시력이 유난히 나쁘다. 유키는 "이런 게 학대 후유증일까" 하고 뼈저리게 느낀 적이 수없이 많다.

가장 큰 폭풍은 초등학교 1학년 봄방학 때 몰아쳤다.

"뭐랄까, 물건에 대한 집착이 아주 강해서 자기 뜻대로 안 되면 자포자기가 돼서 모든 걸 무너뜨려버려요."

유키는 그 일을 찬찬히 되짚었다.

개미가 계기였다. 마사토가 가장 소중히 여기는 장난감 상자 안에 개미가 들어갔다.

"물건을 버리지 못하는 성격이라 장난감 상자 속에 다 먹은 과자 통도 넣어뒀던 거죠. 이제 막 봄이 됐을 무렵인데 개미가 장난감 상자에 꾀어들었어요."

마사토는 화가 났다. 개미를 용서할 수 없었다. 개미가 미웠다. "으악, 으악!" 하고 괴성을 지르며 바닥을 뒹굴다가 벌떡 일어나 펄쩍펄쩍 날뛰었다. 유키 표현으로는 갑자기 "미친 듯이 날뛰었다"고 한다.

"씻으면 깨끗해지니까 다시 쓸 수 있어, 괜찮아."

유키가 아무리 다독여도 "으악!" 하고 괴성을 질러댈 뿐이었다. 붙잡으려고 해도 엄청난 기세로 날뛰어서 잠시 그대로 두었다.

"으악! 하고 소리 지르며 날뛰다가 갑자기 장난감을 하나하나 툴툴거리면서 쓰레기통에 버려요. 하나도 남김없이. 다 무너뜨리고 싶은 건지……."

당시 고등학생이었던 장남이 괴성을 듣고 내려왔다.

"엄마, 마사토를 왜 그냥 내버려두는 거야."

"어쩔 수 없을 때는 그냥 놔두는 게 나아."

유키가 이 말을 한 순간 마사토가 갑자기 돌변했다. 부엌으로 달려가더니 서랍에서 스테이크 나이프를 꺼냈다.

"죽을 거야. 죽는 게 나아. 죽을 거야. 죽는 게 나아. 난 죽는 게 나아!"

마사토가 나이프를 손에 쥔 채 고래고래 소리쳤다.

"마사토, 왜 그런 일로 죽는다는 말을 해?"

"엄마가 그냥 놔두는 게 낫다고 했잖아……. 형도, 누나도…….."

도대체 갈피를 잡을 수 없었다. 마사토는 흥분한 채 차남인 겐타가 하고 있던 휴대용 게임기를 빼앗아 내동댕이쳤다. 그 순간 온화한 성격의 겐타가 버럭 소리를 질렀다.

"바보 멍청아!"

겐타가 화가 나 소리를 지르자 마사토는 "꺅" 하고 비명을 지르며 집을 뛰쳐나갔다.

"근데 뛰쳐나가는 모습을 보니까 이제 제정신으로 돌아왔다고 해야 할까, 멀리 가지는 않겠더라고요. 우리가 찾는 모습이 보이면 몸을 숨기고 이쪽의 상황을 살피더라고요."

유키와 유미, 형들이 마사토를 살살 달래 집으로 데려왔다. 아이는 커튼 방에 들어가 잠시 커튼으로 몸을 감쌌다.

이것도 애착이라는 기반이 없기 때문인 듯하다. 보호

받은 경험, 참고 인내했을 때 칭찬받았던 경험이 있다면 스스로를 달랠 수 있다. 그렇게 해서 사람은 괴로운 일이 있을 때 "그래그래, 어쩔 수 없지" 하고 자신을 위로하며 상황을 극복해나간다. 양육자에게 "그래그래" 하고 위로받은 경험이 없다면 괴로운 일, 견디기 힘든 일이 닥쳤을 때 욱하고 밖으로 뛰쳐나갈 수밖에 없다. 생각대로 되지 않으면 모든 걸 다 무너뜨려버리는 마사토의 반응 또한 따뜻하게 보호받은 경험, 따스한 돌봄을 받아본 경험이 없었다는 증거이다.

유키 말로는 마사토는 왠지 벚꽃이 피는 계절이 되면 불안이 심해진다고 한다. 그럼에도 점점 감정의 진동 폭이 작아졌고 지금은 '폭풍'이 몰아치는 일도 꽤 많이 줄어들었다.

유키는 주치의가 했던 말이 잊히지 않는다.

"다섯 살까지 입은 상처라면 의식 속에서 슬쩍 바꿔치기하는 게 가능합니다. 앞으로 마사토에게 즐거운 추억을 많이 만들어줘서 어른이 됐을 때 '그때 사와이 엄마랑 재밌었지'라고 떠올릴 수 있게 해주세요."

이 말을 들은 순간 유키는 왈칵 눈물이 났다.

"이렇게나 이상하고 성가신 아이는 처음이었지만 마사토랑 지내면서 나도 많은 걸 배웠고. 아무튼 난 마사토가 귀여워요."

마사토는 어린이집 다닐 때부터 줄곧 "내가 내 동생

아유미를 지킬 거야"라고 말했다. 마사토는 내내 아유미의 보호자로 살아왔다.

"내 장래 희망은 어른이 되면 아유미를 지키기 위해서 아유미랑 함께 사는 것."

아이의 이런 태도가 좋은 건지 어떤 건지 판단이 서지 않았다. 초등학교 3학년 때 마사토에게 좋아하는 여자애가 생겼을 때 유키가 마사토에게 이렇게 물어봤다.

"마사토, 아유미랑 같이 산다고 했는데 아유미보다 좋아하는 애가 생기면 어떻게 할 거야? 아유미가 있으면 뽀뽀도 못 하고 안아줄 수도 없을 텐데."

그러자 마사토는 "어쩌지, 어쩌지" 하고 머리를 감싸쥐며 정말로 괴로워했다. 자신이 아유미의 보호자라는, 나이에 걸맞지 않은 생각은 "동생을 지킬 사람은 나뿐이다. 어른은 믿을 수 없다"라는 극도의 경계와 불신감을 나타내는 것이리라. 지금 마사토에게는 사와이홈이라는 '안전한 항구'가 생겼다. 그러면서 드디어 보통 아이처럼 좋아하는 아이와 손을 잡거나 뽀뽀할 수 있는 미래를 그려보게 되었다.

그렇지만 바로 며칠 전의 일이다. 물 끓이던 냄비를 옆으로 옮겨놓는 사이 마침 부엌에 있던 마사토가 눈앞에서 가스 불이 활활 타오르는 모습을 봤다. 불을 본 순간 마사토는 그 자리에 선 채로 얼어붙었다.

"눈의 초점이 맞지 않고 몸은 굳었고. 부엌에서는 늘 굉장히 조심하는 편인데 그땐 정신이 없었나 봐요. 정말 미안했죠. 아, 아직 멀었구나 싶었죠."

유키가 담담히 말한다.

유키는 아유미가 해준 말을 떠올렸다.

"엄마가 오빠 손을 가스 불에 갖다 댔어."

하지만 마사토에게는 그 기억이 없다. 아무리 물어도 모른다고 할 뿐이다. 그렇지만 역시 그랬던 것일까. 그래서 가스 불에 그렇게나 공포를 느끼는 것일까.

유키는 "미안, 미안" 하고 마사토의 몸을 흔들고는 온 힘을 다해 껴안았다. 몸을 흔들자 정신을 차린 마사토가 그대로 유키의 품 안으로 파고들며 앙, 앙 하고 큰 소리로 울음을 터뜨렸다.

"마사토, 미안, 미안. 엄마가 미안해. 이제 괜찮아, 걱정하지 마."

아, 아직도 이 아이의 마음에는 애써 붙여놓은 밴드가 툭 뜯겨 나가는 깊디깊은 상처가 남아 있었다.

그렇기 때문에 즐거운 추억으로 많이 바꿔줘야 한다고 유키는 다짐한다.

"고통 속에서 살았던 아이가 이제 겨우 이만큼 왔으니까 앞으로도 같이 잘 살아가고 싶어요. 마사토도 그렇고 다른

마사토

아이도 그렇고 내 냄새랑 내가 해준 밥맛을 기억해주면 그걸로 난 행복하니까."

사와이홈에 왔을 때는 후리카케를 뿌린 밥이랑 카레, 닭튀김밖에 먹지 못하던 마사토가 아침으로 나온 된장국을 맛있다는 듯 꿀꺽꿀꺽 마신다. '만두도 이리저리 헤집어서 만두소를 다 파헤쳐놓아야 직성이 풀리는 아이'가 지금은 유키가 만드는 다양한 밥과 반찬을 뭐든 냠냠 잘 먹는다.

사와이홈에 머물던 1박 2일, 식탁에 둘러앉았거나 잠깐 얘기를 나눴을 뿐 툭 터놓고 같이 놀지는 못했지만 내가 집을 나설 때 마사토는 현관에 선 나에게 다가와 눈을 바라보며 또박또박 이렇게 말했다. 걸걸하고 허스키한 목소리로 확실하게 다짐을 받듯이.

"또 와."

# 제3장

# 다쿠미

어른이 된다는 건 괴로운 일이잖아

"일어나. 아침이야."

유치원생인 아야카가 내 어깨를 흔든다. 벌떡 일어나 주위를 둘러보니 어젯밤 모두 한데 뒤엉켜 잠든 여섯 평 남짓한 널찍한 방이 텅 비어 있었다.

앗? 설마 나랑 아야카만? 아니었다. 옆에는 유치원생인 사토시가 나한테 딱 달라붙은 채 새근새근 자고 있다. 보드라운 아이의 숨결에 마음이 편해져서 그랬을까. 그만 늦잠을 자고 말았다.

"사토시, 일어나자. 벌써 다들 일어났나 봐."

셋이 같이 1층 거실로 내려갔더니 초등학생, 중학생 아이들은 모두 학교 갈 채비를 마치고 커다란 직사각형 식탁에 앉아 아침을 먹는 중이었다. 텔레비전에서는 아침 뉴스가 흘러나오고 있었다. 패밀리홈 '희망의 집'의 아침 풍경이다.

고즈넉한 주택가 한 모퉁이에 자리한 2층 단독주택에서 어수선한 아침을 맞이했다. 아침을 먹고 준비물을 챙겼는지 확인하고 지각하지 않으려 서둘러 집을 나서는, 옆집에서도 그 옆집에서도 당연한 일상처럼 반복되는 아침 풍경이었다.

전날 오후 처음 '희망의 집' 현관에 섰을 때 '보통 집'과 다를 바 없는 외관을 보며 당황했던 게 떠오른다. 패밀리홈은 생부모와 함께 살 수 없는 아이들을 양육하는 사업소라는 예비지식이 있었던 탓에 아동 양호 시설을 축소한 모습이리라 상상했는데 내가 품었던 이미지와 직접 맞닥뜨린 현실 사이의 격차에 잠시 당황했다. 단독주택이 발하는 냄새와 분위기는 마치 나의 친구 집을 방문했을 때와 비슷했다.

하지만 초인종 밑에 달린 손수 만든 명패 '패밀리홈 희망의 집'은 이곳이 사회적 양호를 담당하는 패밀리홈으로 지역을 향해 열린 장소임을 분명히 드러내고 있었다. 현관 주위에 놓인 세발자전거, 어른용 자전거, 바깥 놀잇감 등이 아이들이 많이 사는 집임을 말해준다.

"자, 들어오세요. 아이들은 아직 학교에서 안 왔지만."

이 집의 엄마인 다카하시 도모코가 맞아주었다. 문 안쪽으로 들어선 순간 여자아이, 남자아이의 다양한 신발로 빼곡히 채워진 신발장이 먼저 눈에 들어왔다. '아, 이렇게나 많은 아이들이 이곳에서 생활하는구나'라는 실감이 또렷한 형태로 각인되었다.

'사회적 양호'는 보호 아동을 둘러싼 세계에서는 지극히 일상적으로 쓰이는 말이지만 보통 사람들의 입에서는 거의 언급되는 일이 없다. 평범한 사람들의 일상과는 저만치 동떨어진 말이다. 나 또한 일부러 의미를 조사해보기 전까지는 사회적 양호라는 단어가 낯설었다.

이 책을 위한 취재는 병원이라는 치료 시설 이외에는 사회적 양호가 이루어지는 곳을 찾아가는 여행이기도 했다.

일반적으로 아이는 부모 등 보호자가 기르지만 가정이 아이를 기르기 힘든 환경일 때에는 국가와 지자체가 가정을 대신해 아이를 양육할 책임이 있다. 이를 사회적 양호라 부르며 위탁 부모 등이 맡아 키우는 '가정 양호', 아동 양호 시설과 유아원 등에서 이루어지는 '시설 양호', 지역 소규모 아동 양호 시설과 소규모 그룹 케어 등의 '가정적 양호'(아동 양호 시설 또한 가능한 한 가정적 양육 환경을 지향해야 한다는 인식하에 각 지자체는 '가정적 양호 추진 계획'을 바탕으로 아동 양호 시설과 유아원에서 생활 단위를 소규모화하는 등 다양한 시도를 하고 있다. 이런 정책 방향에 따라 소규모화를 이룬 시설을 '가정적 양호'로 분류한다. ─옮긴이), 이렇게 세 종류로 나뉘는데 이 중 패밀리홈은 가정 위탁과 함께 가정 양호 형태에 속한다.

일본은 앞으로 이 세 형태가 사회적 양호를 각각 3분의 1씩 담당하는 구조를 지향할 방침이지만 현 상황은 시설 양호 비율이 다른 형태보다 압도적으로 높다. 2013년 10월 1일 시점에서 보호 대상 아동 약 4만 6,000명 가운데 약 90퍼센트가 시설 양호 공간에서 자라고 있다. 구체적으로는 아동 양호 시설에서 약 2만 9,000명, 유아원에서 약 3,000명, 정서 장애아 단기 치료 시설 등 그 밖의 시설에서 약 9,000명의 아이들이 지내고 있다.(2021년 5월 일본 후생노동성 아동가정국 가정복지과에서 발표한 「사회적 양육 추진 방향」에서 밝힌 '사회적 양호 현황'에 따르면 2009년~2019년 10년 사이 가정 양호를 받는 아동 수는 약 2배 증가했고 아동 양호 시설 입소 아동 수는 약 20퍼센트, 유아원은 약 10퍼센트 감소했다. 위탁 가정 및 패밀리홈 위탁 아동 수는 2009년 4,055명에서 2019년 7,492명으로 증가했으며 아동 양호 시설 입소 아동 수는 2009년 3만 633명에서 2019년 2만 4,564명으로, 유아원 입소 아동 수는 2009년 3,081명에서 2019년 2,733명으로 감소했다. – 옮긴이)

실제로 아이들은 어떤 이유로 사회적 양호의 장에서 자라게 될까. 2013년 2월 1일에 실시한 「아동 양호 시설 입소 아동 조사 결과」(후생노동성)를 보면 보호 시설 입소 이유는 부모의 학대·혹사가 18.1퍼센트, 부모의 방임·태만이 14.7퍼센트, 부모의 정신 질환 등이 12.3퍼센트, 부모의 취업·노동 관련이 5.8퍼센트, 파산 등 경제적 이유가 5.9퍼센트, 부모의 행방불명이 4.3퍼센트 등이다. 가정마다 개별적이고 다양한 사정이 있겠지만 눈앞의 숫자만 보면 부모의 파렴치함에 몸서리가 쳐진다.

패밀리홈 '희망의 집'은 40대 후반인 다카하시 도모코, 요시오 부부가 친자식 셋을 키운 집에서 유치원생부터 중학생까지 배경도 연령도 성별도 다양한 아이들 여섯을 양육자로서 기르는 곳이다. 아이들 모두 학대 후유증과 이런저런 삶의 고난을 짊어지고 이 집에 왔다.

2006년 '일시적 양육 곤란' 상태인 세 살짜리 남자아

다쿠미

이를 잠시 맡았던 일이 패밀리홈을 시작하게 된 계기가 됐다. 어느새 '일시적'이 아니게 되었는데 아이가 심각한 학대를 겪었다는 사실을 알게 되면서 그 아이는 '희망의 집' 첫 위탁 아동이 되었다. 동시에 다카하시 부부도 위탁 부모로서 새 삶을 살게 됐다.

양부모라고 하면 양자 결연을 희망하는 것으로 생각하기 쉬운데 최근에는 양자 결연을 목적으로 하지 않는 위탁 부모도 늘고 있다. 후생노동성에 따르면 일본 전역에 위탁 부모는 2013년 3월 말 시점에 9,392세대가 등록되어 있으며 실제로 아이를 위탁받은 세대는 3,487세대이다. 이 세대에서 4,578명의 아이가 위탁 부모와 함께 산다.(2020년 3월 말 시점에 위탁 부모 등록은 1만 3,485세대, 실제로 아이를 위탁받은 세대는 4,609세대이며 위탁 아동 수는 5,832명이다. – 옮긴이) 다카하시홈의 경우 위탁받은 아이가 하나둘 늘어나는 사이 2009년에 패밀리홈 제도가 신설되면서 이듬해 봄에 양육 사업을 하는 패밀리홈 사업자가 되었다.

패밀리홈은 2013년 10월 1일 시점에 전국에 218개소가 있으며 이곳에서 829명의 아이들이 생활하고 있다.(2021년 5월 일본 후생노동성 아동가정국 가정복지과에서 발표한 '사회적 양호 현황'을 보면 2020년 3월 말 시점에 패밀리홈은 전국에 417개소가 있으며 총 1,660명의 아이들이 생활하고 있다. – 옮긴이)

"안녕. 아침 뭐 먹을래요?"

아야카, 사토시와 함께 "안녕" 하고 모두에게 인사하고 나자 도모코가 물었다.

'희망의 집'에서 매일 아침 엄마가 하는 첫마디다.

어느새 옷을 갈아입고 2층 자기 방에서 내려온 초등학교 5학년 다쿠미가 "어?" 하고 당황하는 나를 힐끗 보며 대답한다.

"엄마, 난 카레로 할래. 된장국도."

"응, 알았어. 아야카는?"

"콘플레이크. 앙팡맨 주스."

"흠, 아야카. 주스는 나중에 먹자. 야채수프 줄까?"

아무래도 아이마다 메뉴가 다 다른 모양이다.

"쇼코 씨는 뭘로 할래요? 밥은 낫토, 계란, 후리카케, 오늘은 카레도 있어요. 빵으로 할 거면 치즈랑 잼. 계란 프라이도 가능해요. 수프는 옥수수, 야채죽, 커피랑 홍차도 있으니까 골라요."

도모코가 설명해준 다채로운 메뉴에 어리둥절했다. 식탁에는 다양한 아침밥이 놓여 있었다. 초등학생 3학년인 아키라 – 다카하시홈에 온 첫 위탁 아동 – 는 대니시 빵에 우유, 같은 초등학교 3학년인 하루카는 밥에 햄버그스테이크, 아빠인 요시오는 밥과 계란 프라이, 낫토. 어제 저녁에 먹고 남은

다쿠미

반찬과 장아찌, 우유와 야채 주스, 다양한 유산균음료 종이 팩 등 아침부터 식탁이 매우 풍성했다.

"그럼 전 수프랑 빵으로 할게요."

과립 수프에 뜨거운 물을 부어 자리에 앉으니 도모코가 토스트와 계란 프라이를 쓱 내밀었다.

"아야카, 장난치지 말고. 잘 앉아서 먹어야지."

버터 토스트를 먹던 중학교 2학년 미유키가 의자 사이를 돌아다니는 아야카에게 주의를 주었다. 아야카는 밥 생각이 없어 보였다. 다른 아이는 모두 조용히 식사에 집중하고 있었다. 다른 목적이 있음을 눈치채고 도모코가 한마디 한다.

"아야카. 과자는 밥 다 먹은 다음에 줄 거야."

마음을 들켜 움찔한 아야카가 자리로 돌아와 앉는다.

"엄마, 나 이번엔 낫토 먹어도 돼?"

카레를 다 먹은 다쿠미 앞에 이번엔 낫토를 얹은 밥이 놓였다. 도라에몽처럼 듬직한 체형은 이 왕성한 식욕 덕분일까. 아침부터 복스럽게 먹는 모습이 사랑스럽다. 그러고 보니 가냘픈 외모의 하루카도 햄버그스테이크를 순식간에 해치우고는 또다시 다시마조림에 밥을 야무지게 먹고 있다. 도모코가 먹으려고 만들어놓은 다시마조림을 얹은 치즈 토스트를 보더니 하루카가 조용히 작은 목소리로 말한다.

"엄마, 나도 그거 줘."

"응. 그래. 밥 다 먹고 나면 만들어줄게."

유치원생 중 맏형인 사토시가 고른 아침은 계란 프라이를 얹어 토스트한 잉글리시 머핀이다. 한 입 먹고는 화장실로 뛰어가더니 나와서는 텔레비전 앞에서 카드를 꺼내 놀기 시작한다.

"사토시, 밥은?"

보다 못한 아이들이 사토시를 부른다. 그러자 욱하고 거친 목소리가 돌아온다.

"배가 아프다고!"

이 말을 듣고 요시오가 천천히 일어선다.

"사토시. 너, 이리 좀 와봐. 모두가 널 걱정해서 부르는데 화를 내면 어떡하니."

사토시는 아빠의 말에 움찔하며 "죄송해요"라고 사과하고는 식탁으로 돌아왔다.

"자, 약도 잊지 말고."

미유키, 다쿠미, 아키라, 하루카, 사토시, 아야카. 다카하시홈의 아이들은 모두 아동 정신과 약을 복용하고 있다. 이점이 '보통' 가정과는 다른 부분이다. 각자 다른 약을 아이들이 꼬박꼬박 잘 챙겨 먹는지 도모코가 일일이 확인한다.

유치원생들이 느긋하게 아침 식사를 즐기는 한편에선 초등학생들이 책가방을 확인하느라 분주했는데 7시 40분이 되자 다 같이 우당탕 집을 뛰쳐나갔다. 집 앞이 집단 등교(주로 초등학교에서 등하교 시 아이의 안전을 위해 일정 규모 이상의 집단을 이루어 함께 등하교하도록 한 정책. - 옮긴이) 집합 장소인데 다른 아이를 기다리게 하지 않으려고 모두가 시간 맞춰 집을 나선다.

"다녀오겠습니다."

다카하시홈에서 지내며 모두 다카하시라는 성을 쓰는 아이들이 함께 집을 나서 학교로 향한다. 초등학생 셋 가운데 제일 연장자인 다쿠미가 아이들을 챙기며 데려간다. 혹여 장난치다 찻길에 뛰어들지는 않는지 주의 깊게 살핀다.

초등학생, 중학생이 나가고 요시오도 출근하고 인구밀도가 꽤 낮아진 식탁에서 식후 커피를 마시던 도모코가 풋! 하고 웃음을 터뜨린다.

"아유, 다들 무사히 나갔네요. 이제 요 꼬맹이들만 남았네. 얘들은 9시에 유치원 버스가 와요."

그때까지 어젯밤 아이들이 잠든 후 실내에 널어놓은 산더미 같은 빨래를 개고 거기서 아이별로 옷을 찾아 분류하고 이제 막 세탁이 끝난 빨래를 넌다.

부엌 개수대에는 아침인데도 설거짓거리가 한가득 쌓였다. 그릇을 씻는 내 뒤꽁무니에 아야카가 딱 달라붙어 졸라댄다.

"놀자, 놀자. 같이 밖에 나가자."

"잠깐만 아야카. 설거지만 하고."

잠시 물러나더니 다시 돌아와 보챈다. 그래서 아야카는 또 도모코에게 혼이 난다.

"아야카, 떼쓰는 거 아니야. 쇼코 아줌마 지금 설거지하고 있잖아."

그러면서 도모코는 유치원 원복을 꺼내 사토시에게 갈아입으라고 건네면서 준비물을 확인하고 알림장을 적는다. 밖에다 빨래 너는 일도 모두 마치고 유치원생들까지 다 나가고 난 후에야 한숨 돌릴 수 있었다.

다카하시홈의 독특한 아침 식사 '조식 셀프제'는 아동 양호 시설에서 온 아이들의 행동을 지켜보다가 수년 전에 도입했다. 아동 양호 시설의 아이들은 보호자가 없는 아동, 학대 피해 아동이 대부분이다. 2013년 10월 1일 시점에 일본 전국에 595개소가 있다.(2020년 3월 말 시점에 아동 양호 시설은 612개소, 유아원은 146개소가 있다. 한편 한국 보건복지부가 발표한 「2020 아동 복지 시설 및 공동생활 가정 현황」을 보면 한국의 아동 보호 시설은 2019년 12월 31일 시점에 전국에 240개소가 있다. – 옮긴이)

대상은 1세부터 18세 미만으로 필요한 경우 0세부터 20세 미만까지 입소가 가능하며 평균 거주 기간은 4.6년이지만 12년 이상 어린 시절의 대부분을 시설에서 보내는 아이도 많다. 미유키와 다쿠미는 아동 양호 시설에서, 아야카는 유아원에서 조치 변경되어 다카하시홈에 들어왔다.

"시설에 있는 동안은 세끼 모두 급식이잖아요. 학교도 물론 급식이고. 시설의 식사는 오른쪽에서 왼쪽으로 일정하게 배치된 음식을 그냥 먹을 수밖에 없죠. '이거 먹고 싶어'라는 자기 욕구는 하나도 반영이 안 돼요. 아이들은 자기 의사를 전달하거나 그걸 이뤄본 경험이 없어요. 결국 우리 집에 온 것도 그들의 의사가 아니거든요."

이를테면 시설에서 온 아이에게 "놀아도 돼"라고 말해도 "뭘 하면 돼?" 하고 되묻는다. 옷을 고르는 일도 어려워해서 "엄마가 골라줘"라고 말한다.

위탁 부모가 되고서 알게 된 그런 아이들의 모습에 가슴이 미어졌다고 도모코는 말한다.

"이 아이들이 앞으로 꿈도 갖지 못하고 학습 의욕도 없이 지내는 건 어쩌면 당연한 거죠. 자기 결정의 기쁨도 자기가 결정한 일에 대해 책임을 지는 일도 알지 못하기 때문에 반대로 잘되지 않으면 남에게 책임을 전가하고 분노를 터뜨리죠."

그들에게 자기 인생을 스스로 결정하는 기쁨을 알게 해주고 싶다. 도모코는 아이들을 받으며 마음속으로 다짐했다. 그래서 아침 식사를 직접 고르는 방식으로 바꿨다. 점심은 각자 유치원이나 학교에서 급식을 먹는다. 저녁은 영양 면에 신경을 써야 하므로 어렵다. 그나마 아침은 어느 정도 변화가 가능하지 않을까.

"시설에서 자란 아이에게 스스로 선택하는 일, 선택의 기쁨을 알게 해주고 싶었어요. 그리고 선택한 이상 자신의 책임이므로 남기지 말고 먹어야 한다고 말해주죠."

다카하시홈에 가장 최근에 새로 온 아이는 지난해 8월 아동 양호 시설에서 온 다쿠미이다.

담당 아동 복지사에게서 걸려온 전화 한 통이 계기였다.

"초등학교 4학년 남자아이인데 두 살 때부터 쭉 시설에서 지냈어요. 올해 누나가 위탁 가정으로 가게 됐는데 얘는 아직 갈 곳이 없어서. 그냥 전 아이에게 집이라는 걸 알게 해주고 싶어요. 다카하시홈에서 받아주시지 않을래요?"

다쿠미는 두 살 때 누나와 함께 '생모의 양육 곤란'을 이유로 보호 조치되어 아동 양호 시설에 입소했다. 생모는 남편의 가정 폭력에서 도망쳐 나온 후 "아이가 있으면 일을 하기 어렵다"라며 아이를 아동 상담소에 맡겼는데 반년 후 다른 남성과 동거를 시작해 어느 순간 남자아이 하나, 여자아이 하나를 낳고 그 남성과 결혼해 4인 가족을 이뤄 살고 있다.

다쿠미와 누나는 시설에 그대로 둔 채였다. 시설에서

　　　　　　　　　다쿠미

는 남녀의 생활공간이 분리되어 있어서 다쿠미는 누나가 있어도 남매라는 친밀감을 느껴보지 못한 채 성장했다.

전화를 받았을 때 도모코는 이미 마음을 정했다.

"지금 초등학교 4학년이면, 어쩌면 이번이 가정을 경험할 수 있는 마지막 기회일 것 같았어요. 아직 초등학생이니까 우리 집에 오더라도 잘 적응할 수 있겠지 싶었고요."

하지만 그때 도모코는 설마 아이를 데려오기까지 시설을 상대로 투쟁을 벌여야 하리라고는 생각지도 못했다. 아동 복지사도 다쿠미를 다카하시홈으로 보내기로 결정하고 일을 추진하고 있었는데 시설 측 태도가 심상치 않았다.

"친부모에게 돌아가는 거라면 보내겠지만……"하고 시설에선 이번 조치 변경에 부정적인 반응을 보였다. 도모코는 이쪽의 준비가 부족해 걱정되어 그러나 싶어서 아동 복지사와 함께 시설에 설명을 하러 찾아갔다. 시설의 주임 교사는 "이 애는 시설 밖으로 보내지 않을 겁니다. 다카하시홈으로 보내지도 않을 거고요"라고 딱 잘라 말했다.

"친부모에게 돌아가는 거라면 모르겠지만……. 위탁 가정으로는 안 보낼 거예요. 폭력성도 심하고 지적으로도 문제가 있어서 보통 가정에서 돌볼 수 있는 애가 아니에요."

도모코는 시설 측의 불안을 불식하려고 설명을 이었다.

"우리 집에 온 아이들 대부분이 애착 장애가 있고 감

정 조절을 힘들어하고 학습 면에서도 큰 문제를 지니고 있었어요. 하지만 지금은 다들 잘 자랍니다. 그러니 너무 걱정하지 마세요."

그건 그렇고 이 회의실은 왜 이렇게 지저분한 걸까. 설명을 하면서도 도모코는 회의실이 너무 더러워 이상하다는 생각이 들었다. 외부에 공개된 회의실이 이 정도라면 아이들이 지내는 공간은 도대체 어떨까.

결국 "본인을 불러주세요"라고 요청해 다쿠미가 회의실로 들어왔다. 마치 아기 오랑우탄 같다. 다쿠미는 눈앞의 소파 쪽으로 배면뛰기 하듯 몸을 날렸다.

놀란 도모코에게 주임 교사가 한마디 한다.

"죄송해요. 우린 애들을 워낙 자유롭게 키워서요."

뭐라고? 대체 뭐가 자유롭다는 거야. 도모코는 맘속으로 중얼거렸다. 어쨌든 다쿠미는 가만히 앉아 있질 못했다.

도모코가 다쿠미에게 말을 걸었다.

"다쿠미, 그러니까 여기보다도 훨씬, 아주 작은 집에서 엄마랑 아빠랑 살면서 동생들이랑 학교에도 같이 가는 거야."

그러자 주임 교사가 끼어들었다.

"본인이 원하면 보내겠지만 가정을 모르는 아이라 그런 말을 해도 별 매력을 못 느낄 거예요."

도모코는 다쿠미에게 이렇게 물었다.

다쿠미

"그냥 한번 놀러 오지 않을래? 모두 함께 놀이공원에 가자."

"가고 싶어."

다쿠미는 분명 그렇게 대답했다.

"그럼 이번 주말에 가자. 그 전날 데리러 올 테니까 하룻밤 우리 집에서 지내보자."

시설 쪽이 탐탁지 않아 하는 방향으로 얘기가 흘러갔다. 하지만 아동 복지사도 함께 있는 자리에서 다쿠미 본인이 명확하게 의사표시를 한 셈이다. 시설이 거부할 명분은 어디에도 없었다.

가정을 모르는 아이. 시설 측이 말한 대로 다쿠미는 시설에 보호되기 전 두 살 무렵까지 지냈던 집의 기억이 없다. 엄마에게 학대받은 사실을 기억하지 못하는 게 다행인 건지 어떤 건지는 둘째 치고 '애착'이라는 기반이 없는 채 시설에서 성장했다.

다카하시홈에 처음 하룻밤을 지내러 온 다쿠미는 도모코의 표현으로는 '거동이 수상한 상태'였다고 한다. 흘금흘금 주위를 둘러보고 안절부절 몸 둘 바를 몰라 했다.

현관문을 연 순간 다쿠미 앞엔 난생처음 보는 낯설고 신비한 세상이 펼쳐졌다. 눈앞에 넓고 깨끗한 거실이 있었다. 가족 모두가 편히 쉬는 장소이다. 가운데 놓인 식탁 끝 쪽 창문 앞에는 어항과 잉꼬 새장이 있다. 반려견과 반려묘도 처음 봤다. 화장실에는 아이들이 그린 그림과 모두가 웃는 사진이 담긴 깔끔한 액자가 벽을 장식하고 있다. 레이스가 달린 커튼에 분홍색 문, 단아한 꽃병……. 부드러운 색채의 장식품도 처음 봤다.

무엇보다 부엌에 놀랐다. 냉장고가 있고 가스레인지가 있다. 시설에선 조리된 음식이 식당에 운반되어온다. 지글지글 고기 굽는 소리도 가스 불을 사용해 요리하는 모습도 아니, 생활공간 속에 요리를 하는 공간이 있다는 것도 처음 경험하는 일이었다.

툭, 툭 칼로 양배추를 자르는 소리도 처음 들었다. 이런저런 다양한 생활음이 흐르는 '집'을 접했으니 다쿠미가 '거동이 수상한 상태'가 된 것도 이해가 됐다. 딩동 하고 울리는 초인종도 전화벨도 시설엔 존재하지 않는 소리이다.

가장 놀란 건 '냄새'였다. 2층 아키라의 방에서 놀던 다쿠미는 아래층 부엌에서 올라온 햄버그스테이크 굽는 냄새에 "이게 뭐야. 이 맛있는 냄새는 도대체 뭐야!" 하며 잽싸게 1층으로 뛰어내려 왔다. 부엌으로 들어온 다쿠미는 냄새뿐 아니라 가스레인지 위에 놓인 된장국 냄비에서 올라오는 증기에도 눈이 휘둥그레졌다.

"이 하얀 연기는 뭐야!"

다쿠미

시설에서는 생활공간에서 증기를 보는 일도, 밥 짓는 냄새를 맡는 일도, 방 안을 가득 채운 고기 굽는 냄새가 코를 간질이는 일도 없다. 다카하시홈에선 햄버그스테이크를 굽는 날이면 테이블 중앙에 커다란 전기 프라이팬이 놓인다. 다진 고기 2킬로그램에 달걀 5~6개, 양파 7~8개가 다카하시홈 특제 햄버그스테이크의 재료이다. 전기 프라이팬 위에 한 번에 20개 정도의 햄버그스테이크를 늘어놓고 대량으로 굽는데 한 끼에 적어도 50개 정도 만든다.

도모코는 아이들의 학습과 놀이를 도와주는 보조원들까지 다들 배부르게 먹을 수 있도록 넉넉한 양을 준비한다. 보조원 대부분이 자취를 하는 대학생이다. 저녁 식탁에는 매일같이 10명 이상이 둘러앉았다.

아이들이 먹기 쉽게 크기가 조금 작고 통통한 두께의 햄버그스테이크. 다카하시홈의 최고 인기 메뉴이다. 소스는 따로 만들지 않는다. 아이들의 다양한 취향을 고려해 기본 햄버그스테이크 소스, 토마토케첩, 마요네즈, 오로시폰즈(갈아놓은 무에 감귤류 과즙과 간장 등이 든 일본 조미료 폰즈를 혼합한 소스.-옮긴이) 등에서 고르도록 한 도모코의 배려였다.

가늘게 썬 양배추 샐러드가 한가득이고 채소볶음 등도 준비한다. 식탁에 야채 주스를 두는 것도 채소를 싫어하는 아이를 위한 배려였다. 가리지 않고 뭐든 잘 먹으면 좋으련만

편식하면서 자라온 아이들이어서 아무래도 시간이 걸린다.

다쿠미는 햄버그스테이크를 마음껏 먹을 수 있다는 사실에 뛸 듯이 기뻐했다.

"또 달라고 해도 돼? 청소 같은 것도 안 했는데."

다쿠미가 있던 시설에서는 음식을 더 먹는 건 뭔가에 대한 보상으로 주어지는 특권 같은 것이었다.

이어서 자기보다 어린 아키라에게 묻는다.

"이거 다음에 또 언제 나와? 다음에 이거 나올 때 나 또 와도 돼?"

"이런 건 엄마한테 말하면 내일이라도 당장 또 만들어 주는데."

"그런 거야?"

다쿠미의 '집' 체험은 이렇게 놀람의 연속이었다. 모두가 한 식탁에 둘러앉아 이런저런 얘기를 하면서 웃으며 식사하는 일도 분명 처음이었을 것이다.

다카하시홈에는 2층에 친자식이 썼던 어린이 방 세 개가 있고 1층에 방이 두 개 있다. 그날 밤 침대가 있는 1층 방 하나가 비어서 도모코는 다쿠미에게 "이 방 쓰면 돼" 하고 혼자 쓸 수 있는 방을 내주었다. 유치원생이나 초등학교 저학년이었다면 도모코 부부랑 같이 자는 것도 고려했겠지만 다쿠미는 초등학교 4학년이었다.

하지만 다쿠미는 "잠이 안 와"라고 말하며 몇 차례나 깨났다.

"침대 밑에 누가 있어. 누가 있어서 잠을 잘 수 없어."

도모코는 방까지 가서 함께 침대 밑을 확인했다.

"봐봐. 다쿠미. 침대 밑엔 아무도 없어. 괜찮으니까 안심하고 자."

도모코는 다쿠미가 무언가를 두려워한다고 생각했다.


다음 날 모두 놀이공원으로 향했다. 다카하시홈 보조원인 겐토와 함께 다쿠미는 다양한 놀이기구를 탔다.

다쿠미가 놀이공원 티켓을 가리키며 겐토에게 물었다.

"이거 얼마야? 나, 1년 동안 돈 모으면 여기 또 데려와줄 수 있어?"

"바보 아냐. 이 집에 오면 어디든 네가 돈 내지 않아도 다 갈 수 있어."

다쿠미가 갑자기 으앙 울음을 터뜨려 겐토는 당황했다.

다카하시홈 아이들은 놀러 갈 때마다 '기념으로 한 가지 사고 싶은 것 사기'라고 약속을 정했다. 가격은 대략 1,000엔 정도. 다쿠미에게도 똑같이 기념품을 고르라고 했더니 그 순간 "정말이야?" 하고 활짝 웃음 지었다.

"이거 사도 돼? 이걸 사면 돈이 좀 남으니까……."

다쿠미는 몇 번이나 물건을 가져와서는 "사도 돼?"하고 묻고는 다시 가져다 놓는 일을 반복했다.

"이거 사도 돼?"

"응."

"그런데 이거 갖고 돌아가면 나 혼날지도 몰라."

시설에 가지고 돌아가지 못한다는 게 다쿠미의 고민이었다.

"그럼 집에 두면 되잖아. 어차피 여기로 이사 올 거니까. 도모코 아줌마도 된다고 했고."

다쿠미는 겐토의 말을 듣고 또다시 으앙 울음을 터뜨렸다. 그리고 이번에는 슬픈 이유를 울면서 얘기했다.

"선생님이 '하룻밤 자고 오는 건 괜찮지만 이사는 절대안 돼, 넌 그 집에 못 가'라고 말했어. 나 이사 못 와."

다쿠미의 울음은 그치지 않았다.

"도모코 아줌마 앞에서 가고 싶다고 말해서 외출은 어쩔 수 없었지만 이사는 절대로 안 된다고 했어."

도모코는 분노에 치를 떨며 아동 복지사에게 전화로 항의했다.

"다쿠미 말로는 시설 측에서 이사는 절대 안 된다고 단단히 다짐을 받았다고 해요. 지금 다쿠미 울고 있어요. 세상에, 너무 이상하지 않아요?"

도모코의 항의를 전달한 아동 복지사에게 시설 측에선 이렇게 답변했다.

"저희 쪽에선 결단코 그런 말을 한 적이 없습니다. 다쿠미는 지적 장애가 있습니다. 거짓말하는 버릇도 있고요."

이날은 어쨌든 다쿠미를 시설로 돌려보낼 수밖에 없었다. 하지만 아동 복지사도 다카하시 부부도 이대로 다쿠미를 시설에 둘 생각은 없었다. 생모에게 연락했더니 생모도 다카하시홈으로의 조치 변경에 동의했다. 물론 다쿠미도 간절히 원했다. 상황이 이런데도 시설 측에선 다쿠미의 조치 변경에 계속 반대했다.

"3개월 정도 (주말) 외박을 진행해보고 나서 결정하는 게 어떨까요?"

시설에선 편도로 두 시간이나 걸리는 곳까지 매주 데리러 오라고 말했다. 억지스러운 제안이었다. 무엇보다 도모코는 여름방학 기간 중에 다쿠미를 집으로 데려가고 싶었다. 2학기가 시작되기 전에 집과 주변 환경에 익숙해지는 편이 좋기 때문이다. 3개월이나 기다리다간 10월이라는 어정쩡한 시기에 전학을 하게 된다.

도저히 이해가 안 가는 시설 측 태도에 전문가인 아동 복지사가 결단을 내렸다.

"다쿠미를 시설에서 긴급으로 일시 보호 조치를 합시

다. 그리고 다카하시홈으로 데려갑시다."

그렇게 해서 드디어 다카하시홈으로 오게 된 다쿠미에게 도모코는 이렇게 말했다.

"이제 시설에 돌아가지 않아도 돼. 여기가 다쿠미 집이니까."


놀이동산에 가기 위해 하룻밤 묵었을 때와는 달리 도모코는 다쿠미에게 "오늘은 혼자서 자지 말고 다 같이 잘까" 하고 물었다. 다쿠미는 "함께 자는 게 좋아"라고 답했다.

다카하시홈에 오고 나서 일주일 동안 같이 잠을 자는데도 다쿠미는 밤에 잠들지 못했다. 무엇을 무서워하는 걸까. 도모코는 매일 밤 겁에 질려 울부짖는 다쿠미의 등을 "괜찮아, 괜찮아" 하고 쓰다듬어주었다. 그런 밤이 이어지던 어느 날 다쿠미가 조금씩 지금까지의 생활에 대해 말을 꺼냈다.

"내 방은 4인실이었는데 난 2층 침대 위에서 잤어. 밤 1시에 선생님들이 마지막으로 점검하러 왔다 가면 그다음엔 어른은 아무도 방에 들어오지 않아. 자고 있으면 밑에 있는 애가 침대에서 막 끌어내려. 그래서 밤엔 자면 안 돼. 자면 당하니까."

밤에 잠을 자면 안 되는 생활이라니……. 한밤중 1시부터 공포의 시간이 시작된다니 무법 지대가 따로 없었다. 오랜 세월 신경을 가장 날카롭게 벼리고 경계경보를 켜놓아야 하는 밤을 보내왔다면 아무리 안전한 장소로 옮겨왔다 하더라도 쉬이 잠들 수는 없을 것이다. 다쿠미는 이 집으로 오고 나서도 "밑에 누가 있어"라며 공포에 몸을 떨었고 침대가 있는 방에서는 혼자 자지 못했다.

이 집에 온 당일이었는지 다음 날이었는지 도모코는 다쿠미에게 이렇게 물었다.

"친구랑 헤어져서 슬퍼?"

그러자 다쿠미는 의아한 표정을 지었다.

"친구 없는데, 적은 있었지만. 친구 같은 건 생각해본 적도 없어. 아? 엄마, 그게 친구라는 건가?"

'친구'라는 단어에 어물어물하는 다쿠미를 보며 도모코는 당황했다.

다쿠미가 말을 이었다.

"밤에는 정말 무서웠어. 날이 밝을 때까지 잘 수가 없으니까 학교에 가면 너무 졸려. 학교에선 잘 잤어."

다쿠미는 안테나를 뾰족이 세우고 과도한 각성 상태에서 매일 밤을 지새웠다. 이런저런 일이 떠올라서 그랬을까 이날 다쿠미는 수다스러웠다.

"선생님이 점수를 줘. 뭔가 잘못하면 감점을 당해서 쇼핑도 못 가고 밥도 더 먹을 수 없어. 선생님 말을 잘 듣는 아이만 이득을 보는 거야."

점수로 아이들을 지배하는 시설 운영의 단면이 엿보였다. 가점·감점의 권한을 가진 직원이 점수를 미끼로 아이들의 행동을 규제한다. 누구도 거스를 수 없는 협박에 가까운 관리가 이루어지고 있었다.

도모코는 불쑥 이런 말을 했다.

"그럼 남자애들이 특히 힘들겠네."

남자아이는 여자아이처럼 직원 앞에서 요령껏 눈치 있게 행동하지도 않을 테고 어리광을 피우는 일도 잘하지 못할 것 같아서였다.

다쿠미가 말했다.

"그래서 전쟁이 일어나. 사람들이 우리를 붙잡고는 화를 내. 내가 있는 동안에 전쟁이 두 번 있었어. 중학생이 계획을 세워서 선생님을 세게 밀친 거야. 난 중학생 명령으로 유리를 깨고 여자 보육 교사에게 달려들었는데 결국 그 사람 그만뒀어. 초등학생은 중학생이 시키는 대로 해야 해. 물이 가득 담긴 양동이를 들고 있다가 선생님이랑 일부러 부딪친다든가……. 중학생이 말한 곳에 숨어 있다가 신호를 받으면 재빨리 튀어 나가는 거야."

다쿠미가 있던 시설은 1년도 안 돼서 그만두는 직원이 많기로 위탁 부모들 사이에서도 유명했다. 이 아이가 살아온

다쿠미

곳은 전쟁터였다. 사실이 알려지면 곤란해질까 봐 시설은 아이를 밖으로 나가지 못하게 수를 쓰려 했던 모양이다. 수다스러운 다쿠미 옆에서 도모코는 가슴이 메어와 말이 나오지 않았다. 아이가 한없이 가여웠다. 두 살부터 지금까지 이 아이는 그런 세계에서 버텨온 것이다. 가정이라는 보금자리를 찾지 못한 것도 시설에서 그런 생활을 강요받은 것도 다쿠미의 잘못이 아니다. 다쿠미는 어른이 만든 세상의 희생물이다.

도모코의 이런 생각이 다쿠미의 마음에도 스며들었던 것일까. 다쿠미가 갑자기 엉엉 울기 시작했다.

"엄마, 어른이 된다는 건 무서운 일이지. 난 죽는 게 나아. 어른이 되어도 난 바보라서 일도 할 수 없으니까. 지금 죽는 게 나아. 어른이 된다는 건 무서운 일이야."

큼직한 남자애가 몸을 부르르 떨면서 하염없이 눈물을 흘리며 흐느껴 운다. 아직 고작 초등학교 4학년인데 아무런 꿈도 없고 고등학교도 갈 수 없고 일도 할 수 없다고 울부짖는다. 자기 앞에 아무런 미래가 보이지 않는다면 그렇다면 누구나 괴로움에 몸서리칠 수밖에 없을 것이다.

죽는 게 낫다고 생각하는 초등학교 4학년 아이의 거칠고 스산했을 삶에 도모코는 마음이 아렸다.

"다쿠미, 그렇지 않아. 그런 일 없어."

도모코는 와들와들 떨고 있는 다쿠미의 등을 쓸어내리

며 말을 이었다. 슬픈 미래밖에 그릴 수 없는 아이, 한편으로는 아이가 도대체 어떤 환경에서 자랐는지 궁금했다.

우선 뭐니 뭐니 해도 신발 냄새가 가장 큰 문제였다. 코를 움켜쥐게 만드는 악취다. 시설에서 다카하시홈으로 조치 변경되어 짐을 싸서 이사 온 다쿠미가 신고 있던 신발에서 나는 냄새였다. 다쿠미의 신발은 초등학교 고학년 아이들 대부분이 신는 끈 운동화가 아니었다. 어른 신발처럼 발등에 일명 찍찍이가 붙은 도저히 초등학생용 신발로는 보이지 않는 아저씨용 신발이었다. 도대체 얼마나 오래도록 신고 다녔기에 이렇게나 지독한 냄새가 초등학생 아이의 신발에서 날까 싶었다.

"정말 끔찍한 냄새였어요. 말도 못 했죠. 현관에 두면 집 안 가득 머리가 지끈거릴 정도로 악취가 심하게 났어요. 구멍 난 신발을 도대체 얼마나 오래 신고 다녔기에 그런가 싶더라고요. 근데 하룻밤 놀러 왔을 때에는 전혀 냄새가 안 났었거든요."

그 이유를 다쿠미에게 물었더니 "그건 내 신발이 아니었어"라고 답한다. 시설에서는 외출 나가는 아이에게 신기기 위해 별도의 신발을 준비해두고 있었다.

그리고 무좀.

　　　　　　　　　　　　　　　　다쿠미

"우리 집에 온 첫날부터 발을 탕탕 두드리고 있는 거예요. '으악, 또 발에 물집이 생겼어'라고 하기에 봤더니 무좀이더라고요."

다쿠미는 무좀이라는 단어를 알지 못했다. 그리고 도모코에게 이렇게 설명했다.

"거기서는 모두 발에 물집이 있어. 그래서 두드려. 물집이 생기면 선생님이 발을 두드리라고 했거든."

물론 무좀은 두드린다고 낫지 않는다. 무좀이 만연한 환경에서 내놓은 처방이 '두드려라'였다니……. 이게 과연 요즘 세상의 일일까 싶었다.

피부과에서 처방받은 치료 약을 바르고 많이 좋아졌을 무렵 다쿠미의 발이 엄청난 사건을 일으켰다. 다쿠미가 이사 온 지 한 달쯤 지났을 즈음 규슈에서 패밀리홈 전국 대회가 열렸다. 다카하시홈에서는 매해 아이들과 여행을 겸해 가족 모두가 함께 참가했는데 물론 그해에도 다쿠미를 비롯해 온 가족이 규슈로 향했다.

가족이 머물던 온천 시설에는 닥터 피시를 체험할 수 있는 코너가 있었다. 인간의 각질을 먹는 작은 물고기가 든 족탕에 발을 담그면 각질 제거 효과, 마사지 효과 등을 누릴 수 있어 인기가 많았다.

"다쿠미가 발을 집어넣자마자 물고기들이 굉장한 기세

로 다쿠미의 발 주위로 우글우글 몰려들었죠. 그러더니 톡톡 하고 물고기가 하나둘 죽은 채 떠오르는 거예요."

수조 가득 물고기 사체가 떠오르는 바람에 관리인이 놀라서 떠오른 물고기를 정신없이 건져냈다. 무슨 일이 일어난 걸까. 물고기는 영양 과다로 죽은 걸까, 아니면 다쿠미의 발에 독성이라도 있던 걸까.

"아휴, 애들도 어른도 정말 깜짝 놀랐죠. 발 상태가 얼마나 심하기에 그러냐고. 그래도 우리 집에 오고 나서 한 달쯤 지났을 때니까 꽤 많이 깨끗해졌거든요. 무좀도 완치까지는 아니지만 많이 좋아졌고요. 지금도 가끔씩 '물고기 사체가 득시글득시글'했던 얘기를 하면서 다 같이 웃곤 해요."

다쿠미는 몸을 씻는 법도 머리를 감는 법도 몰랐다.

"욕조에 들어가도 그저 탕에서 몸을 적시고 나올 뿐이었어요. 시설에서는 머리에 물을 끼얹어 적시고는 수건으로 훔치고 나오면 그걸로 끝이었나 보더라고요. 머리를 제대로 안 감으니 냄새가 말도 못 했고 몸도 지저분했어요."

도모코는 다른 위탁 가정 부모에게서도 비슷한 말을 들었다. 남자아이든 여자아이든 마찬가지였다. 여자아이도 머리를 제대로 감지 않아 늘 부스스한 채였다고 한다.

도모코는 보조원 대학생에게 부탁했다.

"다쿠미랑 같이 목욕하면서 몸 씻는 법이랑 머리 감는

다쿠미

법 좀 가르쳐줬으면 좋겠어요. 근데 초등학교 4학년이라 다쿠미도 자존심이 있을 테니까 '너 제대로 씻지도 못하냐'라는 말은 하지 말고 '남자들끼리니 하는 말인데', 이런 식으로 알려줬으면 해요."

도모코는 멘톨이 들어간 남성용 샴푸를 사 왔다. 욕실에서 '형'은 이렇게 부추겼다.

"다쿠미, 봐봐. 남자는 이걸로 머리를 박박 씻는 거야. 이런 게 바로 남자가 쓰는 샴푸야. 알겠지. 이걸 써서 머리를 이렇게 씻는 거야. 우아, 시원해라. 자, 너도 해봐."

다쿠미가 눈을 번뜩였다.

"그렇구나, 남자는 이렇게 하는 거구나."

양손으로 두피를 북북 문질러 씻어낸다.

"다쿠미, 어때. 기분 좋지. 시원하지."

"응, 시원해!"

"그리고 발뒤꿈치는 이 돌로 쓱쓱 문질러줘야 해."

"알았어! 남자는 이렇게 하는구나."

지금까지 그 누구도 다쿠미에게 몸을 어떻게 씻는지 가르쳐준 적이 없었다. 부모가 목욕을 시키면서 하나부터 열까지 가르쳐주는 일들이 다쿠미의 삶에선 뭉텅 빠져 있었다.

도모코는 다쿠미가 항문이 어디 있는지도 모른다는 점, 그래서 볼일을 본 뒤 뒤처리를 제대로 하지 못한다는 점도 알아챘다.

"몸을 씻는 법이라면 시설에 따라서는 직원이 가르쳐주기도 할 거라고 봐요. 하지만 똥 닦는 법은 어떨지 모르겠네요. 적어도 다쿠미가 있던 시설에서는 가르쳐주지 않았어요. 그래서 볼일을 보고 난 뒤 다쿠미는 제대로 닦지를 못했어요."

겐토를 비롯해 남성 보조원들이 다쿠미가 상처받지 않게 조심하며 조금씩 가르쳐줬다. 모른 채 어른이 될 수는 없기 때문이다.

한번은 식탁에서 다쿠미가 웃지 못할 소동을 일으켰다. 간식으로 내놓은 크림빵을 본 순간 다쿠미가 모두를 방어하며 외쳤다.

"야, 이거 먹으면 안 돼. 시설에서 이거 먹은 애들은 다 배가 아프고 큰일이 났었어."

그래서 늘 잼이 든 빵을 골랐다고 다쿠미는 덧붙여 설명했다. 도모코가 다정하게 말했다.

"다쿠미, 엄마가 괜찮다고 한 거니까 한번 먹어봐. 배가 아프거나 그런 일은 절대 없을 거야."

작게 찢은 크림빵을 다쿠미가 한 입 삼킨다.

"우아, 이게 뭐지? 거기서 먹었던 건 시큼했는데."

"이게 크림빵이야. 크림빵은 달콤해. 요기 노란색 크림이 아주 맛있어."

"정말이네. 맛있네!"

다쿠미가 잘 못 먹는 음식이 몇 가지 있다. 다코야키 (밀가루 반죽 속에 문어를 넣어 둥글게 구운 일본 요리. - 옮긴이) 파티 는 다카하시홈의 즐거운 이벤트 가운데 하나였는데 다쿠미 는 아무리 권해도 멀찌감치 떨어져 바라만 볼 뿐이었다. 이유 는 분명했다.

"다코야키 정말 싫어. 어떻게 그런 걸 먹어."

그런데 잘게 자른 문어를 집어넣자마자 다쿠미가 다코 야키 플레이트에 다가와서는 소리쳤다.

"문어다! 문어를 넣는구나!"

아키라가 키득 웃었다.

"당연하지. 다코야키니까."

"거기서 먹은 다코야키에는 생강만 들어 있었거든."

다쿠미의 엄마가 된 도모코에겐 위생, 식사에서뿐만 아니라 옷차림에서도 숙제가 생겼다.

"다쿠미가 시설에서 가지고 온 옷은 티셔츠 몇 장이랑 어른용 라운드 넥 속옷뿐이었어요. 이 속옷은 그나마 새거였 죠. 근데 초등학생뿐 아니라 남자애들이라면 여름에 티셔츠 안에 속옷을 안 입지 않나요. 시설에서 지내는 동안 다쿠미는 감기 걸리면 안 되니까 여름에도 속옷을 꼭 입어야 했대요.

그리고 티셔츠를 바지 안에 꼭 집어넣어야 하고요. 배가 차가워지면 안 된다면서. 근데 그게 옷맵시가 참. 요즘 초등학생들은 아무도 그렇게 안 입으니까 좀 그랬거든요, 모양이. 자기 혼자서는 뭘 입을지 고르지도 못했고 그날 입을 옷을 꺼내놓지 않으면 뭘 어떻게 입어야 하는지 몰라요."

벨트컨베이어식 생활의 후유증도 곳곳에서 나타났다.

우선 아무리 불러도 대답을 하지 않는다. 자기를 부르는 줄 몰라서다.

"이를테면 '밥 먹자' 하고 불러도 다쿠미는 자기한테 말한다는 걸 몰랐나 봐요. 그러니 아무런 반응을 안 하는 거예요. '다쿠미, 엄마 지금 다쿠미한테 말하고 있는데'라고 등 뒤에서 말하면 엄청 깜짝 놀라서 뒤돌아봐요."

집에서는 늘 누군가가 상대방을 향해 말을 건다. 밥 먹자, 씻자, 자자 등. 이 당연한 말이 시설에서만 지내온 다쿠미에게는 놀랄 만한 일이었다.

"왜냐하면 생각해보니 시설에서는 불특정 다수를 향해 말을 하잖아요. 그러니 누군가가 자기에게만 말을 거는 일이 없는 거예요. 게다가 다쿠미가 있던 곳에서는 말을 걸기는커녕 벨 소리였다고 해요. 삑 소리가 나면 식당에 가서 준비된 음식을 먹고 삑 소리가 나면 씻으러 가고……."

두 살부터 열 살까지 시설에서 지내는 동안 지금까지 한 번도 그 누구도 다쿠미를 향해 "밥 먹자"라는 말을 해준 적이 없었다.

삑 소리가 나면 식당으로 가서 음식을 받아 드는, 자기 의사나 생각이 작동할 기제는 전혀 없는 벨트컨베이어식 생활. 정해진 방식에 따라 그저 움직이기만 하면 될 뿐인 생활에 몸은 자동기계처럼 작동했다.

"다쿠미, 숙제 다 했으면 이제 하고 싶은 거 해도 돼."

하지만 다쿠미는 무엇을 해야 좋을지 몰라 한다.

"결국 '우아, 놀자'라고 하면서도 겨울잠에 들기 전의 곰처럼 어슬렁어슬렁 걸어 다니기만 해요. 구체적으로 'TV 볼래?' '게임 할래?' 하고 물으면 '응' 하고 말하죠. 하지만 '만화 읽을래?' 하면 '뭐 읽으면 돼?' 하고 되물어요. '포켓몬 어때?' 하고 구체적으로 말하지 않으면 스스로 결정하지 못하고 무엇을 하면 좋을지 몰라 어려워해요."

다카하시홈의 아이들이 다니는 학교에서는 초등학교 4학년 때 장래 희망을 조사한다. 첫 질문은 직업 조사이다. 조종사, 운전기사, 교사, 의사, 간호사, 요리사 등 다양한 직업이 선택지로 나열된다.

"다쿠미는 우리 집에 왔을 때 글을 잘 못 읽었어요. 그래서 직업을 하나하나 읽어줬는데 대답은 '모르겠어'였지요."

다음은 어떤 사람이 되고 싶은가라는 질문이었다. 친절한 사람, 정의로운 사람, 친구가 많은 사람 등 많은 항목이 있었지만 다쿠미의 대답은 '모르겠어'였다.

마지막 질문은 존경하는 사람이었다. 부모, 선생님, 유명 가수, 스포츠 선수 등 많은 저명한 사람의 이름이 쓰여 있었지만 이번에도 다쿠미의 대답은 '모르겠어'였다.

"다쿠미에게는 정말로 아무것도 없었어요. 무엇 하나 머리에 그려볼 수 있는 이미지가 하나도 없었던 거죠."

초등학교 4학년이 자신의 미래로 그려볼 이미지가 하나도, 하다못해 어슴푸레한 실마리조차도 없었다. 그건 그저 '살아 있기 위해 버텨왔다, 생명을 유지해왔을 뿐이다'라고 말할 수밖에 없는 삶일 터이다.

놀랍게도 다쿠미는 유행하는 TV 만화 프로그램도 몰랐다. 시설에는 물론 TV가 있었다.

"앗? 하고 놀라서 다쿠미에게 물어봤더니 'TV 만화를 보긴 봤는데 뭘 봤는지 모르겠어'라고 하는 거예요. 채널 선택권이 없으니 자기가 고를 수 없었죠. 그러니 그저 뭐가 뭔지 모르는 채로 움직이는 영상을 쳐다봤을 뿐인 거죠. 만화를 보고 있었다기보다 그냥 눈만 뜬 채 앉아 있었던 거예요."

초등학생이 TV 만화 내용조차 기억에 남는 게 없다니! 만화라는 판타지에 풍덩 빠져들 수도 만화 속 세상으로 도피

다쿠미

할 수도 없는 환경이었던 셈이다.

다쿠미에게 애착 장애가 있음을 도모코가 통감했던 건 코코아를 마실 때였다.

"다 같이 코코아를 마시고 있었는데 다쿠미가 와서 '그거 뭐야?' 하고 물으면서 자기도 마신다고 하기에 만들어줬어요. 그런데 뜨거워서 마시지를 못해요. 원래 뜨거운 걸 잘 못 먹는 아이이기도 했지만……. 그랬더니 다쿠미, 어떻게 했을 것 같아요?"

도모코의 물음에 나는 "그야, 후후 불어서 마시지 않았을까요"라고 대답했다.

"뜨거워! 안 돼. 안 돼. 마시고 싶은데 안 되겠어."

이렇게 말하며 다쿠미는 엉엉 울었다고 한다.

"4학년이에요, 다쿠미. 마치 두 살 아기 같죠? 뜨거우면 후후 불어 식히든가 얼음을 넣든가 식을 때까지 기다리든가 그런 해결책이 이 아이에겐 전혀 없어요. 그 순간 모든 게 무너져 내리고 말죠."

제2장에서 본 마사토의 '개미 사건'이 떠올랐다.

도모코가 말을 이었다.

"게임도 한 판을 넘기지 못하면 앉은 채 으앙 울음을 터뜨려요. '하고 싶은데 할 수가 없어. 못해, 못해. 나 이제 이런 거 필요 없어' 하면서 울어젖히죠."

다쿠미의 마음속에 '애착의 대상'이 존재하고 애착이라는 기반이 있었다면 어려운 일이 생겼을 때 자신을 진정시킬 수 있었을 것이다. 문제에 직면한 순간 모든 것을 허물어뜨리고 마는 것은 애착이라는 기반이 만들어지지 않았다는 증거이다. 시설에서 자란 8년간 그곳에서 만난 누구와도 다쿠미는 애착 관계를 맺지 못했다.

다카하시홈에 온 초기, 초등학교 4학년인 다쿠미의 학력은 초등학교 1학년 수준이었다고 한다. 가타카나도 한자도 읽지 못했다. 다쿠미는 지적 장애가 있다고 해서 지적 장애인에게 발급되는 요육療育 수첩(주로 지적 장애가 있는 사람이 취득하는 장애인 수첩으로 지원, 상담 등의 서비스를 받기 쉽도록 하는 게 목적이다. 요육 수첩 제도는 일본의 각 지자체별로 제정해 운영하기 때문에 지자체에 따라 명칭, 지원 내용, 취득 기준 등이 다르다. - 옮긴이)을 지니고 있었다. 하지만 자기가 좋아하는 거북에 관한 지식은 매우 풍부했다. 다쿠미가 이야기해주는 다양한 내용을 들으면서 도모코는 이 아이에게 지적 장애가 없다고 확신했다.

다쿠미는 다카하시홈에 온 후 잠들지 못하는 밤이 이어지자 아동 정신과를 찾아가 진찰을 받고 잠을 잘 이룰 수 있게 하는 약을 처방받았다.

그때 도모코는 주치의에게 물어봤다.

"다쿠미, 지적 장애 없지요?"

다쿠미

의사는 명쾌하게 대답했다.

"네. 이 애는 지적 장애가 없어요. 단지 경험이 부족할 뿐이에요."

그렇다면 왜 다쿠미는 지적 장애아로 분류됐을까. 다카하시홈으로 조치 변경될 무렵 시설에서는 "다쿠미는 지적 장애가 있고 거짓말을 밥 먹듯이 해요"라고 주장했다.

다쿠미는 학교 교육의 첫 시작인 초등학교 1학년 때부터 내내 특수 학급에 들어갔다. 도모코는 그 점에 대해서도 강한 의문이 들었다.

"대개 2학년까지는 어떻게든 일반 학급에서 같이 생활해보다가 그럼에도 어려움이 있으면 수학이나 국어 등만 특수 학급에 가서 해요. 그 밖에 체육 등 다른 교과는 자기가 속한 일반 학급에서 수업을 받는 게 일반적인데 그 시설에서는 아이들을 1학년 때부터 특수 학급에 넣는다고 하더라고요."

이유는 "요육 수첩을 교부받은 지적 장애아이기 때문"이라고 한다. 수첩을 받은 건 시설이었다. 아동 상담소에 "아이가 지적으로 발달이 늦다"라면서 아이를 데리고 가서 지능 검사를 받고 진단서를 아동 상담소와 사회 복지 사무소 등에 제출하면 수첩이 교부된다.

그렇다면 왜 지적 문제가 없는 아이에게 이런 진단이 내려질까. 도모코는 검사 자체에 문제가 있다고 지적한다.

"시설에서 살면서 이미 모든 걸 놓아버린 듯 지내온 아이들이라서 심리 상담사가 '이거 할 수 있니?' 하고 물어도 덮어놓고 '그런 거 할 줄 몰라' 하고 답해요. 지능검사도 일반 상식을 묻는 항목이 많은데 이를테면 문구류 가운데 거울을 섞어놓고 '이 가운데 같은 부류의 물건이 아닌 것은?' 하고 묻는 식이죠. 그런데 아이들은 초등학교에 들어갈 때까지 자기 소유의 문구류를 가져본 적이 없어서 잘 몰라요. 혹은 '테니스 라켓은 어느 것인가요?'라는 질문이 나와도 아이들은 테니스 라켓을 본 적이 없거든요."

왜 일부러 자기가 관리하고 있는 시설의 아이들에게 요육 수첩을 교부받도록 하는 것일까. 이유는 모르지만 뭔가 알리바이를 만드는 용도로 쓰이지 않을까 싶기는 하다. 공부를 못해도 폭력적인 성향을 띠어도 장애가 있기 때문에 그렇다고 변명할 수 있으니까. 도모코는 공부를 못한다는 열등감과 콤플렉스에 휩싸인 다쿠미를 끈질기게 격려했다.

"다쿠미는 이 집에 오고 나서 포켓몬을 좋아하게 됐거든요. 그래서 포켓몬 이름을 쓸 수 있게 연습해보자고 꼬셔서 포켓몬 이름을 쓰면서 가타카나를 익혔어요. 처음에 다쿠미는 가타카나를 잘 모른다고 얘기했는데 포켓몬 이름은 꽤 잘 읽더라고요. 대부분 읽을 수는 있는데 쓸 줄 모른다고. '그럼 쓰는 걸 연습해보자'라고 했죠."

이를테면 우선 '리자몽'.

"다쿠미, 대단한데. 이제 쓸 줄 아네."

도모코가 칭찬하면 다쿠미는 쑥스러운 듯 웃는다.

"난 바보라서……."

"근데 학교에서 선생님이 말하는 거 이해되지?"

"응. 학교에선 알겠는데 시설에 돌아오면 다 까먹어. 머릿속에 구름이 낀 것처럼."

머릿속에 구름이 끼다. 정말 말 그대로 그렇게 느끼는 듯싶다. 그걸 표현할 수 있다는 것만으로도 훌륭했다.

"시설에는 '바보 기운'이 퍼져 있어서 거기만 들어가면 그렇게 되는 게 아닐까?"

"그런가, 바보 기운. 내가 바보라서 그런 게 아니라 바보 기운이 거기에 퍼져 있는 거구나. 그래서 바보가 되는 거야. 내가 바보라서 그런 게 아니라."

다쿠미는 '바보 기운'이라는 말에 어쩐지 상황을 이해한 듯싶었다.

도모코도 안개가 걷힌 듯 상황이 명확하게 이해됐다.

"학교에서 이해한 걸 시설에 돌아간 순간 알 수 없게 된다는 건 시설이 전쟁터이기 때문이죠. 자기 자신을 지켜야만 하니까 거기에 온 신경을 쏟아부어야 하니까. 그러니 공부나 다른 생각엔 먹구름이 잔뜩 낄 수밖에 없는 거죠."

오해를 피하기 위해 강조하고 싶다. 모든 아동 양호 시설이 이런 상황은 아니다. 대부분의 시설에서는 시설이라는 제약 속에서도 직원들이 아이들을 위해 온 힘을 쏟는다.

일본 후생노동성은 가정 양호 확대에 방점을 두고 패밀리홈을 포함한 가정 위탁의 비율을 늘려나간다는 방침을 세웠고 아동 양호 시설도 한 단위가 20명 이상인 '대사大舍'를 줄이는 등 시설의 소규모 운영을 추진하고 있다.(일본의 아동 양호 시설은 형태의 차이에 따라 대사제, 중사제, 소사제로 분류된다. 대사제는 큰 건물 하나에서 20명 이상의 아동이 생활하는 시설로 일반적으로는 한 방에서 5~8명이 지낸다. 성별, 연령별로 몇 개의 방이 있으며 식사는 식당에서 함께 먹는다. 공동 설비, 공동생활 공간, 공동 프로그램에 기반해 운영되기 때문에 관리가 쉬운 반면 개인의 사생활을 보장해주기 어렵고 가정적인 분위기를 경험할 수 없는 등의 문제점을 안고 있다. 중사제는 13~19명의 아동이 생활하는 시설로 큰 건물 안을 구획 지어 작은 생활 집단 공간으로 만들고 각각에 필요한 설비를 갖춰 지낸다. 소사제는 12명까지의 아동이 생활하는 시설로 시설 부지 안에 독립된 가옥을 여럿 두거나 큰 건물 안에 생활 단위를 작게 구분해 각각에 필요한 설비를 따로 갖춘다. 대사제에 비해 훨씬 많은 종사자가 필요해서 어려운 점도 있지만 생활 단위가 소집단이기에 가정적인 분위기에서 생활할 수 있다. - 옮긴이) 2008년 3월 1일 시점에서는 '대사'가 70퍼센트를 넘지만 2012년 3월 1일 시점에는 약 50퍼센트로 감소했다. 어쨌든 시설의 소규모화가 당장의 목표이다. 덧붙이자면 다쿠미가 지내던 시설은 인원이 50명이 넘었으니 초대형 시설이라 부를 만했다.

그동안 아동 양호 시설과 유아원 등 '시설 양호'의 현장도 찾아다녔는데 나 같은 외부 취재기자를 선선히 받아들여준 시설은 운영의 투명성이 확보되고 아이들을 잘 양육하고 있다고 자부하는 곳이었다.

2011년 가을에 내가 찾아간 한 아동 양호 시설은 아이들 전체를 '홈'이라는 소집단으로 나눠서 소규모화를 진행한 곳이었다. 시설이라는 제약 속에서도 가능한 한 가정적인 돌봄을 지향하고 있었다. 이 시설에는 네 개의 홈이 있었다. 홈마다 유아에서 고등학생까지 남녀별로 16~17명으로 구성되고 방의 구조도 거실, 식당, 욕실, 화장실 등이 있는 아파트 타입으로 '하나의 가족'처럼 생활했다. 나뭇결을 살린 자연적인 분위기의 실내 인테리어에선 부드럽고 따스한 온기가 느껴졌다.

저녁 식사 전까지는 다른 홈을 자유롭게 오갈 수 있어서 다쿠미처럼 남매가 입소와 동시에 헤어지고 마는 일은 없다. 오히려 그렇게 되지 않게 배려했다. 식사는 홈별로 먹지만 주메뉴와 반찬은 따뜻한 상태로 주방에서 가져오고 밥은 홈에서 짓고 국은 홈의 부엌에서 다시 데운다. 저녁 식사 시간이 가까워지면 각 홈은 가정집과 마찬가지로 밥 짓는 구수한 냄새로 가득 찬다. 국 냄비에서 수증기가 올라오는 것도 가정집과 똑같다.

저녁을 나르는 손수레가 들어오면 아이들이 식탁에 모여 식사 준비를 돕고 직원과 아이들이 함께 "잘 먹겠습니다" 인사를 한 후 식사를 한다. 화기애애하고 즐거운 식탁이었다. 아직 어린아이들의 식사는 직원이 돕기도 하지만 큰 애들도 어린아이들을 잘 보살펴줬다.

"맛있어요? 난 여기 식사가 채소가 듬뿍 들어가서 좋아요. 맛도 좋고."

고등학교 3학년인 가호는 음식이 내 입맛에 맞는지 궁금한가 보다. 가호는 초등학교 2학년 때부터 내내 이곳에서 살고 있다.

"응. 맛있네. 종류가 많아서 좋다."

이날 메뉴는 닭고기 오렌지구이, 그린 샐러드, 배추와 베이컨 수프이다. 사실은 닭고기가 식사 시간에 딱 맞춰서 조리됐다면 훨씬 따뜻하고 부드러워서 좋았을 텐데……라는 생각이 들었다.

맞은편에 앉은 중학교 2학년인 미도리가 말을 걸었다.

"자고 갈 거야? 난 오늘 혼자 자는데. 같은 방 쓰는 애가 열이 나서 돌봄이 필요한 아이를 위한 방에서 자거든. 그

다쿠미

래서 좀 외로워. 나중에 내 방으로 와.”

혀 짧은 소리를 내는 화사하고 가냘픈 여자아이였다.

초등학생과 유아는 다다미방에서 4명 정도가 함께 지내고 중학생은 침대가 있는 2인실, 고등학생은 1인실을 쓴다.

“엄마는 지금 미도리 아빠가 아닌 사람이랑 결혼해서 여동생이 있어. 앞으로 2년 지나면 그 사람이랑 이혼한대. 그럼 미도리도 여길 나가서 엄마랑 여동생이랑 같이 살 거야.”

2인실 침대 옆에서 미도리의 이야기를 들으며 정말로 2년 후 미도리가 그리는 미래가 실현되기를 기도했다.

부엌에서는 가정집과 마찬가지로 아이들이 쿠키와 야식을 자유롭게 만들어 먹을 수 있다. 저녁 식사 뒷정리가 끝난 홈의 부엌에서는 “내일 친구에게 가져다줄 거야”라면서 중학생이 쿠키 반죽을 하고 고등학생은 냉동식품을 활용해 내일 점심 도시락 준비를 하고 있다. 서둘러 욕조에 몸을 담그러 가는 아이, TV에 나오는 인기 연예인 ‘아라시’에 푹 빠져 있는 아이 등 홈의 밤은 느긋하고 평온한 자기만의 시간으로 채워지고 있었다.

주임 교사인 남성 직원은 이렇게 말한다.

“아이들은 절대적으로 자기편인 부모에게서 폭력을 당해 타인을 믿지 못해요. 그래서 우리는 이곳은 안전하다는 감각과 사랑받고 있다는 감각을 가르치려 노력해요. 타인이 온

전히 자기편이 되어주는 경험이 쌓일 때 자신을 소중히 여기는 마음도 생겨나니까요."

이는 시설 직원들의 공통적인 생각이기도 했다.

취재하는 동안 이를 위해 직원들이 얼마나 혼신의 힘을 쏟는지 나날의 분투를 직접 목격했다. 밤 10시에 근무를 마친 젊은 여성 직원은 새벽 1~2시까지 홈에 머물렀다. 어린 아이가 잠들 때까지 기다린 후 고등학생의 이야기 상대가 되어주고 이어서 기록 작성에 쫓긴다. 새벽 4시까지 한숨도 못 잤다는 숙직 담당 직원은 이날 겨우 두 시간 남짓 눈을 붙인 뒤 오후 3시까지 쉴 틈 없이 일에 매달렸다.

"아이들은 직원에게 애정을 요구해요. 그래서 직원은 조금이라도 시간을 만들려고 시간외근무를 하죠. 근무 시간 중에는 집단을 유지하는 데에 온 신경을 쏟아야 하거든요. 홈이 안심하고 지낼 수 있는 환경이어야만 하니까요. 정부가 정한 인력 배치 기준으로는 감당이 안 돼요. 직원은 점점 피폐해지고 연달아 과로에 쓰러지곤 하죠."

남성 주임 교사의 말은 시설 직원이 안고 있는 딜레마를 말해준다. 아이들은 직원들에게 "날 지켜봐줘"라고 간절히 호소한다. 부모의 사랑을 받지 못한 채 심각한 학대 후유증을 껴안은 아이들의 마음은 굴절되고 왜곡되어 복잡다단하다.

하지만 아이가 열망하더라도 부모처럼 매일 함께 있기

는 불가능하다. 근무 체제 내에서만 아이에게 관여할 수 있고 그 이상 깊이 들어가려면 개인 시간을 내야만 한다. 물론 그 것조차 당연히 한계가 있다. 그런 딜레마 속에서도 직원들은 어떻게 하면 아이들 마음의 상처를 치유해줄 수 있을까 마음을 쏟는다. 주임 교사의 말을 더 들어보자.

"어찌 됐든 사춘기에 접어들면 성격도 점점 난폭해지고 신체 변화로 인한 문제도 많이 생겨나요. 저는 아이들에게 감정을 말로 표현하라고 말해요. 학대를 받은 아이는 분노, 슬픔 등 부정적 감정을 꽁꽁 담아두고 있어요. 이런 감정을 '이곳에선 마음 놓고 꺼내놓아도 돼'라고 말해주죠. '죽여버릴 거야' '가만 안 둘 거야' 등 거친 말이 나오지만 직원과 이야기하는 와중에 조금씩 정리가 돼요. 그러면서 변화가 생기더라고요. 공황 상태에 빠져 벽을 때리는 일도 줄어들고. 싸우지 않고 자기 감정을 다스리는 법을 서서히 배울 수 있도록 하는 게 목표입니다."

한 남성 교사가 아동 양호 시설이 이런 곳이었으면 한다고 바람을 전한다.

"내가 힘들 때 본가를 찾듯이 밖에서 안 좋은 일이 생기더라도 언제든 마음 놓고 기댈 수 있는 곳으로 만들고 싶어요. 언제라도 기댈 수 있는, 믿음을 저버리지 않는, 타인이 자기편이 되어주는 일을 경험할 수 있는 곳이었으면 해요. 자기를 지켜주는 어른이 있다는 걸 알고 어려운 일이 생겼을 때 '도와줘' 하고 말할 수 있는 아이로 자라주는 게 제 가장 큰 바람입니다."

하지만 그것도 열여덟 살까지다.

"우리가 아무리 열심히 노력해도 상처를 충분히 치유하지 못한 채 고등학교 졸업식을 맞는 아이가 있어요. 가방 하나 짊어지고 시설을 나가는 아이를 어떤 마음으로 보내야 할지. 시설에서는 연령의 벽이라는 한계가 있어요."


"이건 내 거북이야."

다쿠미가 식탁 한구석에 있는 수조를 가리키며 가르쳐줬다. 두 번째로 다카하시홈을 방문했을 때의 일이다. 처음 만난 후로 1년이 지나 6학년이 된 다쿠미는 키도 커졌고 훨씬 소년다워졌다. 슬슬 변성기가 올 무렵이었다.

학교에서 돌아와 숙제를 마친 다쿠미의 일과는 거북이를 돌보는 것이다. 10센티미터 정도 크기의 새까만 거북이가 등딱지에서 목을 내밀고 있다. 다쿠미가 다가오는 걸 살피는 듯싶다. 모래가 깔린 수조에는 물이 채워져 있고 큼직한 돌과 모래를 쌓아 올린 언덕도 있었다.

다쿠미가 유리에 가까이 가자 거북이가 느릿느릿 다가왔다.

"다쿠미가 온 걸 아나 보다."

"응, 먹이를 주니까."

고형 먹이를 찢어서 얼굴 앞에 갖다 대자 거북은 목을 최대한 늘여 먹이를 받아먹으려 한다.

"정말 능숙한데. 거북이가 이렇게나 활발하게 움직이는 줄 몰랐어. 처음 봤어."

다쿠미가 내 쪽으로 쓱 고개를 돌리더니 기분이 좋은 듯 씽긋 웃는다. 내가 엄지손가락을 척 치켜세우며 웃자 다쿠미의 얼굴에도 미소가 가득 번진다. 거북이는 다쿠미의 자랑이다.

"아, 큰일이다. 이제 수조를 깨끗이 해줘야 하는데."

그렇게 말하며 서둘러 작업에 착수한다.

"대단하네. 이렇게 잘 돌봐주니까 거북이가 건강하게 잘 자라나 보다. 다쿠미가 얼마나 애쓰는지 아나 봐."

작업을 하는 뒷모습에 대고 말을 걸어본다. 조금 쑥스러운 듯한 뒷모습은 내 말을 부정하지 않는다.

다카하시홈에서는 아빠가 보너스를 받으면 아이들이 원하는 것을 하나씩 사준다. 2년 전 다카하시홈에 막 왔을 때 다쿠미는 "거북이 키우고 싶어"라고 강력하게 요구했다. 먹이는 학교에 가기 전과 방과 후 하루에 두 번 준다.


"있잖아, 내 방 보러 갈래?"

다쿠미가 2층 자기 방으로 나를 초대했다. 다카하시 부부의 아이들 3명이 쓰던 방 세 개는 지금 각각 중학교 3학년인 미유키, 초등학교 4학년인 아키라, 그리고 다쿠미의 방이 되었다. 초등학교 4학년 하루카의 방은 1층 거실 옆에 있고 꼬마 아이들은 방은 따로 없이 각자의 공간만 부여받았다.

파란 하늘을 연상시키는 벽지, 남청색 별 모양의 커튼, 나뭇잎 모양의 엷은 녹색 카펫에 침대 커버는 녹황색이다. 모두 다쿠미가 고른 것이라 한다. 도모코는 말한다.

"그렇게 큰 것은 해주지 못하지만 스스로 뭔가를 선택해본 적이 없는 아이들이니까 적어도 자기 방은 자기가 좋아하는 것으로 직접 고르게 하고 싶었어요."

침대에는 포켓몬과 여러 캐릭터의 헝겊 인형도 있다. 다쿠미는 지금은 혼자서 잠을 자는데 인형에 둘러싸여 잠자는 모습을 떠올리니 아직 어리고 귀여운 아이 같다.

"우아, 멋진 방이네. 부러워, 다쿠미."

"그치" 하고 방긋 웃는다. 기쁜 마음이 그대로 얼굴에 비치는 순수한 미소. 이 뿌듯한 미소는 분명 시설에 있을 때에는 한 번도 지어본 적이 없었으리라.

하지만 2년 전 다카하시홈으로 조치 변경되어 특수 학급으로 전학 왔을 당시 다쿠미는 종이호랑이였다. 허세를 부리며 야단스럽게 신고식을 했다. 분명 힘을 과시하기 위해서

다쿠미

였을 텐데 갑자기 맨주먹으로 교실 사물함을 있는 힘껏 때려 부쉈다. "너희들 까불지 마"라고 폭력 행사로 자신을 드러냈다. 지금까지의 인생에서 몸에 익힌, 타인과 관계를 시작하는 유일한 방식이었다.

요시오와 도모코가 연락을 받고 학교로 뛰어갔다.

"우리 애가 그러다니 정말 죄송합니다."

둘이 함께 머리를 조아렸다. 다쿠미도 사과를 해서 일은 마무리가 되었는데 요시오가 사물함을 직접 수리하겠다고 먼저 말을 꺼냈다.

"이런 일을 하면 벌을 받아야 한다는 걸 다쿠미에게 제대로 가르치고 싶습니다. 제가 일하는 사이에 짬을 내서 학교에 오겠으니 어떻게든 다쿠미가 망가뜨린 사물함 수리를 다쿠미뿐만 아니라 반 아이들 모두가 보는 곳에서 하게 해주십시오."

집으로 돌아와 요시오는 다쿠미에게 얘기했다.

"어떠냐, 물건을 망가뜨리면 원래대로 돌려놓아야 하는 책임이 생기는 거야. 이런 게 책임이야. 네가 망가뜨린 사물함은 너랑 아빠가 책임지고 고쳐놓아야 해. 못을 박는 일은 위험하니까 아빠가 할게. 넌 마지막에 페인트칠을 해."

다쿠미는 고개를 떨군 채 "응" 하고 대답했다. 그리고 "아빠, 미안해"라고 울며 사과했다.

요시오는 웃으며 다쿠미의 머리를 쓰다듬었다.

"그러니까 다쿠미, 물건을 부술 땐 그런 걸 잘 생각하고 나서 해. 알았지?"

그 무렵 다쿠미는 집에서도 약자를 힘으로 제압해 상하 관계를 만드는, 시설에서 몸에 익힌 방식으로 아이들을 대했다. 다쿠미에게 인간관계는 곧 지배-피지배 관계였다.

"아키라랑 사토시랑 함께 목욕하러 들어갔는데 우리가 안 보는 곳에서 다쿠미가 아키라에게 '맞을래?' 하고 위협했다고 하더라고요. 아키라를 힘으로 눌러서 자기를 따르게 하려 했던 거죠."

아키라는 이런 걸 몹시 싫어했고, 곧장 도모코에게 말했다.

"다쿠미가 목욕할 때 무섭게 해. 정말 싫어. 맞는 거 정말 싫어."

"알았어. 아키라랑 사토시는 다쿠미랑 목욕 안 해도 돼. 걱정하지 마. 무슨 일이 있으면 엄마나 아빠에게 말해."

아키라는 두려움에 떨면서까지 다쿠미와 놀고 싶지는 않았다. 도모코는 아키라에게 자기 기분을 다쿠미에게 정확하게 직접 전달하라고도 덧붙였다.

"목욕할 때 그렇게 하면 다쿠미 너랑은 게임도 아무것도 안 할 거야."

아키라는 아빠와 엄마가 든든히 지켜줄 것이라는 믿음
이 있었기에 자기가 하고 싶은 말을 다쿠미에게 분명하게 전
했다.

"좋아, 나 혼자 할 거야."

말은 그렇게 했지만 혼자서 하는 게임은 재미가 없었
다. 다쿠미는 결국 도모코에게 선선히 털어놓았다.

"나 혼자선 못 놀겠어."

도모코는 다쿠미에게 다정하게 말했다.

"아키라가 한 말은 당연한 거야. 다쿠미도 '맞을래?'라
고 말하는 사람과는 사이좋게 지낼 수 없잖아. 얻어맞는데 그
사람을 좋아할 수 있을까?"

"아니."

"'맞을래?'라고 말하면 사람은 멀어져가. 자기를 위협
하는 사람을 좋아할 수는 없거든. 좋아하지 않는데 말을 듣는
건 언젠가 대갚음하려고 틈을 노리는 거야. 지금은 네가 하
라는 대로 하겠지만 나한테 힘이 생기면 반드시 갚아줄 거야
하고. 그건 친구가 아니야. 다쿠미, 아키라한테 사과하자."

하지만 다쿠미는 좀체 아키라에게 사과하지 않았다.
"사과하면 내가 지는 거잖아"라면서. 다쿠미에게는 상하 관계
야말로 인간관계의 모든 것이었다. 시설에서 인간관계를 맺
는 유일한 방식이 지배하느냐 지배당하느냐였다. 모든 게 승

부였다. 아이들끼리도 직원과도. 그리고 "사과하면 지는 거다"라는 명제를 철석같이 믿었다.

보조원인 겐토가 나설 차례였다. 겐토는 형답게 남자다움은 이런 거라고 다쿠미에게 설명한다.

"다쿠미 너 말이야, 정말 꼴불견이야. 남자가 시원하게 사과하는 건 멋진 행동이야. 아키라에게 나쁜 짓을 했는데 우물쭈물 사과도 안 하는 거랑 '미안' 하고 깨끗이 사과하는 거랑 어느 쪽이 더 멋진 것 같아? 네가 생각하는 패배라는 건 아주 작은 거야. 큰 틀에서 보자면 너, 굉장히 좀스럽고 못나보여. 멋있어지고 싶지 않아?"

"나 멋있는 사람 되고 싶어."

다쿠미는 그제야 아키라에게 "미안, 내가 잘못했어" 하고 사과했다. 한 번에 그치지 않고 학교에서도 교실까지 찾아가 사과할 정도였다.

이렇게 다쿠미는 조금씩 안정을 찾아갔다. 4학년 때 담임 선생님은 다쿠미의 상황을 이해하고 다쿠미의 학습 속도에 맞춰 능력에 맞게 공부를 봐줘서 학습 능력도 눈에 띄게 좋아졌다.

"덧셈 뺄셈도 곱하기도 이제 잘해요. 선생님도 '이렇게나 잘할 줄은 몰랐어요'라고 깜짝 놀랄 정도로."

다쿠미

집에서 한자 프린트물 숙제를 할 때도 처음에는 모르는 게 나오면 어쩔 줄 몰라 하며 종이를 찢어버리기 일쑤였지만 나중엔 차분하게 끝까지 숙제를 해냈다. 초등학교 1학년 수준이던 학습 능력도 공부하면 할수록 조금씩이기는 하지만 향상됐다. 그러자 다쿠미도 자신감을 갖게 됐고 지금까지 "어차피 난 바보니까"라고 내려놓았던 학습 의지를 다잡게 되었다.

하지만 겨우 안정을 찾아가던 학교생활은 5학년이 되면서 큰 시련에 부딪히게 된다.

새로 담임을 맡은 교사는 경험이 적은 여자 선생님이었다. 게다가 특수 학급도 처음 담당하는 분이었다. 담임 교사는 도모코를 붙들고 "어떻게 하면 좋죠. 어떻게 해요……"라는 말을 자주 했다.

아스퍼거 증후군(주로 대인 관계 등 커뮤니케이션에 장애가 있는 광범성 발달 장애)이 있는 저학년 남자아이가 다쿠미 뒤를 쫓아다니면서 "바보, 바보" 하고 놀렸다고 한다. 다쿠미는 매일 무슨 말을 듣든 가만히 참았다.

그러던 어느 날 남자아이가 계속 끈질기게 "바보, 바보"라고 말하면서 쫓아오자 다쿠미는 결국 참지 못하고 거친 말투로 위협했다.

"너, 계속 그러면 나한테 맞는다."

다쿠미는 그저 말로만 위협했을 뿐이었다. 하지만 담임 선생님은 체격이 큰 아이가 저학년 아이를 때리면 어쩌나 싶어서 다쿠미를 등 뒤에서 꽉 껴안았다. 그 순간 다쿠미가 꺅 소리를 지르며 공포에 질려 조건반사적으로 교사의 얼굴을 가격했다.

학대 피해 아동은 뒤에서 제압당할 때 큰 공포를 느낀다고 한다. 이는 결코 해서는 안 되는 행동이었다. 다쿠미는 그 순간 크게 겁에 질려 반사적으로 몸을 지키기 위한 행동을 했던 것이다. 담임은 한걸음에 교무실로 도망쳤고 "맞았어요"라고 호소하며 그대로 집으로 가버렸다.

이 일로 큰 소란이 일었다. 결국 담임 교사는 정신적인 불안을 호소하며 퇴직했다. 학교뿐만 아니라 교육 위원회까지 움직이는 일대 사안이 됐다.

도모코와 요시오가 학교에 사과하러 갔는데 교사와 학교 운영 위원회는 날 선 비난을 퍼부어댔다.

"무시무시하게 폭력적인 아이가 교사를 정신 질환으로 몰아갔다."

"왜 이런 애가 이 마을에 있나. 부모한테 돌려보내는 게 낫다."

"교사가 공부를 가르치려고 해도 그 애는 배울 마음이 전혀 없다."

다쿠미

도모코에게도 요시오에게도 그리고 담당 아동 복지사에게도 너무나도 억울한 비난이 쏟아졌다. 결국 다쿠미가 일으킨 사건과 관련한 회의가 열렸다. 학교 측에선 교장, 교감, 새 담임 교사가 참석했다. 학교 교육 위원회에서 2명, 민생위원民生委員(일본 민생 위원법에 근거해 후생노동성 장관이 위촉한 비상근 지방공무원으로 무보수직이다. 주민의 입장에서 상담 등 필요한 지원을 하면서 사회 복지 증진을 위한 활동을 한다. 민생 위원은 아동 복지법이 정한 아동 위원을 겸한다. – 옮긴이) 3명, 그리고 다쿠미 쪽에선 도모코와 아동 복지사 단 2명이 참석했다.

도모코의 눈앞에서 학교 측은 "얼른 이 애를 다른 데로 보내세요"라며 '배제'만을 주장했다. "이 아이는 원래 이 지역의 아이가 아니다. 본래 있던 곳으로 돌려보내야만 한다"라는 말만 되풀이할 뿐이었다.

내 집 정원에는 쓰레기를 둘 수 없다. 도모코한테는 그렇게 들렸다. 도모코가 맞섰다.

"다쿠미가 학습 면에서 뒤처진 건 그 애 때문이 아닙니다. 지금까지의 환경이 그렇게 만든 거예요. 그 애를 그렇게 만든 사회에 우리는 살고 있는 겁니다."

가능한 한 냉정하게, 도모코는 마음속으로 계속 되뇌었다. 도모코는 참석자 모두의 얼굴을 한 사람, 한 사람 진지하게 바라보며 말을 이었다.

"다쿠미는 4학년 때 '어른이 된다는 건 무서운 일이지. 난 죽는 게 나아'라는 말을 했어요. 그렇지 않다고, 살아 있어서 다행이라고, 자신도 타인도 소중히 여기면 나중에 커서 적더라도 돈을 벌며 살아갈 수 있을 거라고, 나라는 사람도 괜찮은 삶을 살 수 있을 거라고, 다쿠미가 그렇게 생각할 수 있게 우리가 노력해야 하는 거 아닌가요."

회의실에는 침묵만이 감돌았다.

"다쿠미에게 폭력으로 문제를 해결하려는 성향이 있다는 거 압니다. 하지만 그걸 어떻게든 극복하려고 본인도 노력하고 있고 저도 그걸 도우려 합니다. 다쿠미가 그렇게 된 건 사회가 그렇게 만들었기 때문입니다. 사회적 양호의 현장에서 그 애가 그것을 몸에 익히고 말았으니 사회와 어른들이 품어줘야 하지 않을까요. 다쿠미는 피해자입니다. 등 뒤에서 제압당했을 때 공포를 느껴서 격렬한 반응을 보이는 일은 학대받았던 아이들의 특성 가운데 하나입니다. 그런 사정을 잘 살펴서 대응하는 것이 학교 측이 해야 할 일이 아닐까요?"

도모코가 쏟아내는 절절한 말에 학교 측은 이렇게 답했다.

"그게, 저희는 프로가 아니니까요."

특별한 지원이 필요한 아이에게 학교는 우린 "프로가 아니"라고 선을 그었다. 도대체 어디서부터 답을 찾아나가야 할지 막막했다.

도모코가 마지막으로 간곡히 덧붙였다.

"저는 다쿠미의 친부모는 아닙니다. 하지만 다쿠미가 사회에 나갈 때까지 제대로 돌봐주고 싶습니다."

이때 민생 위원 중 한 사람이 겨우 입을 열었다.

"위탁 부모가 이렇게까지 말씀을 하시는데 여기서 학교 측이 손을 떼는 건 아무래도 좀 그렇지 않습니까."

특수 학급에 새로 온 남자 교사도 협력을 표명했다.

"해야만 하는 일이잖아요. 해봅시다."

다쿠미는 폭발하려는 감정을 억제하려 지금까지 해온 것보다 훨씬 더 노력했다. 이 회의 이후 교사 3명이 특수 학급을 항상 함께 관리했다. 학교는 '관리'를 최우선에 두겠다고 밝혔다.

그러던 어느 날 다쿠미가 몸을 날려 유리창을 깼다는 연락을 받고 도모코는 학교로 달려갔다. 교실에 들어서자 다쿠미가 깨진 유리창 옆에서 꺼이꺼이 울고 있었다. 책가방을 메고 있는 걸 보니 하교 직전에 일이 일어난 듯했다.

도모코는 새 담임 교사에게 물었다.

"어떻게 된 일이에요?"

"다쿠미가 제 분에 못 이겨 날뛰었어요."

그런 일은 절대 있을 수 없다고 도모코는 생각했다. 뭔가 원인이 있었을 터였다.

"그럼 그 전에 무슨 일이 있었나요?"

"다쿠미가 가정 통신문을 한 번도 제대로 가져가지 않아서 오늘은 꼭 가져가라고 당부했더니 화를 내더라고요."

다쿠미가 그런 일로 화를 낼 리가 없다. 도모코는 확신했다.

"다쿠미는 집에 가려던 참이었던 거죠? 책가방을 메고 있었으니."

"맞습니다. 다쿠미가 가정 통신문을 가지고 가지 않아서 '뭐야, 또 안 가져가니? 가져가' 하고 말했더니 다쿠미가 '괜찮아'라고 말하더라고요."

집에 가려는 참에 교사의 말을 듣고 다쿠미는 이렇게 되받았다.

"어차피 그렇게 한자만 가득한 거 난 읽지도 못해."

도모코는 아무래도 이 말을 듣고 교사가 열이 받았던 게 아닐까 싶었다. 다쿠미의 가방을 잡아당겨 "넣어"라고 말하며 가정 통신문을 억지로 집어넣으려 하지 않았을까. 다쿠미는 힘으로 제압당하자 "하지 마!" 하고 폭발했던 게 아닐까. 도모코는 이런 상황 전개가 눈에 그려졌다.

"선생님, 그동안 담임 선생님은 가정 통신문을 줄 때마다 알림장에 끼워서 전해줬어요."

다쿠미

"그런 게 있습니까? 몰랐네요."

교실 한구석에 학급 아이들 모두의 알림장이 놓여 있었다.

"여기 있어요."

"그렇네요."

이전 담임 교사에게서 업무 인계도 제대로 받지 않고 지금까지 특수 학급 아이들이 해온 시스템도 무시하는 등 학교 측 대응이 미흡했음에도 불구하고 다쿠미는 유리를 깼다는 이유로 또 야단을 맞았다.

"이 아이는 정말 감정 조절을 못해요."

"부모랍시고 그렇게 잘난 척을 하더니 바뀐 게 아무것도 없잖아요."

누구보다 다쿠미가 가장 큰 상처를 받았다.

"선생님이 날 내쫓으려고 해."

깊은 상처를 입고 괴로워하는 다쿠미를 차마 볼 수 없어 도모코는 주치의와 상담했다. 주치의는 이렇게 제안했다.

"그럼 다쿠미를 입원시킵시다. 3개월만이라도 학교에서 떨어뜨려놓고 보호를 합시다. 이곳에서 다쿠미가 안정을 되찾고 감정 조절 능력을 배울 수 있게 해봅시다. 학교 측에는 제가 설명을 하겠습니다."

주치의는 학교 측 담당자를 병원으로 불러 어떤 방식

으로 아이를 대해야 하는지 자세히 설명했다. 퇴원한 이후 다쿠미는 다시 학교로 돌아갈 수 있었다. '다쿠미를 학교로부터 지키기 위한' 입원이었다. 그렇긴 해도 다카하시홈 아이들은 다쿠미가 걱정되어 참을 수 없었다.

"주말은 외박이 가능해서 집으로 돌아왔는데 아키라는 걱정이 많이 됐는지 '언제 집에 돌아오는 거야?' 하고 수없이 물었어요. 그러고 보니 지금까지 다쿠미에게 그런 말을 해준 친구도 없었을 테지요."

아이들이 걱정하고 있다고 도모코가 주치의에게 말했더니 의사는 빙그레 웃으며 이렇게 답했다.

"다쿠미에게는 빨리 돌아오면 좋겠다고 말해주는 가족이 있으니 아무 걱정이 없네요. 다만 학교가 고민이군요."


'패밀리홈의 장점은 아이들이 함께 크는 것'임을 도모코는 매일 절감한다. 다카하시홈에 들어온 초반에 주위에 대한 경계심을 풀지 못하고 신경이 곤두선 채 지내는 다쿠미에게 선배인 미유키가 이런 말을 했다.

"나도 너처럼 어른을 의심하고 늘 불안에 떨며 지냈어. 하지만 그랬던 내가 지금은 이렇게 변했으니까 너도 분명 행복해질 거야!"

같은 집에서 지내는 동안 아이들에게는 '다카하시홈

다쿠미

아이'라는 연대 의식이 생겨났다. 진짜 형제처럼, 아니 어쩌면 이들의 형제애는 진짜 형제들보다 더 진하지 않을까.

"학교에 가면 다른 아이들과 다르다는 걸, 자기 마음속엔 깊은 상처가 있다는 걸 뼈저리게 느껴야 하지만 집에 돌아오면 똑같은 친구가 있어서 안심할 수 있는 거죠. 그렇게 해서 아이들끼리 서로를 보듬으며 함께 커가요. 저도 한 애가 문제 행동을 일으켜도 아이가 많으니 정신이 분산되어서 집요하게 몰아세울 수 없거든요. 서로에게 도피처가 되어줄 수 있으니 이런 공동 양육이 좋은 것 같아요."

말은 그렇게 했지만 도모코는 항상 어느 아이에게든 훌륭하고 충실하게 임했다. 아이들 여섯이 각각 "엄마" 하고 찰싹 달라붙어서는 미주알고주알 얘기를 풀어놓는데도 어느 하나 놓치지 않고 아이들의 얘기를 착실히 듣고 정성껏 대답해준다.

다쿠미도 그랬다. 몸집도 커다란 애가 "엄마" 하고 도모코에게 딱 달라붙는다. 무엇보다 "엄마"라고 부를 때 환하게 밝아지는 미소 띤 얼굴이 사랑스럽기 그지없다.

도모코를 보고 있으면 내 육아를 돌아보게 된다. 아이들이 털어놓는 얘기와 호소에 도모코처럼 마음을 다해 진지하게 응해줬던가. 아이들의 마음을 날마다 성실하게 마주했던가. 귀찮다며 대충 흘려들었던 적이 훨씬 많지 않았던가.

패밀리홈의 장점 중 또 하나는 '열여덟 살의 벽'이 없다는 것이다. 도모코는 만약 미유키가 원한다면 대학까지 보내주고 싶다고 한다. 후생노동성이 발표한 보고서에 따르면 2013년 5월 1일 시점에 아동 양호 시설 아동의 대학 진학률은 12.3퍼센트이다. 조치비로 '대학 진학 등 자립 생활 지원비'라는 일시금이 나오기는 하지만 학비는 지원되지 않는다. 쉬운 길이 아니지만 그것이 미유키의 자립을 위해 필요한 일이라면 어떻게든 학비를 마련해 대학에 진학시키고 싶다고 도모코는 말한다. 미유키는 다카하시홈에 처음 왔을 때 "난 캬바조(일본식 단란 주점인 캬바쿠라에서 일하는 여성을 일컫는 말로 주로 화려한 드레스를 입고 손님 옆에 앉아 함께 술을 마시고 대화를 나눈다. ─옮긴이)가 될 거니까 괜찮아"라며 공부에는 전혀 관심을 가지려 하지 않았다. 도모코가 학원에 보내고 보조원 가정 교사를 붙여주자 지금은 성적이 쑥 올라서 지역의 명문 고등학교를 목표로 입시에 도전해보려 한다.

　　아이들이 하나둘 자립을 해서 집을 떠나더라도 아이들에게는 돌아갈 '본가'가 분명히 있다. 임신, 출산을 앞두고 친정을 찾듯 집으로 돌아올 수도 있고 아무리 나이를 먹더라도 원하기만 하면 언제까지고 관계를 이어갈 수 있다. 패밀리홈은 하나의 '가족'이며 그 속에서 '부모 자식'이라는 관계가 형성되기 때문이다. 아동 양호 시설이라면 이런 관계를 맺기는

　　　　　　　　　　　　　　　다쿠미

어렵다.

초등학교 6학년 여름 다쿠미에게도 진로를 선택해야 하는 시기가 왔다. 이 무렵이 되자 학교 측도 다쿠미의 노력을 인정하며 높이 평가했고 다쿠미 나름의 성장을 묵묵히 지켜봐줬다. 다카하시 부부가 일이 생기면 학교로 달려와 열심히 대처하는 모습을 보면서 위탁 부모이기는 하지만 "부모로서 착실하게 아이를 돌보고 있다"라며 가정 양호라는 시스템을 서서히 이해하게 됐다. 도모코는 이렇게 느꼈다.

"지금까지 학교는 패밀리홈이 어떤 곳인지 잘 몰랐던 것 같아요. 아무리 노력한들 부모를 대신할 수야 있겠나 싶었겠죠. 패밀리홈이 일반 가정과 똑같다는 걸 이제는 알아주는 것 같아요."

수학여행 때에는 친구와 함께 택시로 이동하는 게 힘든 다쿠미를 위해 담임 교사가 다쿠미와 둘이서 택시를 타고 사찰 등 관광 명소를 둘러봤다고 한다. 자신을 받아들여준다는 감각은 다쿠미에게 커다란 자신감을 심어줬다.

이제, 진로다. 공립 중학교에 진학할 것인가 아니면 특수 학교에 갈 것인가. 다쿠미는 도모코와 함께 여러 학교에 몇 차례씩 견학을 갔다. 도모코도 요시오도 사실은 "비슷한 친구들과 똑같은 일을 할 수 있는" 특수 학교에 가는 편이 낫지 않을까 생각했다. 하지만 이건 다쿠미가 결정할 일이었다.

드디어 때가 왔다. 다카하시 부부는 다쿠미를 방으로 불러 "어떻게 할래?" 하고 물었다.

다쿠미는 또박또박 자신이 내린 결정을 전했다.

"일반 중학교에 가면 특수 학급 선배도 있고 아는 친구도 있으니까 일반 중학교도 좋을 것 같은데 난 다른 반 아이들이 엄청 무서워. 난 일반 중학교에 가면 할 수 있는 게 없을 것 같아. 동아리 활동도 아마 못 할 거야. 그래서 난 특수 학교에 가고 싶어."

놀랐다. 이렇게나 똑 부러지게 지금의 자신을 파악하고 생각을 정리해서 전달할 수 있다니. 도모코는 눈시울이 뜨거워졌다.

"장하다, 다쿠미. 정말 훌륭해."

마음 또한 훌쩍 컸다는 걸 느꼈다. 이 아이는 이렇게나 성장을 한 것이다.

하지만 특수 학교를 선택한 이상 알아둘 게 있었다.

"특수 학교에는 장애가 매우 심한 아이가 있어. 그러니까 절대로 힘으로 제압해서는 안 돼. 이번엔 반대로 네가 가르쳐줘야 하고 도와줘야 해."

"응" 하고 다쿠미는 야무지게 고개를 끄덕였다. 도모코는 노파심에 한 가지 더 물었다.

"어쩌면 이전처럼 반 아이들이 '바보, 바보' 하고 놀릴

다쿠미

지도 몰라. 그럴 땐 어떻게 할래?"

　이 질문에 생각지도 못한 대답이 돌아왔다. 다쿠미가 입을 뗐다.

　"그건 어제 아키라에게 상담했어. 아키라가 '마이동풍 기술을 쓰면 돼'라고 알려줬어. '야, 하고 말로 싸움을 걸어오면 귀를 막고, 그래도 참을 수 없을 땐 선생님에게로 도망치면 돼'라고. 그럼 되니까 괜찮아."

　어느새 이 아이는 이렇게나 자라 있었다. 최고의 정답이다! 아키라와 다쿠미에게 박수를 보내고 싶었다. 도모코의 눈에 눈물이 가득했다. 맞다. 다쿠미는 이런 말도 했다. 특수학급 아이들이 "네 동생 4학년이지. 쥐방울만 하더라"라고 놀렸을 때 이렇게 응수했다고 한다.

　"아키라는 머리가 좋아. 걔가 하는 공부, 난 하나도 몰라. 아키라는 늘 스스로를 다그치면서 공부해. 그러니 머리가 좋은 건 당연하지."

　다쿠미는 아키라가 얼마나 열심히 노력하는지 평소에 눈여겨봐서 잘 알고 있었다. 아키라 또한 다카하시홈에 온 아이 중 매우 독특한 아이였다. 아키라는 아스퍼거 증후군으로 사회성에 장애를 가졌지만 6학년 수준의 수학까지 풀 수 있는 천재성을 발휘했다.

　어느 날 아키라가 도모코에게 이렇게 물었다고 한다.

"나, 언제까지 이 집에 있을 수 있어?"

갑작스러운 질문에 도모코는 싱긋 웃고는 대답했다.

"엄마 아빠가 살아 있는 동안엔 쭉 있어도 돼. 만약에 아키라가 결혼해서 독립하더라도 와이프랑 아이들 데리고 오고 싶을 땐 언제든 와도 돼."

아키라가 빙그레 웃으며 거대한 계획을 제안했다.

"엄마 아빠, 1억 살까지 살아야 돼. 내가 돈 많이 벌어서 지상 100층 지하 100층짜리 집 지어줄 테니까 모두 같이 살자."


다쿠미는 이제 폭력으로 누군가를 제압하려 하지 않는다. 하지만 최근에 딱 한 번 또 선생님 앞에서 사과를 해야 했다. 하루카와 관련해서다. 학교 다목적실에서 돌아오는 길에 특수 학급 남자아이들이 "뭐야, 너 다쿠미 여동생이야?" 하고 놀리면서 끈으로 계속 때렸다며, 하루카가 울면서 집에 돌아왔다.

"너무 무서웠어. 그래서 누군지 이름표도 못 봤어. 남자애야. 계속 날 끈으로 때렸어."

같은 반이었던 아키라는 누군지 짐작이 갔다. 이름을 듣자 다쿠미는 분노를 삭이지 못해 씩씩댔다.

"그 녀석이야. 그 애가 하루카한테 그랬단 말이지."

　　　　　　　　　　　　다쿠미

"다쿠미, 확증은 없으니까 아무 짓도 하면 안 돼."

도모코의 말을 마음에 담고 학교에 갔는데 등교하자마자 그 남자애가 직접 다쿠미에게 말을 걸었다.

"네 여동생, 웃기더라. 때려도 아무 말도 안 해."

그 순간 다쿠미는 바닥에 발을 쾅쾅 굴렀다.

"너, 내 동생한테 어떻게 한 거야!"

분노에 치를 떨면서도 다쿠미는 주먹을 꽉 쥔 채 손을 뻗지는 않았다.

학교에서는 싸움한 아이들에게 이유를 불문하고 똑같이 벌을 줬지만 집에서는 다들 다쿠미를 극찬했다. 지금은 하루카를 지킨 영웅이다.

아빠도 엄마도 싱글벙글 미소가 가시지 않았다.

"다쿠미, 너 정말 대단해!"

제4장.

# 아스카

노예가 되어도 좋으니 돌아가고 싶어

자신을 '오레(주로 남자가 쓰는 1인칭으로 다소 거친 느낌을 주는 표현이다. 친한 사이, 부하 등 아랫사람 앞에서 사용한다. - 옮긴이)'라고 칭하는 여자아이였다.

오카자키 아스카. 2010년 6월 패밀리홈 '가와모토홈'에 들어왔을 당시 초등학교 5학년이었다.

지금 '가와모토홈'에선 아스카의 자취를 찾을 수 없다. 아스카가 그곳에서 지낸 건 5학년부터 6학년 12월까지로 딱 1년 반 동안이었다. 게다가 6학년이 되고 나서 아스카가 보낸 나날은 쑥쑥 커가던 싹이 스스로 성장을 거부하는 듯한, 오히려 퇴행하는 시간이었다.

가와모토홈의 엄마 가와모토 기요코는 밝은 양지에서 어두컴컴한 음지로 걸어 들어가는 듯한 아스카의 급격한 변화를 바로 옆에서 지켜봤다. 변화의 변곡점이 됐던 건 "엄마랑 같이 살자"라는 속삭임이었다. 생모의 단 한마디에 아스카는 지금껏 쌓아놓은 모든 걸 무너뜨리면서까지 생모에게로 가는 길이 열리길 갈구했다.

2012년 여름에 처음 가와모토홈을 방문했을 때에는 물론 아스카의 흔적은 어디에도 없었다.

기요코는 한탄하듯이 내뱉었다.

"불쌍했죠. 그렇게 불쌍한 애는 처음 봤어요. 점점 비참해져 갔으니까."

내내 시원시원하고 유머 가득했던 기요코의 말투가 갑자기 불구덩이에 훅 빠져들기라도 한 듯 침통한 목소리로 바뀌었다. 기요코에게 아스카는 자신을 어두운 심연으로 끌고 내려가는 추와도 같은 존재였다. 고통 없이는 떠올릴 수 없는 여자아이라는 게 옆에 앉은 내게도 전해졌다.

2013년 1월 나는 다시 가와모토홈으로 향했다. 아스카에 관한 얘기를 좀 더 자세히 듣고 싶어서였다. 내 마음속엔 2012년 가을에 발각된 한 여자아이의 학대사 사건이 내내 응어리져 있었다.


2012년 10월 1일 히로시마현 후추초에서 생모의 학대로 호리우치 유마堀內唯真(당시 11세)가 사망했다. 사망 당시 유마는 아스카가 가와모토홈 현관에 처음 들어섰을 때와 똑같은 초등학교 5학년이었다. 유마는 생모인 호리우치 아사토堀內亜里(체포 당시 28세)로부터 "30분가량 방 이곳저곳으로 도망 다니며 연습용 골프채로 얻어맞다가" 사망했다. 소송 과정에서의 진술에 따르면 생모는 고무 재질의 골프채 머리 부분으로 유마의 두부를 여러 차례 가격했다고 한다. 사인은 출혈성 쇼크사였다.

구타 이유는 "아이가 거짓말을 해서 훈육을 위해"라고 했다. 유마의 몸 곳곳에는 오래된 멍이 많았는데 대부분 옷으로 감출 수 있는 부분에 집중되었다. 경찰은 당연히 일상적인 학대를 의심했다. 생모는 이혼한 후 양육이 곤란하다며 생후 5개월인 유마를 유아원에 맡겼고 유마는 이후 아동 양호 시설로 옮겨져 내내 그곳에서 살았다. 몸의 기억 속에 조금이라도 엄마의 젖과 가슴의 온기 등 엄마의 흔적이 남아 있었을까. 아마 그렇지는 않았을 터이다. 그도 그럴 것이 수유도 목욕도 이유식도, 기저귀를 가는 일도 배변 훈련도 전부 유아원에서 직원의 손을 거쳐 이루어졌다. 그리고 세 살이 되자 자동적으로 아동 양호 시설로 조치 변경되었다.

유아원은 가정에서 양육할 수 없는 아기를 가정을 대신해 양육하는 시설이다. 아동 양호 시설이 원칙적으로 한 살 이상의 아동을 양육하는 데에 비해 유아원에서는 신생아부터 한 살 미만인 아기의 양육이 주를 이루며 2세까지 유아원에서 지내다 3세부터 아동 양호 시설로 옮기는 경우가 많다.

2013년 10월 1일 시점에 일본 전국에 131개소의 유아원이 있으며 이곳에서 약 3,000명의 아이가 지내고 있다. 아기들은 어떤 이유로 생부모에게서 떨어져 유아원에서 지내게 됐을까. 후생노동성이 2013년 2월 1일 실시한 「아동 양호 시설 입소 아동 조사 결과」를 보면 입소 이유는 '엄마의 정신 질환 등'이 21.8퍼센트로 가장 큰 비중을 차지했다. 하지만 잘 들여다보면 '부모의 방임, 양육 태만' '부모의 학대 혹사'

'양육 거부' '유기' 등 학대에 해당하는 이유를 모두 합한 비율이 27.1퍼센트로 학대가 유아원 입소의 제일 큰 이유임을 알 수 있다.

「UN 아동 폭력 보고서」(2006년)는 "발달 지체의 위험과 정신적 손상은 4세 이하 아이에게 치명적으로 나타난다"라고 지적했다. 특히 "양호 시설에서 생활하는 영유아(0~3세)에게 애착 장애, 발육 부진, 신경 위축에 따른 뇌 발달 장애 발생 위험이 크다"라고 보고했다.

제1장에서 다룬 스기나미구 위탁 아동 학대 살인 사건의 피해자 와타나베 미유키도 생후 얼마 되지 않은 시기부터 유아원에서 자랐다. 피고인 위탁 부모 스즈이케 시즈카는 미유키를 맡은 지 한 달 후인 2009년 10월 블로그에 이렇게 기록했다.

"지난 며칠 딸의 눈이 좌우로 벌어지고…… 눈을 치뜨고 흰자위를 드러낸 채 쫓아오고…… 좀비 같은 모습이 계속……."

생후 5일에 유아원에 맡겨진 남자아이를 위탁받은 50대 남성도 '좀비'라는 단어에 짚이는 바가 있다고 했다. 자기 아이도 자주 눈의 초점이 맞지 않았다고 말한다.

"아기를 침대에 계속 눕혀놓으면 눈앞에 움직이는 물체가 없잖아요. 그러면 인간은 보는 일을 포기해버린다고 전

아스카

문가한테 들었습니다. 인간의 눈동자는 보는 일을 포기했을 때 밖으로 열려버린다고 해요. 유아원에서 아기를 눕혀둔 채 내버려두는 일은 큰 문제를 일으키죠."

좀비라고까지는 말할 수 없겠지만 제3장에 등장한 다카하시홈의 아야카도 유아원에서 왔을 당시 표정이 전혀 없는 "로봇 같은 아기였다"라고 다카하시 도모코는 말했다.

다만 한편으로 먹는 것에 대해선 집요하게 집착했다.

"한 봉지에 다섯 개가 든 크림빵이 있어요. 우리 집에 온 지 얼마 안 됐을 때인데 빵을 좋아한다고 들어서 사다 줬더니 두 개를 손에 쥔 채 하나는 입에 물고 남은 두 개를 누가 가져갈까 봐 눈에 불을 켜고 지키는 거예요. 두 살짜리 애가요."

"그곳은 정말 좋은 유아원이라고 소문난 곳이었는데" 하고 도모코가 덧붙였다.

아야카는 병원 대기실에서 눈이 마주친 사람 아무에게나 슬슬 다가가 가방을 열고는 안에 든 물건을 하나하나 꺼내는 행동을 반복했다고 한다. 타인과의 거리감을 취하지 못하는 것은 애착 장애의 전형적인 특징인데 이 또한 시설에서는 '이건 누구누구의 물건'이라는 사적 소유물 개념이 없기 때문에 나온 행동이라고 도모코는 분석했다.

내가 취재차 방문했던 유아원은 '소규모화를 지향하고

담당자와의 애착 형성'을 목표로 삼고 있었다. 아기 하나하나마다 담당 직원이 정해졌고 담당자 외에는 안아주는 일이나 수유도 하지 않는 시스템을 정착시켜 담당 직원과의 애착을 형성하기 위해 애썼다. 담당자가 쉬는 날에는 부담당인 아빠 역할을 맡은 직원이 아이를 돌본다.

수유는 아기를 안고 다정히 눈을 맞추며 하고 목욕할 때에는 직원도 같이 옷을 벗고 함께 욕조에 들어간다. 이유식도 담당 직원이 웃는 얼굴로 말을 걸면서 먹이는 등 가능한 한 엄마와 같은 양육을 하려 심혈을 기울인다.

아기의 식사가 끝나자 취재 중인 나에게도 "아이들 앞에서 같은 것을 함께 먹어주세요"라고 부탁했다. 그게 무슨 의미가 있는지 묻자 직원이 설명했다.

"맛있네 하고 우리가 먹는 모습을 보이지 않으면 아이는 어른이 음식을 먹는다는 사실을 알지 못해요."

이것이야말로 시설의 딜레마였다. 이렇게까지 신경을 쓰지 않으면 아기들은 먹는다는 당연한 행위조차 눈으로 직접 보며 배울 기회가 없다. 가족이 생활하는 공간인 '집'에서 자라는 것과는 아무래도 다르다.

애착 형성을 최대 목표로 삼아 의식적으로 노력하는 시설에서도 직원과 아기가 '늘 옆에 있고 안정감을 주는' 신뢰감을 형성하기가 좀처럼 쉽지 않다. 시설에서의 양육은 아무래도 애착 장애 문제가 따라다닌다. 그런 까닭에 일본 정부는 가능한 한 어린아이일 때 가정 양호가 이루어지는 길을 우선하고 있다.

유마도 유아원에서 자라 시설에서의 생활밖에 경험하지 못했다. 네 살이 됐을 때 생모가 "아이랑 살고 싶다"라고 아동 상담소에 요구하자 할머니(생모의 어머니)와 함께 아이를 돌본다는 조건하에 그 요구가 받아들여졌다. 유마는 생모에게 보내져 처음으로 가정이라는 보금자리를 갖게 됐다.

하지만 3년 후 이웃과 초등학교로부터 학대 정황이 의심된다는 신고가 들어왔다. 아동 상담소는 유마를 보호 조치했고 초등학교 2학년 때 유마는 다시 아동 양호 시설에 입소했다. 제멋대로 어딘가로 가버린다, 밥을 주지 않는다고 친구 집에 거짓말을 한다 등 유마를 집에서 키우기가 버거웠다는 할머니의 증언이 언론에 보도됐는데 이런 행동은 모두 '반응성 애착 장애'의 증상이다. 시설로 돌아온 유마는 "집에 가고 싶어. 엄마랑 살고 싶어" 하고 애원했다.

유마는 4학년 때 다시 생모 곁으로 갔지만 1년 반 후에 사망한다. 유마의 바람이 이제 드디어 이루어졌나 싶었는데 아이를 기다리고 있던 건 엄마에 의해 죽임을 당하는 가장 잔혹한 결말이었다.

아스카 또한 세 살부터 초등학교 4학년 때까지 아동 양호 시설에서 생활했다. 시설을 나오게 된 건 어디까지나 언젠가 생모가 맡는다는 전제하에 생모의 본가에서 잠시 지내며 상황을 지켜보자는 방침이 있었기 때문이다. 하지만 그곳에서의 생활이 여의치 않아 패밀리홈으로 왔다.

아스카가 패밀리홈에 왔을 당시 가와모토홈에서 지내는 위탁 아동은 초등학교 2학년인 류야와 1학년인 가즈키 둘뿐이었다. 50대 초반인 기요코와 이사오 부부와 친자식인 중학교 2학년 다이스케, 초등학교 6학년 하즈키 이렇게 여섯이 살고 있었다.

2010년 6월 담당 아동 복지사, 생모와 함께 현관에 선 아스카는 자신을 맞으러 나온 기요코에게 꾸벅 인사를 하고는 다짜고짜 이 말부터 꺼냈다.

"여기서 게임 해도 돼? 오레 게임 진짜 좋아하는데 게임 없으면 못 살아."

아스카는 자신을 '오레'라고 부르는 여자아이였다.

"아스카는 어떤 아이예요? 첫인상은 어땠어요?" 하고 기요코에게 물었다. 만난 적 없는 아스카, 앞으로도 만날 기회가 없는 아이의 구체적 이미지를 그려보고 싶었다. 기요코는 하나하나 확인하듯이 묘사했다.

"만났을 때? 그게, 고릴라 같았어요."

당시를 회상하며 기요코는 폭소를 터뜨린다. 앗? 고릴라? 여자아이를 표현하는 말치고는 지나치다 싶었다.

"몸집도 크고 키도 제법 커서 듬직했죠."

아스카의 모습을 하나하나 떠올리는 동안 기요코는 웃음을 멈추지 못했다.

"얼굴도 못생겼지 몸에 털도 많지. 머리는 길어서 덥수룩하고. 정말 무슨 마귀할멈 같았어요. 머리를 빗는 일이 없었고 정돈해서 묶는 법도 배운 적이 없어서……."

그러고는 한숨을 쉬더니 가엾다는 듯 말을 잇는다.

"귀여운 애였어요. 잡초 같은 애. 손길이 닿지 않은. 얼굴의 솜털도 그렇고. 머리도 손질을 하면 깔끔해질 텐데. 앞머리를 내면 귀염성 있어 보일 테고. 하지만 못 했어요. 엄마가 그런 걸 전부 못 하게 했거든요."

기요코는 나를 똑바로 바라보며 이렇게 말했다.

"아스카는 착한 애였어요. 사회에 나가는 열여덟 살까지 사실은 이 집에 있을 예정이었어요."

기요코의 목소리에 분함이 묻어 있다. "열여덟 살이 될 때까지……"라고 되뇐다.

"'엄마랑 같이 살자'라는 말을 이길 수 있는 건 없더라고요. 우리 애들도 그렇게 친엄마에게 혼나고 삐지고 그래도 결국엔 친엄마를 찾으니까."

마치 자신에게 하는 말 같았다. 목에 걸린 가시처럼 '친엄마'는 기요코의 마음을 뒤흔들어놓았다.

가와모토홈에 온 첫날 아스카는 생모가 사준 포켓몬 게임기를 양손에 들고 애지중지했다. 그날 처음 만난 초등학교 저학년 아이들에게 아스카는 으스대며 자랑했다.

"내 엄마가 내가 착한 아이라서 사준 거야."

그런 아스카를 보면서 기요코는 '엄마가 사줬다'는 사실을 아스카는 '내가 살아 있는 증거' 혹은 '나의 자긍심'처럼 여긴다고 느꼈다. 엄마의 존재는 아스카가 세상에서 기댈 유일한 곳이었고 이는 분명 유마도 마찬가지였을 것이다.

기요코는 아스카 생모의 인상을 이렇게 전했다.

"예쁜 엄마였어요. 연예인 기노시타 유키나木下優樹菜랑 닮았어요. 서른 살 정도이지 않았을까 싶네요. 끈 원피스에 겉옷을 걸치는 스타일을 좋아했어요. 겨울에도 끈 원피스를 입었거든요. 어깨에 한 문신이 보이도록 말이죠. 겉옷을 슬쩍 내려 어깨를 드러내고는 문신이 보이게 해요."

아스카는 생모가 10대 후반에 낳은 아이였다. 연이어서 남동생이 태어났는데 곧바로 이혼을 했고 아이가 있으면 일을 할 수 없다면서 아스카와 남동생을 아동 양호 시설에 맡겼다. 남동생이라고는 해도 아스카에게 '남매'의 기억은 안타깝게도 남아 있지 않다. 남녀가 분리된 시설에서 교류가 거

아스카

의 없이 성장했기 때문이다.

유마와 아스카, 두 아이의 상황은 매우 비슷했다. 유마도 엄마가 열일곱 살에 낳은 아이이다. 어쩌면 지금은 어린 엄마와 아기가 더 많아졌을지도 모른다. 유마와 달리 아스카에게는 아버지가 다른 남동생과 여동생이 있었다. 생모는 아스카를 시설에 맡긴 채 다른 남성과 동거를 했다. 결국 임신해서 결혼하는 일이 반복됐지만 그 남성과는 혼인신고를 하고 1남 1녀를 낳은 채 이혼하지 않고 그대로 4인 가족을 이루어 살고 있다.

야마나시현립대학의 니시자와 사토루西澤哲 교수도 강연에서 "최근 양호 시설 입소 아동 중 어린 엄마가 '속도위반 결혼'으로 낳은 아기가 눈에 띄게 늘어난 점"을 언급했는데 실제로 2011년 가을, 한 아동 양호 시설에 머물며 취재할 때도 어린 엄마가 의도치 않은 임신으로 아기를 낳고는 방치하듯이 시설에 맡기는 경우를 직접 목격했다.

그 시설에서 만난 한 남매도 엄마가 아주 어렸다. 초등학교 1학년인 세나施凪와 유치원생인 라무네来夢音 남매 – 이런 이름! 이런 이름을 '키라키라 네임'(키라키라는 일본어로 반짝반짝이란 뜻으로 통념이나 상식에서 벗어난 기발한 이름을 짓는 일이 유행한 데에서 붙은 은어이다. 일반적인 한자 독음에서 벗어나거나 뜻을 알 수 없는 이름, 캐릭터나 외국어에서 음을 따와 억지로 한자를 갖다 붙인 이름 등이 이에 해당한다. 세나는 발음상으로는 평이하지만 이름에는 잘 쓰지 않는 한자를 사용해 한자만 보고는 읽을 수도 의미를 알 수도 없다. 라무네는 탄산음료를 지칭하는 일반명사인데 여기에 무리하게 한자를 갖다 붙였다. - 옮긴이)이라 칭하는 걸까 - 였는데 아동 양호 시설에 아이를 맡긴 어린 엄마는 다른 남성과의 사이에 애를 3명이나 더 낳았다. 이 엄마는 가능한 한 빨리 아이를 데리고 가겠다고 했다. 하지만 솔직히 내 눈에도 그게 두 아이가 행복하게 클 수 있는 길 같지는 않았다. 시설 직원은 "엄마가 원한다면 그렇게 해야죠"라고 굳은 얼굴로 말했다.

아스카는 세 살부터 열 살까지 시설에서 보냈고 초등학교 4학년 때 생모의 본가로 거처를 옮겼다. 할아버지는 재혼한 부인과 살았는데 그 부인과 손녀 아스카의 사이가 좋지 않아 동거 생활은 순식간에 파탄에 이른다.

아스카가 있던 아동 양호 시설은 위탁 부모들 사이에서 평판이 그리 좋지 않았다고 한다. 그런 가운데에서도 아스카는 시설에서 우수한 아이로 평가받으며 잘 지냈다. 기요코는 이렇게 말했다.

"아스카, 아무래도 고자질을 했었나 봐요. 그러면 특별히 야구 보러 데리고 가기도 하고 그랬대요. 남을 밀어내고 자기만 이득을 챙기는 거죠. 아스카는 시설에서는 착한 아이였대요. 그래요, 시설에서 잘 지내던 애예요. 하지만 그건 시설 안에서만 그런 거였어요. 아스카의 할머니도 그 애를 맡고 난 뒤에 깜짝 놀란 모양이더라고요. 권력관계가 전부인 환경에서 자란 아이였으니까.”

모든 인간관계가 위 아니면 아래, 지배하느냐 지배당하느냐였다. 약육강식의 세계였다. 생모의 본가에서 다니던 학교에서도 아스카는 툭하면 같은 반 아이들을 위협했다. 아스카는 또래보다 몸집도 컸고 싸움에는 도가 터 있었다. ‘오레’라고 으름장을 놓는 여자아이는 권력을 이용하는 방식도 잘 알고 있었다.

아스카에게도 애착이라는 기반은 형성되어 있지 않았던 듯싶다. 생모는 가끔 시설에 면회하러 왔지만 아스카가 의지할 수 있는 대상은 아니었을 것이다. 아스카는 엄마에게 잘 보이려고 안간힘을 썼던 것 같다.

유마가 친구에게 “착하게 굴지 않으면 내쫓긴다”라고 말했다는 언론 보도를 본 적이 있는데 유마도 아스카도 엄마에게 인정받기 위해 착한 아이가 되려고 발버둥을 쳤다. 하지만 그들의 ‘엄마’는 떠올리기만 해도 고통과 스트레스를 잊게 하는 따뜻한 애착의 대상은 아니었다. 오히려 긴장을 불러일으키는 존재였다.

애착자의 부재. 애착자와 긍정적인 정서적 관계를 형

성하지 못한 아스카는 뭔가 제 뜻대로 되지 않을 때마다 돌변해서는 충동적인 행동을 했다.

"까불지 마, 이 멍청아."

할머니는 아스카의 감정을 어떻게 제어해야 할지 몰랐고 결국 양육을 포기했다.

"사실 내면은 정말 여린 아이예요. 소심하고 고양이처럼 섬세한 아이. 하지만 남에게 약한 모습을 보이지 않으려고 목소리를 착 내리깔고 일부러 거친 표현을 쓰면서 겁주듯이 말해요."

기요코에게는 아스카의 허세 뒤에 숨은 참모습이 그대로 보였다.

"뭐? 그래서 어쩌라고? 내가 뭘 어쨌다고?"

"오레" "내가 말이야" 하고 위압적인 시선으로 어린 애들을 위협하던 아스카가 중학생인 다이스케 앞에서는 다소곳한 아이가 되었다.

"다이스케 앞에만 가면 수줍은 아이가 되더라고요. 몸둘 바를 몰라 하면서. 그러다 상대를 안 해주면 휑하니 자리를 뜨고. 그 모습이 정말 귀여워서 아유, 예쁘네 하면서 봤어요. 아스카도 수줍음 많은 여자애구나 싶었죠."

아스카는 자기보다 한 살 많은 기요코의 친딸 하즈키

와 금세 친해졌다. 당시에는 모두 다 같이 한방에서 지냈기 때문에 두 아이는 늘 딱 붙어 다녔다. 하즈키도 남자만 가득한 집에 여자아이가 들어오니 함께 놀 친구가 생겼다며 좋아했다.

근처 공립초등학교로 전학 오면서 아스카는 전에 다니던 학교에서처럼 특수 학급에 들어갔다. 여성인 담임 교사는 아스카의 사정을 잘 이해해줬고 성심성의껏 돌봐줬다.

"담임이 무서워서인지 아스카는 울면서도 무슨 일이 있어도 매일 50문항 숙제를 했어요. 울고불고 의자를 발로 차면서도 그래도 포기하지 않고 꿋꿋이 해냈어요. 이 애는 이렇게 알을 깨고 나오려 하는구나 생각했죠. 의욕과 끈기가 있는 아이구나 싶었어요."

5학년 여름방학. 하즈키가 기요코에게 말을 꺼냈다.

"아스카, 구구단을 모르나 봐."

아스카가 곱셈을 어려워한다는 건 기요코도 알고 있었는데 옆에서 같이 공부하던 하즈키가 근본적인 원인을 알아챘다. 5학년인데 2학년 때 배우는 내용을 모르고 있었다. 공부를 해도 늘 제자리걸음인 이유가 이해됐다.

기요코는 열혈 여교사와 상담을 했다. 그러자 담임 교사는 여름방학 동안 학교에서 매일 세 시간씩 아스카의 공부를 봐주겠다고 했다. 아스카뿐만 아니라 다른 아이들도, 하즈키도 함께였다. 담임이 시간이 안 될 때에는 교장 선생님이 대신 공부를 봐주었다.

교사의 열정에 답하듯 아스카도 열심히 했다. 기요코는 포기하지 않고 악착같이 공부하는 아스카가 대견스러웠다. 일기도 하루도 빠짐없이 썼다. 힘들 텐데도 연필을 놓지 않는 아스카를 기요코는 옆에서 조용히 응원했다. 그렇게 해서 구구단을 익히고 문장 쓰는 연습을 꾸준히 하자 아스카의 성적이 점점 올라갔다.

"담임도 정말 열과 성을 다했고 아스카도 진짜 열심히 했어요. 지금까지는 공부하면서 성취감을 느껴본 적이 없었으니 아스카도 정말 좋아했죠. 2학기 성적도 모두 깜짝 놀랄 정도로 많이 올랐어요. 그 전까지는 전 과목 다 채점이 필요 없을 정도였거든요. 그러니 성적이 오르는 게 얼마나 기뻤는지 몰라요."

이때가 가장 행복했다고 기요코는 회상한다. 아스카의 기쁨에 들뜬 환한 얼굴이 떠올랐다.

"그 무렵 아스카는 정말 밝고 명랑했고 나도 정말 행복했어요."

하즈키가 사진 한 장을 보여줬다.

"이게 아스카랑 찍은 유일한 사진이에요. 아스카가 사진 찍는 걸 진짜 싫어했거든요. 이거 한 장밖에 없지, 엄마?"

"그러네. 엄청 싫어했지. 카메라 앞에서 실실 웃는 게 싫다고. 센 척하고 싶었으니까."

만 열세 살이 되던 주산마이리十三參(13세에 올리는 참배라는 뜻으로 열세 살이 되는 아이들의 무병과 복을 기원하는 행사. ─옮긴이) 때 옷을 차려입고 찍은 사진이었다. 하즈키보다 한 살 아래인데 아스카는 하즈키보다 머리 하나만큼이나 컸다. 몸집도 다부졌다. 기모노를 차려입고 머리를 단정히 묶어 머리 장식을 달아서 한결 성숙해 보이는 두 아이가 상기된 얼굴로 웃고 있었다. 아스카는 오렌지색 기모노가 잘 어울렸다. 짙은 눈썹에 눈동자가 큰 눈, 오동통한 얼굴 생김새는 아직 앳되어 보였다. 어른의 세계와는 아주 먼, 어린아이다운 천진무구하고 꾸밈없는 미소였다. 기모노를 차려입어 설레고 기뻤을까. 하즈키와 함께 있어서 행복하다고 그 표정은 말하고 있었다.

기요코는 아스카와 하즈키를 데리고 셋이서 차를 타고 갯벌로 조개를 캐러 간 적이 있다. 그때 하즈키와 아스카의 차이를 느낄 수 있었던 사건이 일어났다.

셋이서 꽤 많은 양의 모시조개를 캤다. 기요코가 근처에서 조개 캐는 할아버지와 남자애의 바구니를 보니 먹을 수 없는 조개만 가득 담겨 있었다.

기요코가 말을 건넸다.

"그건 못 먹어요. 제 걸 드릴게요."

그리고 하즈키에게 말했다.

"너도 많이 캤으니까 나눠드리자."

하즈키는 단호히 거부했다.

"왜? 이건 내가 캔 거야. 왜 줘야 해? 주고 싶으면 엄마 거나 줘."

그러자 아무 말도 안 했는데 아스카가 "이거 줄게. 엄마가 주라고 했으니까 아스카 거 줄게" 했다.

기요코는 이런 차이가 어디서 오는 걸까 궁금했다.

"아스카가 특별히 남을 배려하는 마음이 더 깊거나 그런 건 아니었거든요. 단순히 내 기분을 맞춰주려던 거였어요. 사실은 남에게 주고 싶지 않았을 거예요. 물건에 대한 집착이 워낙 강한 아이였으니까."

그렇게 아스카는 지금까지 어른의 눈치를 보고 비위를 맞추며 살아왔다. 예를 들어 기요코가 아무 생각 없이 "있잖아" 하고 말을 꺼내기만 해도 아스카는 깜짝 놀라 동요하며 눈동자가 흔들린다. '난 아무 짓도 안 했어'라는 무의식의 자기 방어였다.

아스카에게 가와모토홈에서의 나날은 자신을 옥죄고 가두던 딱딱한 알의 껍질을 스스로 깨고 나오려 분투하던 시간이었다. 기요코는 그렇게 느꼈다. 껍질이 조금씩 깨질 때마다 아스카는 점점 밝아졌다. 셋이서 옷을 사러 가는 일도 일

아스카

상의 소소한 기쁨이었다. 아스카는 청바지만 입었다.

"'이것 어때. AKB(일본 여성 아이돌.-옮긴이) 같고 예쁜데' 하고 하즈키가 말하면 부끄러워하면서도 체크 점퍼스커트를 골랐죠. 쑥스러워하긴 했지만 결국엔 하즈키가 골라준 옷 입었지?"

"응. 그 옷 귀여웠는데. 잘 어울렸어."

하즈키와 기요코가 마주 보며 웃는다.

머리 감는 법, 빗는 법, 속옷 손빨래 등 기요코는 아스카가 손수 해나가야 할 자잘한 일들을 하나하나 가르쳤다. 시설에서 자란 아스카에게는 자기 몸을 청결히 하는 법부터 주변 정리까지 알려줘야 할 게 산더미였다. 생리할 때도 생리혈을 그냥 흘리고 다녔다. 생리대 사용법도 알려줘야 했다. 하즈키와 함께 미장원에 가서 머리를 손질하고 앞머리를 잘랐다. "정말 예뻐졌어요"라고 기요코가 말한다.

하지만 앞머리를 자른 게 화근이 됐다. 생모와 만난 날 "왜 네 멋대로 머리에 손을 대고 그래!" 하고 갑자기 신경질적으로 변한 생모에게 호되게 혼이 났다고 한다. 치마를 입는 것도 "너한텐 안 어울려" 하고 금지당했다.

생모와 만날 때마다 아스카는 '피곤에 전 노파가 되어' 돌아왔다. 온몸을 쥐어짜며 '착한 아이'를 연기해서였다. 생모 가족과 함께 2박 3일 일정으로 여행을 떠났다가 아스카가 갑자기 천식 발작을 일으켜 1박만 하고 돌아온 적도 있었다.

그럼에도 아스카는 늘 엄마 자랑을 했다.

"엄마는 나한테만 PSP(플레이스테이션 포터블, 소니컴퓨터에서 만든 휴대용 게임기. – 옮긴이) 사줬어. 우리 엄마 짱이야. 아빠는 엄청 큰 차를 타고 다녀. 위에서 TV가 내려와. 500만 엔짜리 차야."

다른 아이들에게 자랑을 늘어놓는 아스카를 보면 기요코는 심술이 났다.

"이건 내가 모자란 사람이라 그럴 거예요. 생모랑 아스카가 만나는 날이면 화가 나요. 그 사람 어디가 좋지? 뭐가 그렇게 내세울 게 있다고? 하고 마음속으로 툴툴대지요. 피곤에 절어서 폭삭 늙은 할머니가 되어 돌아오는 아스카를 보고 있으면, 뭐가 좋다는 거야! 하고 불쑥 화가 치밀어요. 너, 천식도 우리 집에선 내내 괜찮았잖아! 하고 말이에요."

생모가 아스카를 데려다주러 올 때 남동생과 여동생도 같이 와 가와모토홈에 들렀다 갈 때가 있었다.

"'헉, 여기가 아스카 누나 집이야? 거지 집 같아'라는 식으로 남동생은 굉장히 잘난 체를 해요. '난 엄마랑 갈 건데'라고 말해서 기어코 아스카에게 상처를 주죠. 하지만 아스카는 남동생에게 손님 대하듯 친절히 대해요. 아첨하는 거죠. 포켓몬 캐릭터를 적외선 통신으로 보내주기도 하고요. 동생들 마음에 들려고 뭐든 시키는 대로 해줬어요. 남동생 마음에 들어야 엄마 집에서 살 수 있다는 걸 알고 있었던 거죠."

그런 아스카를 바라보는 게 기요코에게는 고문이었다. 가와모토홈에 오고 나서 처음 맞이한 크리스마스 때 기요코는 아스카에게 "DS(닌텐도 DS, 닌텐도사가 개발 판매하는 휴대용 게임기. – 옮긴이) 사줄게" 하고 제안했다. 아스카가 전부터 갖고 싶어 하던 게임기였다. 여름방학 때부터 열심히 공부한 아스카의 노력을 칭찬해주고 싶은 마음에서였다. 하지만 아스카는 고개를 저었다.

"DS는 엄마가 사준다고 했어."

그러나 크리스마스 전 주말에도 그리고 이브에도 선물은 오지 않았다. 겨울방학이 되어도 아스카는 밖에 나가 놀지도 않고 매일 우편물을 기다렸다.

"아스카의 그런 모습을 보는 게 너무 괴로웠어요. 설날이 되어도 선물이 오지 않자 '우리가 사줄게'라고 말했지만 아스카는 묵묵부답이었어요."

결국 아스카는 DS를 갖지 못했다. 나중에 남동생이 아스카에게 으스대듯 DS를 자랑하는 모습을 기요코는 멀리서 지켜봤다.

"정말 엄마는 아무 생각 없이 말해요. 아스카의 마음을 생각하면 난 화가 나고 분해서……. 그런 무책임한 말 하지 말라고 따지고 싶죠. 안 그랬으면 내가 사줬을 텐데."

그럼에도 5학년이 끝나갈 무렵까지는 아직 가와모토 홈에 행복한 시간이 흘러갔다. 기요코가 해준 밥을 맛있게 먹고 하즈키와 즐겁게 노는 아스카의 순진무구한 얼굴을 보고 있으면 기요코의 얼굴에도 미소가 번졌다.

"아스카는 내가 자주 만드는 '다닌동(돼지고기나 소고기에 계란을 풀어 만든 덮밥.-옮긴이)'을 좋아했어요. 여긴 시골이라서 뭐든 대량으로 사서 냉동해두거든요. 냉동한 돼지고기를 사용해 만드는 건데⋯⋯."

내가 찾아간 날 마침 저녁 식사로 다닌동이 나왔다. 냉동 돼지고기를 큼직큼직하게 잘라 커다란 프라이팬 두 개에 넣어 볶다가 싹둑싹둑 썰어놓은 양파를 돼지고기가 안 보일 정도로 듬뿍 집어넣었다. 이렇게 양파로 고기를 감싸듯이 요리하는 게 기요코가 만드는 다닌동의 특징이다. 매콤 달콤한 소스로 맛을 더하고 포슬포슬한 계란으로 위를 덮어 마무리한다. 양파의 단맛이 도드라져서 돼지고기가 한층 부드럽고 감미로운 맛이 났다. 아스카도 분명 볼이 미어져라 밀어 넣으며 먹었으리라.

시골이어서 맛볼 수 있는 특별한 음식들도 아스카가 무척 좋아했다고 한다. 근처에 장어 양식장이 있어서 눈앞에서 바로 손질한 싱싱한 장어를 싸게 살 수 있었다.

아스카

"장어를 사 와 화덕에 숯불로 구워요. 손수 만든 맛간장으로 맛을 낸 양념장이 그렇게 맛있었죠. 아스카가 먹는 걸 봤어야 해요. 정말 복스럽게 먹었죠. 꼭 뭔가 한마디씩 불평을 하긴 했지만 식사 예절이 바르고 뭐든 맛있게 먹는 애였어요."

5학년이 끝나갈 무렵 그동안 공부를 꾸준히 한 덕에 성적은 쑥쑥 올랐다. 같은 반 아이들하고는 남자애 여자애 할 것 없이 모두 사이가 좋았고 누구와도 잘 어울렸다.

"학년마다 두 학급씩이었고 학년 전체가 40명 남짓인 작은 시골 학교예요. 아스카는 모두와 금방 사이가 좋아졌고 운동신경도 뛰어나서 학교생활을 잘 해냈어요."

"다만……" 하고 기요코가 뜸을 들인다.

"사랑받지 못하고 큰 애의 특징일까요, 뚝심이 없어요. 중요한 순간에 주눅이 들어 실력 발휘를 못해요. 운동회 날 높이뛰기를 못해요. 훨씬 더 잘할 수 있는데도 '결정적 한 방'이 부족해요. 뒤에서 있는 힘껏 밀어주고 싶었어요. 왜 여기서 물러서나 싶었죠. 쉽게 포기해버려요."

가와모토홈에 온 후 아스카는 처음으로 학교생활의 즐거움을 맛봤다. 시설에 있던 때에는 학교에 가면 '거기 사는 애'라며 차별받았다. 할아버지 집에서 다니던 학교에서도 애들이 얕보지 않을까 전전긍긍하며 잔뜩 허세를 부렸다. 하지만 지금의 학교는 화기애애하다. 힘으로 누르지 않고도 즐겁게 친구를 사귈 수 있다는 사실을 아스카는 처음 알았다. 무엇보다 공부의 기쁨을 만끽했다. 하면 할수록 올라가는 성적에 자신감이 생겼고 자신감은 아스카를 긍정적이고 건강한 아이로 만들었다.

가와모토홈이라는 마음 놓고 지낼 수 있는 환경을 만나 아스카는 하루하루 밝게 변해갔다. 엄마 기요코, 아빠 가오루, 언니 하즈키, 오빠와 동생들에 둘러싸여 지내면서 아스카는 누군가를 경계의 눈으로 바라볼 일도 아첨할 일도 없는 평온한 나날을 보냈다. 이런 게 집이며 가족이라는 사실을 아스카는 겨우 알게 됐다.


"엄마에게"라는 제목의 유마가 쓴 편지가 있다.


매일 밥을 해줘서 고맙습니다.

심부름도 그렇고 도와드리지 못해 죄송해요. 일할 때도 숙제를 봐주고 한자 읽는 걸 봐줘서 고맙습니다.

밥, 정말, 맛있어요. 케이크도.

샤프 연필도 크리스마스 선물도 생일 선물도 사줘서 고맙습니다. 편지만 드려 죄송합니다. 그래도 스펀지 밥을 넣었어요. 엄마, 늘 걱정만 끼쳐드려 죄송해요.

정말 사랑해요. 유마가. (원문 그대로)

"늘 걱정만 끼쳐드려……"에서 글씨가 가늘어지며 흔들린다. 점점 움츠러드는 듯한 소녀의 마음이 편지에 고스란히 비친다. 금방이라도 찢어질 듯한 소녀의 마음, 자신을 책망하는 마음이 가슴 아프게 다가온다.

편지를 읽고 유마에게 말해주고 싶었다. 넌 아무 잘못이 없다고. 넌 시설에서 자라야만 했어. 만약 정말 사랑하는 엄마에게 꾸중 들을 일이 있었다 하더라도 그런 너를 만든 건 사회이고 우리라고…….

"하지만……" 하고 기요코가 말을 잇는다.

"6학년이 되자 아스카는 폭력적으로 변했고 학교에서 유리창을 깨기도 했어요. 난 아스카가 괴로워하는 걸 과거나 사회 탓이라고 남 얘기하듯 객관화할 수 없었어요. 아스카가 괴로워하는데 그걸 해결해줄 수 없다는 사실에 억장이 무너졌어요."

아스카가 환한 웃음으로 지내던 나날은 5학년 끝자락의 봄방학으로 끝을 고했다. 학교 성적이 좋아진 걸 알고 생모는 이 정도면 괜찮겠다 싶었는지 아스카를 데리고 외출을 한 날에 이런 말을 했다.

"아스카도 착한 애가 됐으니까 6학년 되고 수학여행

끝나면 우리 집에 와서 지내자. 엄마랑 같이 사는 거야."

이 한마디에 아스카는 뛸 듯이 기뻐했다. 아스카에게 이 말을 듣고 기요코는 놀라서 생모에게 당장 전화를 했다. 생모는 대수롭지 않게 말했다.

"수학여행은 친구들이랑 같이 다녀오게 해주고 싶으니까 그거 끝나면 데려오려고요."

"그게 정말이에요? 아동 상담소에는 얘기했고요?"

"거기다가 말해야 하는 거예요? 귀찮게."

"귀찮다니, 아동 상담소에서 조치 변경 결정을 해서 우리 집에 있는 거니까. 가정으로 복귀를 원하면 생모가 직접 명확하게 얘기를 해야죠."

생모는 이때 아동 상담소에 아무런 신청도 하지 않았다. 사실 애를 맡겠다는 속내를 들여다보니 동생들을 돌보게 하려는 속셈이 있었다. 생모는 아이들이 학교에 가기 전에 일을 하러 나가기 때문에 아침에는 초등학교 1, 2학년 아이들만 집에 있게 되곤 했다. 부모가 집에 없으니 아이들은 그날 기분에 따라 등교하지 않는 일도 자주 생겼고 그때마다 학교에서 연락이 왔다. 아스카를 데리고 와서 동생들 등교를 맡기면 되겠다, 이걸로 학교에서 시끄럽게 연락받는 일은 해결이 되리라 여겼다고 한다.

"엄마랑 같이 살자"라는 마법에 걸린 아스카의 삶은

그 후 어떻게 됐을까. 기요코가 말한다.

"학교에서도 집에서도 점점 자기 자리를 잃어갔어요."

반 친구들과도 잘 어울렸고 성적도 쑥쑥 올라 아스카에게 학교는 즐거운 곳이었는데 스스로 그 환경을 허물어뜨리기 시작했다.

"시골 학교라서 아무도 일부러 싸움을 걸거나 하지 않거든요. 그런데도 이를테면 살집 있는 아이에게 아스카는 '돼지'라고 말해요. 일부러 싸움을 거는 거예요. 그런 식이에요. 하면 안 되는 말을 해서 결국 싸움을 일으키는 식. 열심히 하던 공부도 내팽개치고요. 담임 선생님이 무슨 말을 해도 들으려 하지 않았죠."

집에서는 동생들을 괴롭혔다. 애들이 울면 기요코가 속상해한다는 걸 알기 때문이다.

"가장 약한 애부터 괴롭혔어요. 가장 나이 어린 가즈키부터. 등굣길에 걸어가는 동안 깃발로 때린다든지 남들 눈에 띄지 않게 괴롭혔죠. 난 전혀 눈치채지 못했고요. 가즈키는 말이 더딘 아이인데 갑자기 이상한 행동을 막 하는 거예요. 왜 그러지, 무슨 일이 있나 했죠. 이유를 알 수 없는 행동을 하는 가즈키를 혼내야만 하는 일이 자꾸 생겼어요."

가즈키가 말을 잘하지 못하는 이유가 있었다. 가즈키

또한 생모가 열여섯 살이라는 어린 나이에 낳은 아이였다. 생부는 누군지 모른 채 생모는 조모와 함께 아기를 키우겠다고 했지만 병원에서 퇴원하던 날 아기인 가즈키가 울음을 그치지 않자 어린 엄마는 드라이어의 열을 입에 쏘이면 울지 않을 거라며 열풍을 입에 갖다 댔다. 가즈키는 입에 큰 화상을 입었고, 그대로 보호 조치되었다.

"그때 사진을 아동 복지사가 보여줬는데 사람 얼굴이 아니더라고요. 그때부터 아동 양호 시설에서 자랐고 다섯 살때 우리 집으로 왔어요."

처음 왔을 때는 체격이나 신체 발달 상태가 두 살 정도로밖에 보이지 않았다고 한다. 기요코는 그런 가즈키를 천천히 지켜봐주었다.

"말은 잘하지 못하지만 상황은 전부 이해했어요. 알려주면 곧잘 따라 하고요. 매일 함께 욕조에 들어가 '하나, 둘, 셋…… 하고 세다가 열이 되면 나가자' 했죠. 왜 그런지 가즈키는 '아홉'을 발음 못 해요. '아호'가 되고 말아요. 그런데 석달쯤 지나자 '아홉' 하고 말하는 거예요. 기뻐서 동영상을 찍고 아동 복지사에게도 보냈죠. 아, 이런 기쁨으로 위탁 부모를 그만두지 못하는구나 하는 생각이 들더라고요."

내가 가와모토홈을 방문했을 당시 가즈키는 초등학교 3학년이었다. 귀염성 있는 조그만 목소리로 혀 짧은 소리를 내긴 했지만 "근데 말이에요, 오늘은요, 학교에서요" 하고 분명히 자신의 생각을 전달했다. 아빠인 가오루를 무척 좋아해서 아빠가 퇴근하고 오면 아빠에게 딱 달라붙어 떨어질 줄을 몰랐다. 특수 학급에서 지내는데 한자도 또박또박 예쁘게 쓰고 학습 능력도 점점 나아지고 있다고 했다.


아스카에게 괴롭힘당하던 가즈키가 처음 보인 "이상한 행동"은 긴급 보호로 가와모토홈에 잠시 머물던 고등학교 여학생의 속옷을 빨래 더미 속에서 꺼내 숨기려 한 일이다.

"밤에 잘 때 (야뇨증 대책으로 입는) 팬티 기저귀 속에 브래지어라든지 팬티를 집어넣는 거예요. 혹은 이불 밑에 숨기고요. 브래지어가 항상 가즈키의 오줌으로 축축했죠. '왜 아스카 게 아니라 누나 걸?' 하고 가즈키에게 물었더니 '아스카 누나 건 더러워, 똥이 묻어 있어'라고 하는 거예요."

정말로 아스카의 속옷은 더러웠다.

"볼일을 보고 뒤처리하는 방법을 배우지 못했어요. 그건 그렇지만."

이런 가즈키의 행동을 그냥 두고만 볼 수 없어서 기요코는 가즈키에게 여러 차례 주의를 줬는데 그럴 때마다 아스카가 재미있다는 듯이 보고 있었다고 한다.

지금까지 그런 일이 없어서 가즈키보다 한 살 많은 류

야에게 물어봤더니 "학교 갈 때마다 아스카 누나가 가즈키를 혼내. 깃발로 때리고"라고 말했다. 가즈키는 매일 맞고 다니는 스트레스를 해소하고 싶었던 것이리라.

기요코가 직접 학교 오가는 길을 배웅하고 마중하자 가즈키의 상태가 눈에 띄게 안정되었다. 기요코는 아스카에게 물었다. 그러자 뻔뻔스러운 대답이 돌아왔다.

"가즈키가 내 말 안 들으니까 그렇지. 난 교통안전을 지키려고 그런 것뿐이야."

"가즈키는 이제 그냥 놔둬도 돼. 어차피 인도로만 걸어 다니니까. 이 주변 도로는 하나도 위험하지 않아."


수학여행이 끝나자 생모에게서 아스카를 데려가는 걸 늦추고 싶다는 연락이 왔다.

"이번엔 여름방학이 끝나면 데려가겠다는 거예요. 날짜를 연기할 때마다 이런저런 변명을 했는데, 생모는 상대방에게 맞춰서 그 순간의 분위기에 따라 아무 말이나 해요. 마치 사탕 하나 주듯이 애를 데려간다 만다 그랬거든요. 사탕을 주면 애가 신이 나겠죠, 그 순간엔. 애를 맡는다는 건 사탕 하나 건네는 것과는 전혀 차원이 다른 문제인데. 그렇게 쉽게 여기더라고요. 그런데도 아스카는 엄마의 관심을 받는다고 기뻐했죠. 동생들을 돌봐주라는 말을 듣는 게……."

아스카

기요코는 생모의 가벼운 언행을 도저히 신뢰할 수 없었다. 진지하게 아이를 맡을 생각은 애당초 없다는 걸 알기에 아스카에게도 그 점을 알리고 싶었다. 하지만 아스카는 소중한 것들을 파괴하면서까지 생모와 살기 위한 길을 택했다.

"아스카도 알았을 텐데 멈출 수가 없었던 거죠. 점점 걷잡을 수 없이 망가졌어요. 아스카는 난폭하게 변했어요. 학교에서도 유리창을 깨는 등 문제만 일으켰고요. 집에서는 일부러 밥을 먹지 않고. 그리고 이건 함께 살기에 알 수 있는 것인데 내 약점을 공격해요. 무슨 일을 했냐고요? 생모와 비교하는 거예요. 혹은 다른 위탁 가정 부모들과 비교하거나요."

아스카는 일상생활의 약점을 파고들었다. 예를 들어 음식 맛이 좀 싱겁다든가 하는 걸로 트집을 잡았다. 집에서 하는 음식은 대개 간이 싱겁기 마련이다.

하지만 아스카는 기요코의 약점을 지나치지 않았다.

"그 집 위탁 부모는 요리 정말 잘했는데. 집도 새 집이고 깨끗하고. 나도 그 집에서 살고 싶었는데."

아스카는 일부러 기요코와 생모를 비교하며 기요코를 자극했다.

"엄마는 날 생각해서 이런 옷을 찾아줬어. 엄마는 정말 멋진 분이야. 기요코 엄마는 안 그렇잖아."

류야와 가즈키의 마음에 상처를 내면 기요코가 얼마나

충격을 받을지도 가족이기에 잘 알았다. 아스카는 류야와 가즈키에게 일부러 이런 말을 했다.

"우리 엄마는 날 엄청 사랑해. 난 이제 곧 이런 데에서 나갈 거야. 엄마가 날 엄청 좋아해서 같이 살자고 했거든."

그럴 때마다 기요코는 불안해하는 류야와 가즈키를 꼭 껴안고 "괜찮아 얘들아, 이곳에는 엄마도 아빠도 있으니까" 하고 열심히 다독였다. 아스카는 바로 옆에서 그 모습을 바라보며 실실 웃고 있었다.

"솔직히 다 놔버리고 싶었어요."

기요코가 입술을 깨문다.

"똑같은 1,000엔이라도 생모에게서 받은 1,000엔은 아스카에게 100만 엔의 가치가 있는 거죠. 내가 주면 '애개 이게 뭐야'밖에 안 되고요. 안타까웠어요. 나는 더 이상 아스카에게 해줄 게 아무것도 없었어요."

여름방학이 되자 아스카는 장기간 머물 일정으로 생모의 집에 갔는데 예정보다 훨씬 빨리 돌아왔다.

"엄마 입장에서는 6학년이고 공부도 전보다 잘하니 괜찮을 거라고 여겼겠죠. 하지만 아스카는 아직 다른 사람과 관계를 맺고 거리감을 유지하는 데 어려움이 많았고 갑자기 폭력적으로 돌변하기도 했어요. 그런 아스카를 보고 생모의 남편이 '저런 애를 왜 데려왔어' 하고 싫은 소리를 한 거죠. 그

아스카

러니 결국 아스카 엄마도 손바닥 뒤집듯 홱 하니 마음을 바꿨어요. 남편의 기분을 맞춰주는 게 중요하니까요."

2학기가 되자 아스카는 점점 더 난폭해졌다. 미쳐 날뛰며 울부짖었다.

"돌아가고 싶어. 난 미움받더라도 돌아가고 싶어. 엄마한테로 갈 거야."

울고 있는 아스카를 바라보는 게 마음 아팠다.

"그 애가 우는 걸 보고만 있을 수 없었어요. 옆에 우리가 있다고 괴로운 마음을 전부 떨쳐낼 수야 없겠지만, 함께 고민하며 고통을 나누고 싶다고 늘 그렇게 생각한다고 말해주고 싶었어요. 우린 가족이니까, 마음이 그렇다고."

그런 마음을 아스카는 모두 뿌리쳤다.

"부모도 아닌 주제에."

"그런 말 하지 마. 여긴 나도 아빠도 있으니까. 하즈키도 있고. 아스카를 위하는 일이라면 뭐든 하고 싶어. 아스카가 마음이 편해지도록 말이야. 혹시 엄마네 집에 갔는데 도저히 지내기가 힘들면 언제든 돌아와도 돼."

"내가 왜 돌아와!"

"그렇게 말할 필요까진 없잖아."

"시끄러워. 내 엄마도 아닌 주제에. 내 엄마는 훌륭한 사람이야. 당신은 못 해."

남과 비교당하는 일이 이성을 쉽게 마비시킨다는 걸 기요코는 절감했다. 마음이 요동치고 분노는 무책임한 생모에게 향했다.

"눈앞의 현실을 제대로 마주하지도 못하는 주제에 일만 잔뜩 만들어놓고는 멀리서 비웃듯이 쳐다보기만 하는 사람 있잖아요. 난 생모에게 그런 일을 당하고 있었어요. 지금껏 쌓아온 모든 것을 무참히 부숴버리고⋯⋯. '할 수 없는 일은 할 수 없다고 아스카에게 말해줘야죠' 하고 몇 번이나 전화로 얘기를 했지만."

학교에서도 수차례 연락을 받았다. 그럴 때마다 기요코는 자신이 너무 한심했다고 한다.

"마음속에서 아스카는 이미 내 아이였거든요. 아스카가 괴로워하는 걸 알면서도 '부모'인 내가 아무것도 해줄 수 없다는 게. 원인은 생모이고 생모가 짓뭉개놓은 걸 난 다시 추슬러서 다져나가야 하는 처지이고. 근데 아스카가 그걸 거부하니⋯⋯. 내가 그 애에게 해줄 수 있는 게 아무것도 없었어요."

아스카가 미쳐 날뛸 때마다 류야와 가즈키도 불안해했다. 기요코의 정신 상태도 안정적이라고 말하기는 어려웠다.

"시설 직원은 출퇴근을 하지만 위탁 가정의 부모는 자기 집이 직장이니까 도망칠 곳이 없어요. 아이를 내팽개칠 수는 없으니까 아이와의 관계가 나빠지면 내 심신도 좀먹혀 들어가고 아이도 덩달아 난폭해지고요. 이곳은 평범한 집이며 난 직원이 아니라 엄마이자 아줌마다, 내가 이 집의 중심축이니까 중심을 잘 잡아야 하는데. 날 경멸하고 외면하면 더 이상 그 애의 엄마, 아줌마가 될 수 없다, 아이는 나를 그저 타인으로 여기고 있다, 그렇다면 이 아이를 이제 앞으로 볼 수 없겠다 싶었어요."

이 무렵 아스카는 '우사비치(일본 애니메이션 캐릭터.-옮긴이)'에 감정 이입했다. 가로 줄무늬의 죄수복을 입은 수감된 토끼 두 마리가 주인공인 애니메이션이다. 기요코가 우사비치 쿠션을 만들었더니 아스카는 그걸 꼭 껴안고는 "난 우사비치야" 하고 중얼거렸다.

"어떻게 해서라도 돌아가고 싶었던 거겠죠. 아동 복지사도 말리고 의사 선생님도 반대했어요. 그래도 '노예가 되어도 좋으니 돌아가고 싶어. 엄마는 여신처럼 다정하고 무슨 소원이든 다 들어줘'라며 결국엔 현실을 부정하기에 이르렀죠."

아무리 아스카를 말려도 나아질 기미가 없었다.

"계속 말렸다가는 '어른은 모두 날 방해해' 하고 원망만 쌓이겠더라고요. 아동 복지사와도 상담을 하고 이렇게나 현실을 부정하고 환상을 좇아 도망친다면 현실을 직접 깨닫게 하는 수밖에 없다는 생각에 원가정에 복귀시키기로 결정이 났어요."

6학년 12월, 아스카는 가와모토홈을 떠나 생모의 집으로 향했다.

가와모토홈을 떠나기로 결정된 날부터 기요코는 아스카가 기분이 좋은 때를 틈타 미리 알아둬야 할 일들을 전달했다.

"그 집에 가면 억울한 일이 생기더라도 참아야 돼, 아스카. '아니야' 하고 대들면 오히려 무시당하거나 귀찮게만 여길 테니까 좀 참아. 도저히 참을 수 없을 때에는 도움을 청해. 아동 복지사에게든 학교에든. 이곳에 전화해도 돼. 그렇게 다른 사람에게 도움을 청하면서 살아가는 거야."

아스카는 듣고 싶지 않은 얘기에는 완전히 귀를 닫아버렸다.

"그건 해리인 걸까요. 입은 살짝 벌어져 있고 주변의 종이를 쫙쫙 찢어요. 직시하고 싶지 않은 걸 말하니까 닫아버리는 거겠죠."

기요코는 그래도 아스카의 마음 어느 한구석에라도 기억되길 바라며 줄기차게 얘기했다. 하지만 아스카는 딱 잘라 말했다.

"뭐? 그게 무슨 소리야?"

그 태도에 화가 나서 기요코는 애가 앉아 있는 의자를

아스카

발로 찼다. 그러자 가슴에 손을 얹은 채 아스카가 훌쩍훌쩍 흐느꼈다.

"왜 난 이렇게밖에 못 할까. 왜 좀 더 냉정하게 이성적으로 대처할 수 없을까. 왜 아스카 앞에선 이성적으로 행동할 수 없을까. 이렇게까지 감정적이 되고 마는 걸까⋯⋯."

그건 기요코가 아스카의 엄마가 되었기 때문이다. 부모는 아이 앞에서 도저히 이성적일 수 없다. 이때쯤 생모는 아이를 맡을 마음이 다 사라졌다. 그건 아스카도 알고 있었을 거라고 기요코는 짐작한다. 하지만 아스카는 멈추지 않았다. 엄마와 산다는 염원은 지금까지 쌓아놓은 학교에서의 교우 관계, 공부, 가와모토홈이라는 가족을 다 포기하고서라도 아스카가 꼭 이뤄야만 하는 것이었다.

"엄마는 여신이야. 뭐든 이뤄주는 여신."

아스카는 6학년인데도 아기 같은 말로 생모에게 매달렸다. 마치 유마가 "무슨 일이 있더라도 다시 엄마와 살 거야"라고 필사적으로 매달렸던 것처럼.


'어린이무지개정보연수센터(일본 학대·사춘기문제정보연수센터)'의 마스자와 다카시増沢高 연수부장은 "시설에서 지내는 아이, 위탁 가정의 아이 대부분이 생부모 곁으로 돌아가고 싶다고 말합니다. 그만큼 생부모와 이어진 끈은 질기죠"라고 말한다.

왜 그렇게까지 생부모를 갈망하는 걸까. 자신을 두고 떠난 사람인데도. 마스자와는 키워드가 '상실'이라고 설명한다.

"아이는 양육자에게 의존해 살아가는 존재입니다. '버려지듯이' 시설이나 위탁 가정에 보내지지만 그걸 인정하고 싶어 하지 않아요. '버려지는' 일에 대한 불안과 공포를 강하게 품고 있습니다. 하지만 시간이 흐르면서 이를 현실로 받아들여야만 할 때 이는 커다란 상실 체험이 되어 아이를 괴롭힙니다. 학대라고 하면 트라우마라는 상처받은 체험을 주로 거론하는데 가장 중요한 키워드는 상실입니다."

배 아파하며 자신을 낳아준 생모라는 유일무이한 존재에게서 분리되는 일은 자신의 존재 부정으로 이어질 정도로 깊은 생채기를 낸다. 아스카도 유마도 자신을 내팽개치면서까지 생모와 이어진 가느다란 한 줄기 끈을 어떻게든 붙잡으려 애썼다. 부여잡은 끈을 놓지 않으려 생모를 점점 이상화하고 현실을 외면했다. 그렇게 하지 않으면 자신이 왜 이 세상에 왔는지 그 이유가 사라지기라도 할 것처럼. 분명 자신의 뿌리가 없다는 감각을 안고 살아가는 일은 누구에게나 어렵다.

일반적으로 아이를 향한 부모의 사랑은 무조건적이라 말하지만 학대를 보고 있으면 그 반대라는 생각이 든다. 부모를 향한 아이의 사랑이야말로 무조건적이라고.

"아스카, 지금은 가와모토라는 성을 쓰고 있지만 우리 집에 돌아오면 이전 성을 써야 해."

생모는 교장실에 들어서자마자 아스카에게 느닷없이 이 말을 꺼냈다. 12월 전학을 앞두고 기요코는 아동 복지사와 함께 아스카를 데리고 새 학교에 찾아갔다. 학교에선 교장과 담임 교사가 맞아줬는데 그 자리에 늦게 나타난 생모는 인사도 없이 딸에게 이렇게 선언했다. 이전 성인 '오카자키'는 지금 생모가 쓰는 성도 아닐뿐더러 생모의 옛 성도 아니다. 생모의 전남편 즉 아스카 생부의 성이다. 남동생, 여동생과도 게다가 지금의 생모와도 다른 성으로 살아가라고 생모는 무턱대고 이 말부터 했다.

이어서 이런저런 조건이 계속 덧붙여졌다.

"우리 집에선 너만 다르니까. 아저씨가 하는 말은 무조건 따라야 해. 남동생이랑 여동생이 하는 말도 잘 듣고. 애들 잘 돌봐야 하고. 내가 없을 때 애들을 학교까지 잘 데리고 가야 해. 그리고 아침에 빨래는 전부 세탁기에 넣어서 돌려야 하고. 알겠지?"

아스카는 아래만 쳐다보며 고개를 끄덕였다.

"응, 그래도 좋아. 그래도 좋아."

기요코는 아스카가 안쓰러워서 이렇게 말했다.

"아스카, 무리하지 마. 우리 집에서도 그런 일은 할 수 없었잖아."

　담당 아동 복지사는 생모의 기세에 완전히 질려버렸다.

　여성 교장이 생모를 자기 앞으로 부르더니 이렇게 말했다.

　"어머님, 지금 이 애한테 말한 건 다 어머님이 할 일이에요. 초등학교 6학년 애한테 어머님이 해야 할 일을 다 미뤄놓고 어머님은 편히 지낼 작정이세요? 아이를 챙겨서 학교에 보내는 건 어머님이 할 일이라고요."

　"그러니까 그건 아스카가 하기로 했다니까요."

　"어머님, 지금도 애들이 일주일에 몇 번이나 지각하는 줄 알아요?"

　"그러니까, 내가, 말하면 데리고 오잖아요."

　대화를 듣던 기요코는 입이 다물어지지 않았다.

　교장은 기요코를 쳐다보며 하소연했다.

　"가와모토 씨, 일주일에 한 번은 어머님에게 이렇게 교장실에 오게 해서 얘기를 하거든요. 나 말고는 아무도 얘기해주는 사람이 없는 것 같아서 내가 해요. 아이를 아침에 학교에 잘 보내달라고."

　생모는 딴소리를 한다.

　"그런 걸 가와모토 씨한테 왜 얘기해요. 교장 선생님 나쁘네, 사람이 못됐어."

기요코는 자조 섞인 목소리로 이렇게 말했다.

"그때 세상에나 참 재밌는 가족이네 싶었어요. 사회성이 전혀 없는 재밌는 가족이라고. 그 엄마는 교장 선생님이 하는 말을 듣고도 전혀 개의치 않았고 혼이 나고 있다고도 생각지 않았어요."

기요코가 보기에 아스카는 이런 일까지 모두 단단히 각오한 듯했다.

교장 선생님은 아스카에게 말을 걸었다.

"아스카는 12월부터 이 학교 학생이에요. 앞으로 여러 일이 있겠지만 아스카를 생각하며 지금 여기 이렇게 많은 어른이 모인 거예요. 무슨 일 있으면 상담하러 와야 해요. 꼭."

그때 처음으로 아스카가 눈물을 뚝뚝 흘렸다.

아스카의 눈물 따위엔 아무런 신경도 쓰지 않고 생모는 아스카의 짐을 보며 새된 소리로 외쳤다.

"이걸 다 어디다 두려고!"

아스카는 이날 짐을 가지고 가와모토홈으로 돌아왔다.

그리고 그날 밤 생모에게서 전화가 왔다.

"조건이 하나 더 있어요. 이 조건을 받아들인다면 돌아와도 된다고 아스카에게 전해줘요. 게임은 아저씨가 보는 앞에서만 해야 한다고요."

계부가 집에 들어오는 시간은 밤 10시, 11시였다. 그건 아스카가 주말에만 게임을 해야 한다는 소리였다. 남동생과 여동생은 자유롭게 언제든지 게임을 하는데도 불구하고. 아스카는 이렇게 해서 가와모토홈을 떠났다.

"이제 이 집을 나가면 (원가정으로) 돌아가는구나 하는 마음이었어요. 아스카가 떠나자 가즈키랑 류야가 긴장이 풀렸는지 방바닥에서 뒹굴뒹굴했어요. 싱글싱글 생글생글 웃는 게 참 편안해 보였어요. 두 애 모두 아스카에게 꽤나 시달렸으니까요. 아스카는 두 애를 힘으로 제압하려 했고 나도 그것 때문에 신경이 늘 날카로웠으니까. 그런 면에서는 한계에 봉착했던 것 같아요."

모두들 아스카가 자신이 선택한 새 삶을 잘 헤쳐나갈 수 있을까 우려했다. 아마도 아스카 또한 이미 알고 있었을 터이다. 하지만 그건 절대로 인정하고 싶지 않은 현실이었다.

아스카가 떠난 지 3일째 되던 날부터 낮이고 밤이고 생모가 울면서 전화를 했다.

"남편이 야단이에요. 아스카가 남동생한테 거칠게 군다고. 애도 '아스카 누나 이 집에서 나가, 나가라고!' 하고 난리 치고. 아스카는 밥도 안 먹고……."

"그 애 사전에 밥 안 먹는다는 말은 없으니까 아스카에게 잘 말해보세요."

"아스카는 빨래도 안 내놔요. 정말 짜증 난다니까요."

"목욕하러 들어갈 때 옷 벗어서 내놓잖아요?"

"아스카는 목욕 안 해요."

"그 앤 '목욕해'라고 말하지 않으면 안 하는 애라서 그렇게 말해보세요."

생모는 남편이 화를 낼 때마다 울면서 전화했다.

"남편이 아스카를 보고 '저런 애 싫어'라고 하는데. 왜 이 집에 있는 거냐고, 나한테 맨날 화내요. 애들도 '아스카 누나 필요 없어'라면서 들볶고. 이게 전부 아스카 때문이야."

"당신은 어때요? 아스카를 어떻게 생각해요?"

"밤에는 애를 가라테 도장에 데려다줘야 해서, 나는 바쁘고, 아스카가 도움이 될 줄 알았는데……."

그 후 얼마간 연락이 없는 날이 이어지자 이제 좀 자리를 잡았나 싶어서 기요코도 마음을 놓았는데 어느 날 밤 문득 어떻게 지내는지 궁금해 전화를 했다. 전화를 받은 생모는 뭘 물어볼 틈도 안 주고 쉴 새 없이 말을 해댔다.

"남편 부모님이 지금 병에 걸렸는데 우리한테도 유산을 물려줄지 몰라서 매일 간병하고 있거든요. 남편 본가에서 지내면서. 거기서 매일 아침 애들을 학교에 데려다줘야 하니까 난 진짜 바빠서."

"그럼 아스카는요? 아스카는 어떻게 지내는데요?"

기요코는 온몸이 부들부들 떨렸다. 남편 본가 쪽에서

본다면 혈연으로 이어진 가족이 아닌 아스카는 곤혹스러운 존재였다.

"아스카는 혼자 집에 있죠. 언니가 근처 살아서 밥은 해주니까 뭐 괜찮아요. 아스카한테 돈도 주고 왔으니까."

"그게 문제가 아니잖아요. 애 혼자서 어떻게 지내라고. 도대체 생각이 있는 거예요, 없는 거예요?"

초등학교 6학년 여자아이가 한 달 가까이 홀로 지내고 있었다. 기요코는 낡은 셋집을 떠올렸다. 500만 엔짜리 차를 모는 가족이 사는 집이라고는 여겨지지 않는 한낮에도 어두컴컴한 연립주택이었다. 그런 곳에서 여자아이 혼자 지내고 있다니. 단 하루를 보내는 것도 위험해 보이는데…… 기요코는 황급히 아동 상담소에 연락했다.

아동 상담소 아동 복지사가 상황을 살피러 찾아갔지만 아스카를 보호 조치할 수는 없었다고 했다.

"가와모토 씨, 왜 쓸데없는 짓을 해서는! 신경 꺼요!"

생모는 씩씩대며 전화를 했고 기요코는 아스카를 도울 길이 없어 어찌해야 좋을지 막막했다. 생모에게로 간 지 두 달 가까이 지났을 무렵 아스카가 집에서 문제를 일으켰다.

"나도 자세한 정황은 잘 모르는데 애들끼리만 집에 있었나 봐요. 아스카가 요리를 하고 있는데 남동생이 아스카를 깔보는 말을 했대요. 그래서 아스카가 불쑥 남동생에게 칼을 던지고 만 것 같아요. 남동생이 아빠에게 말하자 아빠는 이런 애랑은 절대 같이 살 수 없다고 해서 아동 상담소에 보호 조치되었다고 해요."

원가정으로 복귀한 지 두 달이 채 못 되어 아스카는 생모의 집에서 나와 전문 위탁 가정에 맡겨졌다. 간절히 갈망했던 꿈은 산산이 부서지고 아스카는 다시 길 위에 홀로 섰다. 아스카가 들어간 새 위탁 가정엔 위탁 아동이 아스카 혼자뿐이었다. 위탁 부모가 일을 하러 나간 동안 아스카는 학교에도 가지 않고 밤낮이 바뀐 생활을 했다. 한밤중 어른이 잠들어 조용해지면 거실에서 텔레비전을 봤다.

"자야지, 이제 늦었어."

"시끄러워, 이 할망구. 시끄럽다고 할배야."

학교에는 가지 않고 저녁도 위탁 부모와 함께 먹는 일이 없었다. 뭔가 말이라도 할라치면 미친 듯이 날뛰는 아스카에게 나이 지긋한 위탁 부모는 지쳐 나가떨어지고 말았다. 아이와의 관계가 나빠지면 기요코가 맛봤던 것처럼 도망칠 곳이 없는 위탁 부모는 자신들의 생활 자체가 위협받는다.

기요코에게 생모가 몇 번 문자메시지를 보내왔다.

"아스카가 지금 살고 있는 집에 대해 불만이 이만저만이 아니에요. 가와모토홈이 좋았다고 말해요."

"누가 망가뜨렸는데요" 하고 기요코는 따지고 싶었다.

아동 상담소가 아스카, 생모와 이야기한 결과 아스카는 특별한 돌봄이 필요한 아이들을 위한 기관인 정서 장애아 단기 치료 시설에 입소하기로 결정했다. 담당 아동 복지사는 "가와모토홈으로는 이제 갈 수 없어요"라는 방침이었다. 기요코도 그게 낫다고 생각했다.

"나만의 문제가 아니에요. 아스카가 돌아오면 또 가즈키랑 류야, 이 애들이 불안해하겠죠. 난 이 집 모두의 '엄마'니까요."

앞서 언급한 어린이무지개정보연수센터 마스자와 연수부장의 말을 들어보자.

"보호 아동은 (아동 상담소에서의 아동 학대) 상담 대응 건수 약 6만 7,000건 가운데 10퍼센트입니다. 힘든 문제를 껴안고 있는 가족이 얼마나 많은지 이 숫자가 말해주죠. 보호된 아이는 계속 그대로 있어야 한다는 게 아닙니다. 원가정으로 돌아가는 걸 목표로 하는 게 나쁜 건 아니지만 그러기 위해서는 가정이 아이와 안전하게 지낼 수 있는 환경으로 바뀌어야 합니다. 그렇지 않고서는 언제든 다시 학대가 발생할 위험이 있죠."

유마는 원가정으로 돌아가면서 돌이킬 수 없는 일을 당하고 만다. 아스카는 생모를 이상화하면서 매달리다 이중의 상처를 받았다. 기요코는 이렇게 말한다.

"아스카의 꿈이 무너진 게 차라리 다행인지도 몰라요. 조롱하려는 게 아니라 아무리 현실은 이렇다고 말해줘도 늘 그걸 외면해왔는데 이번 일로 어쩌면 현실을 현실로서 받아들일지도 모르니까요."

'상실'의 문제를 헤쳐나가려면 부모를 원망에 차서 외면해서도, 아스카처럼 현실에 눈을 감고 이상화해서도 안 되며 현실을 현실로서 받아들이는 게 가장 중요하다고 마스자와는 이야기한다.

"사춘기가 되면 자신의 출생을 돌아보게 됩니다. 아이는 자신에게 일어난 과거와 현실의 상황을 받아들여야만 하죠. 아이가 가족을 원망하는 것은 당연합니다. 하지만 계속 그 마음을 키워가기만 한다면 미래는 열리지 않습니다. 괴로운 시기를 뛰어넘어 지금의 생활을 충실히 해내면서 미래를 향해 꿈을 갖고 걸어나간 아이와 청년들은 '끔찍한 부모지만 이젠 상관없어'라고 말합니다. 일종의 '용서'의 마음이 싹트는 것 같아요."

정서 장애아 단기 치료 시설은 경증의 정서 장애를 지닌 아동을 대상으로 한 시설로 2013년 10월 1일 시점에 전국에 38개소가 있으며 1,310명의 아이가 지내고 있다. 시설에는 규정상 1명 이상의 의사와 대체로 아동 10명당 1명 이상의 심리 치료 담당 직원을 배치해야 하며 시설 내에서 심리 치료 등도 이루어진다.

　내가 방문한 시설에서는 초등학교 1학년부터 고등학교 3학년까지의 아이들이 살고 있었다. 모두 심각한 학대를 당한 경험이 있으며 대부분이 아동 정신과에 다니며 통원 치료를 한다고 직원이 설명했다.

　낮에 엄청 신나게 같이 숙제를 했던 초등학교 5학년 여자아이가 밤이 되자 나에게 처음 보는 사람인 양 인사했다. 소등 후 직원을 찾아온 그 애는 "그었어"라며 자해한 손등을 내밀었다. 약을 바르고 반창고를 붙여 피가 멈추자 안심한 듯 이불 속으로 들어갔다. 육상에 재능이 있는 "동아리는 내 생명"이라고 신이 나서 떠들던 중학교 2학년 남자아이는 "흥분 돼서 잠이 안 와"라며 직원에게 수면제 1회분을 받고는 잠자리에 들었다.

　취재에 응한 지도과장은 이렇게 말했다.

　"입소하는 아이들에게 저는 '이렇게 살아 있어 줘서 고마워'라고 말합니다. 그리고 '이제 이곳에서 어떻게 생활해서 어떻게 사회로 돌아가면 좋을까' 하고 말을 겁니다. 이곳 직원들은 모두 작은 목소리로 말합니다. 아이들은 큰 목소리를 들으면 화가 나서 소리 지르는 장면을 연상하기 때문입니다. 자칫하면 패닉 상태에 빠지기 때문에 우당탕 뛰어가는 일도 해선 안 됩니다. 이렇게까지 해야만 합니다. 자신을 지키기

　　　　　　　아스카

위해 늘 긴장 속에서 과도한 각성 상태로 살아온 아이들이기 때문입니다."

이곳 시설장은 오랜 세월 아이들의 고통을 지켜봤다.

"아이들은 부모에게 버림받거나 학대받아 마그마 같은 분노를 품은 채 괴로워하고 있습니다. 하지만 거기서 도망쳐선 안 돼요. 괴롭지만 그걸 받아들이고 넘어서야만 합니다."

시설장 또한 과거 학대 피해 아동이었다. 그는 이 시설에서 열 살부터 열여덟 살까지 생활했다. "청소년기가 가장 힘들었다"고 한다. 한밤중 억누를 수 없는 분노가 분출해 무의식중에 벽에다 머리를 처박는 일이 많았다. 시설에서 지내는 동안 신뢰할 수 있는 '좋은 선생님'을 만난 덕분에 새 삶을 살 수 있었다고 한다. '믿을 수 있는 사람, 나를 믿어주는 사람의 지지' 덕분에 지금의 자신이 있음을 알기에 더더욱, 사춘기에 접어든 아이들이 자신의 과거를 직시하도록 도와주고 그들 옆에서 단단한 버팀목이 되어주고 싶다고 했다.

직원이 "이제야 사람이 되었다"라고 말하는 중학교 2학년 여자아이가 있었다. 입소 당시 초등학교 1학년이었는데 그때는 네발로 기어 다니고 손으로 음식을 집어 먹고 입을 제대로 다물지 못해서 먹는 걸 줄줄 흘리거나 위를 보며 누운 채 고래가 물을 뿜어내듯이 토를 했다고 한다. 닥치는 대로 물건을 던지고 부수기도 했으며, 한 여성 직원은 아이의 발에 맞아 얼굴을 꿰매기도 했다. 남성 직원은 뒤에서 컴퍼스로 등을 찔리기도 했다. 그 아이는 대리 뮌하우젠 증후군 피해자로 후유증을 겪고 있을 가능성이 컸다.

그곳에 취재차 머물던 밤에 그 아이는 함께 목욕하기로 한 아이가 먼저 욕조에 들어갔다며 눈물을 뚝뚝 흘리면서 아기처럼 양손을 흔들며 억울함을 호소했다.

"이 애는 이제 드디어 사람이 되었어요. 울 수 있게 되었고 기분을 표현할 수 있게 되었으니 많이 성장한 거죠. 우린 상처 입은 아이에게 어떻게 다가가야 할지 어떻게 함께 지낼지 늘 고민해요. 아이가 스스로 자신을 치료하는 힘을 기를 수 있기를 바라죠. 누군가가 자신을 지켜준 경험을 한 번도 해본 적 없는 아이들이에요. 우리라도 옆에 같이 있으면서 아이가 고독하지 않게 지켜주려 해요. 자신을 소중히 여기는 마음이 생길 수 있도록 말이에요."

초등학생이 잠들고 조용해진 금요일 밤 시설의 중고생들은 거실 한구석 바닥에 한데 모여 앉았다. 뜨개를 하는 아이, 수험 공부를 하는 아이, 텔레비전으로 영화를 보는 아이, 각자 하고 싶은 일을 하며 서로에게 의지한 채 밤을 보낸다. 이 고요하고 평온한 장면에 가슴이 먹먹해졌다.

"있잖아, 가족은 힘들어? 가족은 어려워?"

저녁 식사 식탁에서 갑자기 중학교 2학년 아이가 물었

아스카

다. 총명한 기운이 감도는 눈빛이 인상적이고 쇼트커트가 잘 어울리는 여자아이였다. 직원은 "그 아이는 갖은 학대를 다 당하고 초등학교 때 심리 치료 내과에 입원했었어요"라고 말했다. 아이는 점심시간에 시설의 부엌에서 "난 핫케이크 좋아해"라며 빙그레 웃으면서 자그마한 핫케이크를 여러 장 구워서 보여줬다.

아스카도 이런 아이들 틈에서 하루하루를 보내고 있을까. 아스카는 지금 평온한 환경에서 잘 생활하고 있을까. 조금이라도 엄마를 객관화할 수 있게 됐기를, 그러기 위한 나날을 살아가고 있기를 바란다.


아스카의 이야기를 일단락 지으며 기요코는 무심히 이런 말을 했다.

"여러 일을 겪은 아이들이 나중에 아주 먼 훗날에 그래도 우리와 함께 지낸 시간을 즐거웠다고 추억해주면 좋겠어요. 가족이랑 즐거운 시간을 보냈었다고. 그래서 우리가 있는 걸까요. 자랑이 아니라 이곳에서 지내는 동안 즐거웠지 하고 떠올릴 수 있었으면 해요. 나랑 아빠에게 안겨서 가족이 되어 지내는 경험을 이 집에서 했었다고 느낀다면 저로선 더 바랄 게 없어요."

기요코는 한숨을 내쉬었다. "그러니까 그러지 못했던

아스카에게……" 하고 말을 삼킨다.

"원인은 생모뿐만이 아니에요. 내가 좀 더 의연하게 아스카를 돌보았다면 달라졌을지도 몰라요. 내 마음 한구석 어딘가에 분명 이젠 그만두고 싶다는 마음이 있었겠죠. 무슨 일이 있더라도 이 아이의 인생을 짊어지고 가자고 굳게 마음먹었다면 아마 이런 결과가 나오진 않았을 텐데."

툭 털어놓고, 기요코는 내 얼굴을 물끄러미 바라보며 마음이 개운해진 듯 밝게 웃었다.

"그래도 어쩔 수 없죠. 사과할 마음도 없고 참회할 일도 아니고요. 휴, 그래도 이제야 비로소 마음이 뭔가 정리가 된 것 같아요."

# 제5장

# 사오리

아무 조건 없이 사랑할 수 있나요

어른이 된 학대 피해 아동을 만나고 싶었다.

그리고 이 여행의 끝에서 나는 한 여성을 만났다.

다키카와 사오리. 아동 양호 시설 출신자들이 만든 당사자 단체 '히나타보코(햇볕을 쬔다는 뜻.-옮긴이)'에 연락했을 때 사오리를 소개받았다. 히나타보코는 아동 양호 시설과 위탁 가정 등 사회적 양호의 장에서 자란 아이들이 시설을 나온 이후 살 공간을 마련하는 일을 비롯해 행정 정책 결정에 당사자의 목소리를 내거나 사회적 양호의 중요성을 널리 알리는 등 폭넓은 활동을 펼치고 있다.

당시 이사장이며 자신 또한 양호 시설에서 자란 와타이 사유리가 소개해준 사오리는 학대 피해 아동으로 와타이의 강연회에 참가했다가 히나타보코 활동과 인연을 맺었다고 했다. 와타이는 이렇게 말했다.

"얼마 전까지만 해도 상태가 좋지 않았는데 지금이라면 말할 수 있겠다고 하네요. 애가 둘 있는 분이에요."

앞으로 만나게 될 사오리를 그려본다. 정신적 고통을 감수하면서까지 이야기를 꺼내려는 마음의 무게를 가늠해본다. 매우 민감한 취재가 되리라는 걸 각오하며 사오리에게 일어난 '사실'을 직시하자고 마음을 다잡으며 그가 사는 마을로 향했다.

눈이 마주친 그 찰나의 순간에 서로를 바로 알아봤다.

2012년 2월 사오리가 사는 마을에 있는 호텔 로비에서 우린 처음 만났다. 작은 몸집에 날씬한 여성의 얼굴이 환하게 밝아졌다. 눈초리가 길고 눈동자가 아름다운 이지적인 분위기의 여성이었다. 독특한 디자인의 하얀 니트 모자가 잘 어울렸다. 하얀 스웨터에 회색 점퍼스커트, 갈색 앵클부츠. 예술적 감각이 돋보이는 옷맵시에서 사오리의 개성이 느껴졌다.

"멋지네. 너무 귀여워요."

대면한 순간 반사적으로 말이 튀어나왔다.

"별말씀을. 안 그래요."

절묘하게 이어지는 농담에 웃음이 끊이지 않았다. 이렇게 때론 농담처럼 가볍게 말을 꺼내려 한다는 게 느껴졌다.

"그게, 어떨까 싶긴 했는데 여기 정리를 좀 해봤어요."

시원시원한 말투에 솔직함이 배어 있다. 사오리는 단 한 번의 취재로 자신의 모든 걸 다 말할 수 없다는 걸 알고 있었다. 그래서 미리 '출생'이라고 제목을 붙인 메모를 작성해 왔다. 무심코 들여다본 메모에는 '강간' '성 학대'라는 단어가 쓰여 있었다. 총이라도 맞은 듯 심장이 쿵 내려앉았다. 설마……라는 말만 맴돌았다. 앞으로 마주해야 할 사실에 비틀거리지 않고 똑바로 설 수 있을까 두려웠다.

사오리는 "아, 필요하시다면 이것도……" 하고 의사와 임상 심리사의 이름이 적힌 복사본을 건네준다. 전에 살던 동네 클리닉에서 지금 다니는 정신과 클리닉으로 옮길 때 받은 소개장이었다. 남편의 전근으로 얼마 전 이사했다고 한다. 가족력, 병력, 경과, 심리학적 소견 등이 쓰인 '진료 정보 제공서'라는 제목이 붙은 종이에서 그의 각오가 읽혔다.

다키카와 사오리는 40대 초반. 카페에서 마주 앉았을 때 그의 입에서 가장 먼저 나온 말은 아이에 관한 것이었다.

"둘째가 두 살짜리 남자애인데, 이건 나한테서 유전된 거라는데 시각 장애로 언젠가 눈이 안 보이게 된대요."

갑자기 눈앞에 던져진 말이 무엇을 의미하는지 선뜻 다가오지 않았다.

"아? 실명……?"

사오리가 고개를 끄덕인다.

"지금도 빛을 파악하는 정도예요. 볼 수 있는 동안에 이것저것 가르쳐주고는 있지만……. 나한테서 유전된 거라는 걸 알고는 정말 큰 충격을 받았어요. 큰애는 딸인데 그 애한테도 그런 요소가 있고……. 둘째는 정말 귀여워서 어쩔 줄 모르겠다니까요."

그렇게 단숨에 말하고는 "남자애라서 그런 걸까" 하고 툭 한마디 덧붙인다. 네 살 위인 딸에 대해서는 정반대의 감정밖에 없다고 주저 없이 말한다.

"첫째는 여자애라서 그런지 육아할 때 어쩔 수 없이

자꾸 나를 떠올리게 돼요. 육아를 하다 보면 자꾸 과거가 떠올라요. '아, 걷는다, 대단해. 대단해'라고 생각한 순간 '내가 처음 걸음마를 뗐을 때 누군가 기뻐해준 사람이 있었을까? 지켜봐준 사람은 있었을까?' 하고. 그러면서 점점 첫째에게 각을 세우게 되더라고요. 이런 걸 아이가 성장하는 단계, 단계마다 떠올리게 돼요. 크리스마스도 생일도 나에겐 없는 날이었는데. 그런데 딸이 선물을 받고 불평을 하면 용서할 수 없는 거예요. 딸은 광범성 발달 장애로 세 살 때까지 밤중에도 한 시간마다 깼어요."

크리스마스도 생일도 없었던 어린 시절이라니. 사오리 또래가 보냈음 직한 어린 시절과는 저만치 동떨어져 있었다. 이 말만 듣고도 부모의 사랑을 듬뿍 받으며 자라지는 않았다는 게 확연히 와닿았다.

아이에게 애정을 쏟고 평범한 부모처럼 아이를 키우려 하면 할수록 자신의 과거를 직시해야만 하는 학대 피해 아동의 현실을 처음으로 접했다. '내가 받지 못했던 것들'의 원통함과 슬픔이 아이의 성장 단계마다 휘몰아쳐 온다. 어른이 된 학대 피해 아동이 겪어야 할 또 하나의 육아 고통이다. 얼마나 괴로울지 그 마음을 헤아려보는 일조차 엄두가 나지 않았다. 게다가 사오리는 아이의 장애까지 떠맡아야 했다.

"첫째가 정말 잠이 없는 애라서 세 살 때까지 한 시간

사오리

마다 깨서는 집이 떠나가라 울어댔어요."

한 시간마다 깨는 단속적 수면이 3년이나 계속된다. 이는 끝이 보이지 않는 지옥이었으리라. 아득히 먼 옛일이 됐지만 내가 아이를 키우던 때를 돌아보면 밤중에 몇 번이고 수유하려고 깨야 했을 땐 이대로 영원히 이런 밤만 지속될 것 같았다. 그저 눈앞의 아기가 이 수유가 끝나면 그대로 곤히 잠들어주기만을 기도했다. 매일 밤 그런 수유와 기도가 반복됐다.

하지만 내 경우엔 1년이 지나자 끝이 왔다. 유두에 와사비를 살짝 바르고 애에게 물리는 '단유'를 위한 통과의례를 치른 뒤로 아기는 더 이상 젖을 찾지 않았고 밤중에도 깨지 않고 자는 아이를 보며 비로소 출구 없는 터널을 빠져나온 듯했다. 둘째는 예민해서 첫째와 달리 키우기 힘든 아이이기는 했지만 그래도 사오리의 케이스에 비하면 수월하게 키운 편이었다. 비록 아무리 육아가 고통스럽더라도 아기의 천사 같은 미소가 그걸 한 방에 날려주기 마련이다.

사오리는 고개를 젓는다.

"수유할 때 젖꼭지를 깨물질 않나 아기다운 귀여움이 전혀 없었어요. 무표정한 데다 전혀 웃지 않는 아이였어요."

고통으로만 채워진 육아였다.

나에겐 어린 시절 생일의 기억도 크리스마스의 기억도

남아 있다. 첫 발걸음을 뗐다고 기뻐해줬을 부모도 있다. 가장 오래된 앨범에는 처음 걸음마를 한 날을 기념하는 발자국 사진도 있었다. 아빠가 첫발을 내디딘 딸의 발바닥에 검은 잉크를 발라서 남겨놓은 것이다. 그렇게 부모는 아이의 성장을 기뻐하며 애정 어린 시선으로 지켜봐줬다.

하지만 사오리는 다르다. '출생' 관련 메모의 첫 구절은 이렇게 시작됐다.

"절에 맡겨진 아이 사오리, 절간 사오리라고 불리었습니다."

사오리는 태어나자마자 부모가 이혼해 조부모와 양자 결연을 맺었다. 하지만 사오리가 알기로는 "생후 4개월인가, 7개월 때" 할머니가 신문에서 본 '수양 마을'로 사오리와 세 살 위인 오빠를 데려가 그곳에 있는 절에 맡기고 가버렸다. 여러 집을 전전했지만 받아주는 데가 없어서 어쩔 수 없이 손주 둘을 절에 두고 갔다고 한다.

'수양 마을'은 의지할 데 없는 아이를 맡아 기르는 집이 많은 산촌 마을에 신문기자가 붙인 이름이다. 조부모는 양자 결연한 손주를 의탁하려고 아동 상담소를 거치지 않고 직접 신문에서 본 수양 마을로 찾아갔다. 전쟁 전후 즈음의 얘기가 아니다. 1970년대 초반의 일이다.

"난 아무것도 몰랐는데 그 절에는 나랑 오빠가 맡겨졌

사오리

을 무렵에 우리 말고도 애들이 5~6명 더 있었다고 해요."

사오리는 삐쩍 말라서 우유도 제대로 넘기지 못했다. 의사가 죽을지도 모른다고 말할 정도로 허약한 아기였다. 두 살 때까지 제대로 걷지도 못해 기어 다녔다고 한다. 사오리에게 이런 얘기를 들려준 사람은 당시 아이들을 돌보던 59세의 절간 할머니였다. 0세부터 12세, 생부가 찾아와 데리고 갈 때까지 사오리를 키워준 할머니였다. 사오리는 할머니를 정말 좋아했다. 하지만 실제로 이 할머니가 아이들을 어떻게 돌봤는지는 사오리의 말만으로는 의문이 남는다. 사오리가 자란 환경은 방임에 가까웠다. 그럼에도 사오리는 "그게 당연하다고, 어린 시절에는 다 그런 거라고 여겼다"고 한다.

"절에 아이들이 여럿 있었는데 우리 남매만 매일 아침 절의 본당부터 마루까지 걸레질을 했어요. 아침 일찍 일어나 한겨울에도 매일같이 찬물로 닦았죠. 한 살이 되기도 전부터 살았으니까 그냥 그런가 보다 했어요. 당연한 일이라고."

먹을 게 없으니 늘 배가 고팠다.

"배가 고파 견딜 수 없어서 근처 가게에서 과자 따위를 슬쩍하기도 하고 친구네 집에서 가져오기도 하고 쓰레기통을 뒤지기도 하고 매일 그랬어요. 그럴 수밖에 없었어요."

"정말 창피했지만……" 하고 사오리가 말을 잇는다.

"속옷도 아주 어렸을 때부터 혼자서 빨았으니까, 어떻

게 빠지는지도 모르고 팬티는 안과 밖으로 양쪽 다 입었어요. 뒤집어서. 그게, 모르니까. 그렇게 하는 건 줄 알았죠. 그런데 친구 집에 갔는데 친구 엄마가 '너는 어쩜 그렇게 더러운 팬티를 입고 다니니! 갈아입고 와!' 그러는 거예요. 갈아입고 오라는데 깨끗한 팬티가 있을 리가 없죠. 방법이 없었어요. 쓰레기통을 뒤져서 나오면 모를까."

머리 감는 법도 몰랐다.

"유치원 다닐 때쯤부터는 혼자서 목욕을 했어요. 그런데 머리를 어떻게 감는지 모르니까 머리 오른쪽이랑 왼쪽 반쪽씩 씻었어요. 아무도 감는 법을 알려주지 않았고 젓가락질도 배운 적이 없고 양치질도 한 번도 누가 해준 적이 없어서 충치가 엄청 심했어요."

부모의 방임을 찾아내기 위해 치과 의사의 도움을 받는 지자체가 많다. 양육 방임의 결과가 충치로 단적으로 나타나기 때문이다.

"발은 점점 커지잖아요."

"신발도 안 사줬어요. 발이 커지니까 신발이 작아 발이 아팠어요. 아픈 채 신고 다니다가 할머니에게 말했어요, 신발이 작아져 발이 아프다고. 그랬더니 할머니가 신발을 사 왔는데 초등학교 2학년 아이한테 사이즈가 240인 신발을 사다 준 거예요. 그 신발을 6학년 때까지 신었는데 너무 헐렁헐렁해

사오리

서 휴지를 잔뜩 쑤셔 넣었는데도 커서 할 수 없이 작은 신발을 그냥 신었어요. 신발 엄지발가락 쪽에 구멍이 날 때까지."

밤에 곤히 잠을 잔 기억도 없다.

"불면으로, 이게 우울증이라면 전 초등학교 때부터 그랬던 것 같아요. 초등학교 1학년 정도부터 '난 왜 사는 걸까'라는 생각을 했죠. 그런 기억이 최근에 떠올랐는데······."

엄마라는 단어도 몰랐다. 초등학교 1학년 때 친구가 물었다.

"사오리는 왜 엄마 아빠가 없어?"

"아빠랑 엄마라는 사람이 있다는 걸 그때 처음 알고는 할머니에게 물어봤어요. 그랬더니 '아빠랑 엄마는 돌아가셨다'라고 하셔서 그렇구나 하고 이해했던 것 같기도 하고."

부모가 학교에 오는 수업 참관일에 사오리를 보러 오는 사람은 아무도 없었다. 운동회 때도 마찬가지였다.

"생판 모르는 아저씨랑 장애물달리기를 같이했는데 '당신 누구야' 하고 화가 난 채 달렸던 기억이 나요."

사오리는 할머니를 정말 좋아했다고 회상한다. 하지만 세상 물정에 눈을 뜨면서 자신이 순진했다는 생각이 들었다.

"할머니는 무조건 좋았어요. 하지만 크면서 할머니에겐 내가 전부가 아니란 걸 알았고 그때부터 그냥 '양육자'라 여기기로 했어요. 할머니에게 난 자식도 손주도 아니고 진심으로 나를 사랑하지는 않았다는 걸 알았거든요. 그래서 그렇게 생각하자고 마음을 바꿨는지도 몰라요."

마침 취재하기 3주 전에 할머니가 99세의 나이로 돌아가셔서 장례식에 다녀왔다고 한다.

"그곳에서 10년 만에 친오빠를 만났는데 다른 애들은 아무도 오지 않았더라고요. 그런 거였나 싶었어요. 아이들이 감사할 만한 존재는 아니었나 봐요."

아이들에게는 할머니를 향한 복잡한 감정이 있었다는 걸 장례식장에서 알게 됐다. 돌이켜보니 할머니는 자신에게 최소한의 일들만 해줬다. 다만 당시 사오리에겐 그것이 보통 '부모'의 모습이었다. 그런데 오빠와 10년 만에 재회한 것은 어째서일까. 사오리는 중학교 1학년 때 생부와 생부의 재혼 상대인 계모에게 인계되어 오빠와 함께 수양 마을을 떠났다.

"아빠랑 계모도 10년 전쯤에 이혼해서, 오빠랑도 그렇지만 가족들이 다 뿔뿔이 흩어졌어요. 계모에게 애인이 생겼는데 그때부터 서로 멀어졌죠."

계모 또한 할머니가 돌아가신 지 3주 후 갑자기 세상을 떠났다.

그렇긴 해도 죽었다던 생부가 사실은 살아 있었고 갑자기 눈앞에 나타났으니 청천벽력과 같은 일에 사오리는 얼마나 놀랐을까. 사오리와 오빠는 생부를 따라 시골인 산촌을 떠나 도시로 향한다. 태어나서 처음으로 부모와 함께 '평범한 집'에서 생활하게 된다.

사오리가 건네준 메모에는 그가 말을 꺼내지 않은 한 줄이 있다.

"초등학교 6학년 강간당함."

"사오리, 음, 이건……" 하고 메모를 가리켰다. 언젠가 물어보리란 걸 알면서도 일부러 피했던 것일까.

"아, 그거요. 맞아요. 강간당했을 때는 아직 초경을 하지 않은 때라서 그래서 다행이라고 해야 하나. 그때 열한 살이어서 그래서 살 수 있었던 건지도 몰라요. 친구랑 둘이서 놀고 있었는데 나를 지목하는 거예요. 칼을 들이대면서 '몇 학년이야' 하고. 일단 도망쳤는데 다리가 후들거려서. 친구를 놔두고서 도망갈 수 없더라고요. 무서웠지만 나중에 무슨 일을 당했는지 알았을 때가 더 무서웠어요."

더 이상 그 내용까지는 묻지 못했다. "물어선 안 돼"라고 눈앞에 앉은 사오리의 딱딱하게 굳은 몸이 말하고 있었다. 얼마나 비참한 일이 일어났던 것일까.

"그때 그곳에 없었다면…… 하고 몇 번이나 생각했어요. 그곳에 갔던 내가 나빴다고, 날 용서할 수 없었죠. 내가 나빴어, 내가 잘못했어 하고. 주위 어른들도 나를 야단치는 것처럼만 보였고요. 점점 나를 몰아세웠죠."

그날부터 소녀는 단 하나의 생각에만 매달렸다. 잊자, 잊고 싶다. 간절히, 절절히 원했지만…….

"기억은 언제든 쉽게 되살아났어요. 아주 쉽게."


사오리는 새 생활을 '지옥'이라 표현했다. 메모에도 그렇게 쓰여 있었다.

"아빠의 폭행, 폭행 그리고 계모의 정신적 학대에 9년 동안 시달렸어요. 영화 〈배틀 로얄〉을 찍는 기분으로, 언제라도 죽을 각오로 살았어요."

사오리는 언제 죽임을 당할지 알 수 없는, 죽어도 어쩔 수 없다고 여겨야 하는 하루하루를 살았다. 왜 운명은 그를 어둠 속으로만 끌고 가는 걸까. '절간'을 나왔을 때에는 '평범한 집'에서 엄마 아빠와 함께 4인 가족이 살아가는 달뜬 꿈을 품었을 터이다. 새 신발도 얻을 테고 더러운 팬티를 숨길 일도 없겠지. 배가 고파서 도둑질을 할 수밖에 없었던 생활에 이제 종지부를 찍을 수 있다고 안도했을 것이다. 아니, 무엇보다 사오리는 처음으로 '엄마'라 부를 수 있는 존재가 생긴 게 가장 기쁘지 않았을까. 계모는 아름다운 여성이었다고 한다.

'엄마.' 처음으로 소리 내어 불러본 건 언제였을까. 지금은 입에 담기도 꺼리지만 아마 처음 소리 내 불렀던 엄마라는 단어는 사오리에게 분명 감미로웠을 것이다.

"엄마 하고 부르고 엄마랑 손잡는 게 정말, 기뻤어요. 처음엔 졸졸 따라다녔어요. 한번은 엄마 가슴에 손이 닿은 거예요. 처음이었고 부드럽고 기분이 좋아서 엄마 가슴을 만지고 싶어서 참을 수 없었죠. 그때까지 누군가에게 어리광을 부려본 적이 없었거든요. 어리광이 익숙지 않아서 그랬는지."

열세 살 소녀는 조금씩 조금씩 '엄마'에게 손을 내민다. 하지만 그 손은 허공을 헤맬 뿐이었다. 맞잡아줄 '엄마'에게서 돌아온 건 표독스러운 말뿐이었다.

"어디서 어리광이야. 내 배 아파 낳은 자식도 아닌데."

사오리는 지금이라면 이렇게 되받아쳤을 거라 한다.

"그 말 '죽어'라는 말보다 더 심한 말이야."

소녀는 무엇보다도 '엄마'의 관심을 받고 싶었다. 계모가 오빠를 귀여워하자 사오리는 처음으로 질투라는 감정을 느꼈다. 이 무렵은 부부 사이도 좋았기 때문에 아빠에게도 질투가 났다. 엄마의 관심을 받고 싶다, 나를 좀 봐줬으면 좋겠다. 그게 소녀의 가장 큰 소원이었다.

어느 날 사오리가 학교에서 피를 토해 엄마에게 애를 데리러 오라는 연락이 갔다. 낯선 도시환경과 새 가족과의 스트레스 때문이었는지 사오리는 위궤양에 걸렸다.

보건실 침대에 누운 채 엄마가 데리러 오기를 기다리

는 사이 아이는 달콤한 상상을 하는 법이다.

"엄마가 온다. 내가 걱정돼서 엄마가⋯⋯."

나를 걱정하며 한달음에 달려오는 이때만큼은 다른 형제보다 그 누구보다 엄마는 나를 특별하고 소중히 생각해줄 것이라 기대한다. 학교를 조퇴하는 것도 좋고 어쩌면 뭔가 특별한 걸 사줄지도 모른다.

그런 상상은 계모의 얼굴을 본 순간 와장창 깨졌다. 마중 온 계모가 화가 잔뜩 나 있다는 걸 첫눈에 알 수 있었다. 당시 계모는 카메라 가게를 혼자서 꾸리며 가족의 생계를 책임지고 있었다. 사오리의 아빠는 기둥서방 같은 존재였다고 한다. 이런 상황에 일을 못 하게 된 게 화가 난 것일까. 성가시기 짝이 없는 애물단지에 화가 난 것일까. 계모는 누워 있는 사오리를 흘낏 쳐다보고는 서둘러 학교에서 데리고 나왔다. 그리고 사오리를 돌아보지도 않고 빠른 걸음으로 성큼성큼 앞만 보고 걸었다. 몸이 어떤지 살피기는커녕 걱정조차 하지 않는 기미였다.

"엄마는 저만치 앞서갔고 난 길에서 다시 토를 했어요. 배가 너무 아파서⋯⋯. 토를 하는데 날 보고 모르는 애 취급을 하더라고요. 토하는 나를 보고도 못 본 척하던 그 얼굴이 지금도 생생히 기억나요. 그때 난, 이제 더 이상 저 사람을 엄마라고 생각지 말자고 다짐했어요."

열세 살 소녀에게는 몸이 찢기는 듯 괴롭고 아픈 맹세였을 것이다. 애절하고 친근한 감정을 품었던 존재로부터 거부당하자 마음은 으스러져 산산조각이 났다. 제4장에서 본 유마와 아스카도 마음이 부서지는 일을 두려워하며 엄마의 사랑에 지푸라기라도 잡는 심정으로 매달렸다.

꿈꿔왔던 집은 현실에서는 폭력에 찌든 전쟁터였다. 아빠는 언제 폭발할지 몰랐다. 기분 내키는 대로 행동하는 사람이라 사소한 일에도 "요즘 애들은 왜 이래?" 하며 아들을 사정없이 두들겨 팼다. 이를 사오리는 그저 웃으며 보고 있을 수밖에 없었다.

"사느냐 죽느냐. 지옥이었어요. 오빠가 아빠한테 두들겨 맞아 피를 흘리며 울고 있으면 나도 눈물이 주르륵 흐르는데 그러면 아빠가 '넌 왜 울어'라며 나도 때리려 드니까 무서워서 눈물을 흘리면서도 웃고 있었어요. 방긋방긋 웃고 있지 않으면 기분 나쁘다면서 때리니까. 그때 얼굴만 웃는 버릇이 생겼죠."

사오리는 열심히 감정을 표정에서 '지웠다'.

아빠의 폭력도 두려웠지만 언제 공격 대상이 될지 모르는 계모의 신경질적인 언어폭력에도 늘 가슴 졸여야 했다.

계모의 분노는 갑자기 분출했다. 잡고 늘어질 꼬투리는 널리고 널렸다. 이를테면 사오리에게 "햄버그스테이크 만들어봐"하고 시키고는 만들어놓은 게 마음에 들지 않는다고 소스가 든 냄비를 벽에 내던지거나 철판이나 식기 등을 바닥에 내동댕이쳐서 부엌을 아수라장으로 만들었다.

"그러면 목소리 톤까지 바뀌어서 정말 무서워져요. '널 때리고 싶지만 참느라 이러는 거야' 하고 손에 잡히는 대로 던지고 깨고."

사오리가 잊지 못하는 말이 있다.

"엄마, 있잖아, 나, 남동생이나 여동생 갖고 싶어."

"네가 못살게 굴까 봐 안 만드는 거야."

사오리는 말한다.

"계모는 날 비난하는 게 삶의 낙이라도 되는 듯 끊임없이 매몰차게 공격했어요."

하는 일 없이 자기가 벌어다 주는 돈으로 빈둥거리는 남편을 향한 불만을 '딸'인 소녀를 향한 경멸과 비난으로 해소하려 했던 걸까. 혹은 갑자기 사춘기에 접어든 두 아이의 엄마가 된 운명에 대한 저주였을까. 어찌됐든 사오리가 부조리하다고 느낀 공격, 계모의 느닷없는 분노는 늘 사오리에게로만 향했다.

게다가 오빠는 밤마다 사오리의 성기를 만졌다.

"난 오빠가 정말 좋아서 옆에서 같이 잤는데 왜 그런 짓을 하는 건지. 속옷을 내리고는 성기를 만지는 거예요. 그

게 싫어서 쿠션이나 그런 걸로 막기도 했는데. 어떻게 해야
할지 몰라서 계모에게 말했더니 '그런 일은 어느 집에나 있는
일이야'라면서 상대도 안 해줬어요."

각방을 쓰게 되면서 오빠의 행위는 없어졌지만 사오리
에게 '집'은 늘 공포스러운 공간이었다.

"흔히 집 하면 편히 쉬는 공간을 떠올리잖아요. 하지만
나에겐 감옥이었어요. 매일이 고문 같은 집. 정신적인 스트레
스가 말도 못 했어요."

어떻게 대처했을까.

"감정 스위치를 꺼놓은 채 지냈어요. 계모를 마주할 때
에는 언제 무슨 소릴 들을지 모르니 미리 분노와 감정을 억
누르고 있었죠."

사오리와 나는 가끔 문자메시지를 주고받았는데 2013년
2월에 사오리가 이런 문자를 보냈다.

"얼마 전에 〈뇌남腦男〉이라는 영화를 봤는데 아, 저거,
나다! 나, 뇌녀腦女. 감정이 없는 인간이 살아가는 데 필요
한 대응 방법을 익혀가는 모습이 나랑 정말 똑같았어요."

영화를 보며 사오리는 감정을 지우고 감각을 잃어버
린 채 살아온 자신이 '뇌남'과 똑같다고 느꼈다. 스크린 속 주
인공을 맡은 배우 이쿠타 도마生田斗真는 감각이 없는 인간이
어떻게 타인과 관계를 맺는지 낱낱이 보여준다. 드디어 생긴

'엄마'를 향한 솔직한 마음을 꽁꽁 숨기기 위해 자신의 마음을 얼어붙게 만들었다.

내가 처음 사오리를 만난 2012년 2월은 계모가 암으로 세상을 떠난 직후였다. 사오리는 문병을 갔었다고 한다.

"한참 동안 만난 적이 없어서 상태가 좋지 않다는 소식을 듣고 병원에 갔더니 다리가 부어 있어서. 눈물을 뚝뚝 흘리면서 '그동안 보러 오지 못해서 미안'이라고 말했어요. 그랬더니 계모가 '앞으로 좋아질 테니까 기다려줘' 하고 그쪽도 눈물을 흘렸어요. 원한이라든가 그런 건 이제 없더라고요. 일주일 동안 메시지를 주고받으면서 앞으로는 더 자주 뵈러 가야지 했는데 돌아가셨어요."

그로부터 1년이 흐르는 사이 계모를 향한 사오리의 마음은 오히려 혼란스러워졌다. 최근 문자메시지에는 계모를 만난 일에 어떤 의미를 부여하면 좋을지, 어찌할 바를 모르는 마음이 담겨 있었다. 대화다운 대화도 못 해본 채 한쪽은 죽고 이도 저도 아닌 상태에서 혼자 남겨졌기 때문일까.

"지금은 별의별 생각이 다 들어서 만약 내가 아빠랑 계모의 호적에 올랐다면 어땠을까. 그저 부모 자식이라는 관계는 법적 사실일 뿐 아무것도 달라지는 게 없는 걸까 하는 생각도 해요. 난 계속 할아버지 호적에 올려진 채 있었거든요. 계모랑 좋은 추억이 있었다면 편안히 보내드릴 수 있었을까. 아픈 추억을 흐릿하게 지워가고 싶지만 좋은 추억은 찾을 수 없고. 이렇게까지 하지 않으면 난 계모와의 일을 받아들일 수 없는 걸까 싶기도 하고……."

계모가 세상을 떠난 직후 사오리를 만났을 때에는 계모의 행위에 대해 날을 세우며 공격하지는 않았다. "그건 계모를 향한 다정한 마음이 남았기 때문이었을까?" 이렇게 문자메시지를 보냈더니 분노에 찬 답장이 돌아왔다.

"계모를 향한 다정한 마음? 그 사람은 괴물? 악마? 나를 뇌녀로 만들기 위해 온 사람이었어요. 내 직감과 감정, 감각 같은 것, 나의 매력까지도 난도질하고 갈기갈기 찢어놓고 너덜너덜하게 만들었죠. 도대체 뭘 위해서?"

사오리는 지금 매주 상담 치료를 받고 있는데 이는 계모라는 존재를 어떻게 바라봐야 할지 마음을 정리하고 싶어서였다.

"계모가 하던 카메라 가게의 아르바이트생이라든가 계모의 친구였던 사람이 우리를 어떻게 생각했을지 알고 싶을 뿐이에요. 그들에게 우리가 진짜 모녀는 아니었다는 진실을 전하고 싶어요. 나는 계모를 만난 의미가 무엇인지를 알고 싶은 것 같아요. 계모, 죽었잖아요. 꿈에도 나오니까 좋은 계모가 나오는 꿈을 꾸고 싶어요. 이상적이지만……."

'좋은 꿈'을 꾼 적은 없다. 최근에는 꿈에 나온 계모에게 "계모 주제에!" 하고 그때 하지 못했던 말을 쏟아냈다.

"글쎄요. 그 사람, 정말 나한테 뭐였을까요. 휴……."

이는 제4장의 아스카, 유마와 마찬가지로 상실감에서 오는 괴로움일까. 아무 조건 없이 엄마라며 응석 부리고 싶은 유일한 존재였던 계모가 사오리에게는 엄마에 가장 가까운 존재였다. 계모는 어쩌면 내가 의지할 수 있는, 날 지켜줄 수 있는 유일한 대상이었을 텐데 거부당하고 멸시당하고 내팽 개쳐졌다는 상실감이 고통의 근원이 아닌가 싶다. 그러므로 지금도 자신에게 계모는 어떤 존재였는지 그 의미를 계속 찾고 있는 게 아닐까.

"계모, 생모, 키워준 부모, 다양하게 있지만 진짜 부모라든가 피로 맺어졌다든가 그런 게 어떤 의미인지 묻고 싶어요. 그 누구에게도 아무 조건 없는 사랑을 느껴본 적이 없거든요."

어른이 되고 나서 생모를 찾아 만나러 갔지만 감동의 모녀 상봉과는 거리가 멀었다. 생모는 사오리 아빠와 결별한 후 결혼을 세 번 더 했고 세 번째 결혼에서 얻은 딸이 여섯 살에 소아암으로 죽었다고 했다.

사오리는 최근 문자메시지에서 이런 말을 했다.

"생모는 살아 있지만 내 마음속에서는 죽은 거나 진배 없어요. 계모는 죽었지만 마음속에선 아직 떠나보내지 못하고 있고요. 실제로 죽었는지 살았는지는 상관없어요. 계모가 걸어놓은 마법은 계모가 세상에 없어도 계속돼요."

사오리는 "아무 조건 없이"라는 말을 자주 썼다. 매우 중요한 의미를 담은 말인 양 아이들을 "아무 조건 없이 사랑하고 싶다"라고도 했다. 그리고 그러지 못하는 자신을 계속 질책했다. 한편으로는 계모에게 가장 바라던 것이 무엇보다 "조건 없는 사랑"이었다는 말도. 나에게 이렇게 묻기도 했다.

"쇼코 씨는 두 아이를 정말 아무 조건 없이 사랑하나요? 또는 엄마에게 조건 없이 사랑받고 있다고 느끼나요?"


그 일은 열여섯 살 고등학교 2학년 때부터 시작됐다. 생부와 사이가 틀어진 계모가 집을 나가 본가에 가 있던 시기였다. 오빠는 집에서 자립해 나가 살았고 사오리와 생부 둘이서만 지내게 됐다. 생부는 당시 서른아홉 살인가 마흔 살이었을 터이다.

"처음엔 욕실을 엿보는 것부터 시작됐어요. 욕실에 들어오려고도 했고요. 아빠는 제대로 된 일을 하고 있지 않아서 언제 집에 들어올지 알 수 없으니까 마음을 놓을 수가 없었어요."

계모가 집을 나간 지 얼마 지나지 않아 생부는 사오리가 목욕하는 걸 엿봤고 결국 몸에 손을 댔다.

"그게, 뭐라고 해야 할까, 그냥 집 안에 있는데 스쳐 지나갈 때 손을 뻗어 유두를 슬쩍 만지는 거예요. 앗? 이게 뭐지 싶은. 순식간에 일어난 일이라 뿌리치고 자시고 할 것도 없이. 그래도 설마 아빠잖아요. 고등학교에 다닐 수 있는 것도 아빠 덕분이고……."

어느 날 아빠가 돌아오기 전에 샤워를 끝내려고 일찍 욕실에 들어가 샤워를 마치고 옷을 입으려는데 아빠가 돌아왔다.

"욕실 문을 열려고 하는 거예요. 엿보려고 문을 여는데. 난, 맨몸이었고요. 물기를 닦는 중이라서. 퍽 하고 아빠를 냅다 밀치면서 '하지 마!' 하고 소리쳤던 게 기억나요."

그럼에도 설마 아빠인데 이상한 짓은 안 하겠지 했다. 그래도 사오리는 누가 들어오면 바로 알 수 있도록 방문에 커다란 종을 달아뒀다.

후덥지근한 날이었다. 문에 달린 종소리가 났다. 아빠가 방에 들어와 애교 섞인 말투로 말을 걸었다. 웃통은 벗고 있었고 아래엔 속옷뿐이었다.

"사오리한테 뽀뽀해준 적이 없네. 뽀뽀할까."

그대로 침대로 쓰러졌다.

"그러고 나서는 기억이 없어요. 전혀. 정말 기분이 나빠서 몸이 딱딱하게 굳어서 천장만 바라봤어요. 성 학대를 당한 사람은 다들 천장에서 자신을 보고 있다고 말하던데 그때는 그건 모르겠지만 그냥, 그냥, 움직일 수가 없었어요. 왜 그랬을까 싶을 정도로. 욕실에서처럼 '아빠, 하지 마!' 하고 말하면 좋았을 텐데."

이때부터 성 학대는 계속 이어졌다.

"왜지? 하고, 어떻게 이해하면 좋을지 모르겠어서. 부질없는 비교이지만 계부라면 이해가 될지도 모른다고, 다행일지도 모른다는 생각이 드는 거예요. 친아빠라는 사람이. 아빠라는 사람의 마음을 전혀 이해할 수 없어서. 그래도 이렇게 생활할 수 있는 게 아빠 덕분이기도 하고…… 불면증에 시달렸고 거식증에 걸리기도 했어요. 전부, 토막토막 끊어서 생각할 수밖에 없어서. 정답 같은 것도 없고, 평생 용서하지 않을 거예요. 떠오르지 않는 날도 있지만 후텁지근한 여름이 오면 어쩔 수 없어요. 그 공기가."

현재 일본에선 얼마나 많은 아이들이 성 학대를 당하고 사오리와 같은 피해자가 생겨나고 있을까. 아마 우리 의식 속엔 그렇게 많지는 않을 거라며 현실을 부정하고 싶은 마음이 클 것이다. 후생노동성이 발표한 아동 상담소의 '상담 종류별 대응 건수'(2012년도) 비율을 보더라도 '신체적 학대'가 35.4퍼센트, '심리적 학대'가 33.6퍼센트, '방임'이 28.9퍼센트이며 '성 학대'는 2.2퍼센트로 매우 낮다. 지난 몇 년간 심리적 학대의 비율은 늘었지만 성 학대 상담 건수는 전체의 3퍼센트 정도 선으로 연도별로 그렇게 큰 변화는 없다.(후생노동성이 발표한 2020년도 아동 상담소의 '상담 종류별 대응 건수'를 보면 신체적 학대가 24.4퍼센트, 심리적 학대가 59.2퍼센트, 방임이 15.3퍼센트, 성 학대가 1.1퍼센트로 나타났다. ─ 옮긴이)

임상 현장에선 이 숫자가 실태와 동떨어졌다고 지적한다. 2001년 11월부터 2011년 10월까지 아이치소아센터에서 학대로 치료를 받은 환자 수는 1,110명이다. 그 가운데 성 학대를 받은 환자 수는 남성 56명, 여성 132명으로 총 188명이며 전체의 약 17퍼센트에 달한다. 이 조사에 따르면 피해 여성의 경우 가해자는 생부, 계부, 생모의 애인 혹은 동거인, 시설 연장아(남녀 포함), 친오빠 순이다. 피해 남성의 경우 가해자는 시설 연장아(남녀 포함), 생모, 생부, 계부 순이다.


잠시 말이 끊겼고 휴, 한숨을 내쉰 뒤 사오리는 말을 이었다.

"그 집, 판자로 잇댄 천장이었어요. 지금도 꿈에 그 천장이 나오곤 해요. 전기 콘센트라든지 그런 부분이 나와요. 난 천장을 보고 있었으니까 천장이 또렷이 기억에 남아 있어요. '천장이 판자로 되어 있구나' 생각하며 보고 있었어요."

사오리

코끝이 찡했다. 이건 악몽이다. 아니 실체가 없는 나쁜 꿈이기만 하다면 얼마나 좋을까. 소녀의 여린 마음은 푹푹 찔린 채 유린당하고 몸과 마음은 분리된 채 천장만 바라봤다.

"몸이, 왠지 정말 무거웠어요. 굳으니까."

나는 할 말을 잃었다. 이제 괜찮을 거야. 이제 더 이상 그때로 돌아가지 않아도 되니까.

하지만 사오리는 뭔가 나에게 더 전하려고 했다.

"그건 뭐라고 말해야 되지…… 음, 표현을 잘 못 하겠네요. 어쨌든 혀의 감각이라든지 그런 게 정말 기분이 나빠서…… 담뱃진 맛이랄까. 그래서 담배 피우는 사람 정말 싫어해요."

당시 사오리의 머릿속은 생부의 행위에 대한 의문, '왜'라는 물음표로 가득 찼다. 피해를 당한 이후에도 "고등학교에 다닐 수 있는 것도 아빠 덕분"이라고 생각했다. 딸에게 그런 행위를 하는 부끄러운 아빠를 탓하고 울분을 터뜨리는 게 정당한데도 아니, 단연코 그래야 하는데도 "욕실에서처럼 '아빠, 하지 마!'"라고 소리치지 못한 자신을 탓한다.

아이치소아센터의 아라이 야스아키 의사가 성 학대 피해자를 치료해본 경험을 들려줬다.

"트라우마를 껴안은 피해자 대부분에게 나타나는 현상인데 전혀 잘못한 게 없는데도 불구하고 자신을 탓하고 자기 평가도 낮습니다. 학대 건에 대해서 '그건 아빠가 잘못한 거야' 하고 말했을 때 '어, 그래요?' 하고 대답하면 그나마 나은 상황이고 한동안 치료를 한 후에도 '내가 잘못한 거라서 어쩔 수 없어'라든가 '아빠 덕분에 살아가고 있으니까' '엄마를 귀찮게 하고 싶지 않으니까'라고 말하는 아이가 많아요. 정말 문제의 뿌리가 깊구나 싶더라고요."

사오리가 건네준 메모에는 이런 대목이 나온다.

"무엇을 위해서 살고 있는 건지 모르겠어서, 감금당한 듯한 생활이 무서워서 감정을 없애버리기로 정했다."

최근에도 '아빠에게 당하는 꿈'을 꾸었다.

"그때와 마찬가지로 꿈속에서도 몸이 굳어서 움직일 수가 없었어요. 반항을 하지도 못하고 그저 아빠가 하는 대로 가만히 있을 수밖에 없어서 뭐라 말할 수 없는 기분이었죠. 하지만 꿈속에서 처음으로 생각했어요, 왜 계모에게 말하지 못했을까 하고. 그 당시에는 계모에게는 말하지 않는 게 좋겠다든지 그런 생각조차 머리에 떠오르지 않았는데 말예요."

아니, 말했다 해도 계모는 사오리를 지켜주지 않았을 것이다. 외려 더 큰 상처를 입었으리라.

실제 계모가 아닌 생모라 하더라도 딸이 아빠에게 성학대를 당하고 있다는 사실을 알고도 생활을 위해 남편과의 삶을 계속 이어가는 케이스가 많다고 들었다. 최악의 경우는

사오리

딸이 유혹했다는 식으로 남편이 아닌 딸을 책망하는 일도 있다. 그러는 사이 아이들은 이중 삼중으로 깊은 상처를 입는다.

아이치소아센터 임상 사례를 보면 성 학대 후유증이 얼마나 심각한 중증인지를 분명히 알 수 있다. 해리성 장애, PTSD(외상 후 스트레스 장애), 공격적·반항적 행동을 특징으로 하는 행위 장애가 병존해서 치료가 가장 힘들다고 한다.

처음 만났을 때 사오리는 "나, 아무래도 다중 인격인 것 같아요. 설마 싶은 굉장히 흉악한 인격이 내 안에 있어요"라고 말했다. 너무도 무심히 흘러나온 말이라 앗? 흠칫 놀라면서도 곧이어 사오리 안에 다른 인격이 생겨났다고 한다면 틀림없이 그때일 거라는 생각이 들었다. 생부에게 짓눌리는 동안 자신에게 일어나는 사건을 남의 일인 양 분리시킨 채 천장만 뚫어져라 쳐다봤던 그때. 의식과 몸을 분리하는 일로 고통을 멀리 쫓아버리려 했던 그때.

흉악한 인격이 장난을 친 적도 많았다고 한다.

"전에 살던 연립주택의 2층 주인에게 '죽어, 죽여버릴 거야. 죽으라고. 이 나쁜 놈'이라고 쓴 연하장을 보낸 적이 있어요. 참 바보 같죠. 계속 그 사람을 기분 나쁘게 만들고 싶었어요. 누군가한테 살해당했으면 좋겠다고."

큰아이가 한 시간마다 깨서 힘든 나날을 보내던 때의 일이다.

"나이 많은 아주머니라든지, 만나는 사람에게 '애가 잠을 안 자요' 하고 말하면 웃으면서 '아유, 언젠간 자게 돼' 하고. 난 순간 그 아주머니를 진심으로 죽이고 싶었어요. 살인 충동이 있어요, 저한텐."

두 번째 취재에 응했을 때 사오리는 "오늘은 오기 전에 '결단'을 하고 왔다"라고 했는데 자기 안에 '지킬과 하이드'가 있다는 사실을 깨달은 이상 이대로는 안 되겠다고 판단했기 때문이라고 했다. 두 번 다시 떠올리고 싶지 않은 아빠의 성 학대를 똑바로 마주하자고, 괴롭지만 제대로 말해보자고 마음먹었다고 한다.

"하이드가 나올 것 같을 때 어떻게든 그걸 해소하지 않으면 첫째 애한테 쏟아붓고 말아요. 얼마 전 진찰할 때 모니터를 보다가 차트를 얼핏 봤어요. '둘째인 아들과는 다정하게 지낸다. 하지만 첫째인 딸 이야기가 나오면 눈빛이 달라진다. 말투도 매우 거칠어진다'라고 쓰여 있더라고요. 집에 돌아와 '그렇게나 달라?' 하고 남편에게 물었더니 그렇다고, 첫째가 불쌍하다고 하더라고요."


아이치소아센터에서는 부모 쪽 차트도 만들어 '가족 병행 치료'를 진행하는데 진찰실에 들어오는 학대 피해 아동의 부모 대부분이 '치료받지 못한 과거의 학대 피해 경험'이

사오리

있었고 그 가운데에도 성 학대 후유증이 가장 심각했다.

스기야마 도시로 의사가 진찰실에서 보여준 스케치북 한 권이 잊히지 않는다. 진료 과정의 하나로 아이 어머니에게 자유롭게 그리라고 내준 스케치북이었다. 검은 크레파스로 뭉개놓은 살벌한 그림 뒤에 밝은 색채의 꽃밭 그림이 펼쳐졌다. 색색의 꽃과 파란 하늘, 새가 노니는 낙원 풍경을 넘기면 다시 암흑세계로 확 바뀐다. 스케치북을 넘길 때마다 맛보게 되는 단절에 의사의 얼굴을 쳐다보며 '믿을 수 없어요' 하고 머리를 가로저었다. 도저히 동일한 사람이 그렸다고 보기 어려웠다.

해리성 정체성 장애. 이 엄마가 받은 진단명이다. 이 여성에게는 여러 개의 인격이 있고 각각의 인격이 각자 생각하는 대로 그림을 그린 것이다. 이 엄마 또한 과거 학대를 겪으며 자란 성 학대 피해자였다. 아이치소아센터에서 가족 병행 치료를 받는 부모의 63퍼센트가 성 학대 피해자였고 해리성 정체성 장애라는 진단명이 붙은 케이스는 42퍼센트에 달했다.

사오리에게 다른 인격이 있다 해도 그리 이상한 일은 아니었다.


2013년 1월 오랜만에 다시 만난 날 사오리는 "요즘엔 살인 사이트도 별로 보고 싶지 않아요"라고 아무렇지 않게 말했다.

"오컬트 정말 좋아했는데 얼마 전에는 토가 나올 정도로 기분이 나쁘고 무서워서 파르르 몸이 떨렸어요. 살인 사이트는 이제 안 봐요. 내 안의 (흉악한 인격의) 기괴한 괴물은 사라졌는지도 모르겠네요. 이전에는 (내 안에) 기괴한 괴물이 있다고 생각했거든요. 다만 아직도 극단적으로 다른 내가 있지 않을까 하는 생각은 들어요."

사오리의 '출생' 메모에 이런 문장이 있다.

"아빠의 성 학대가 이어졌다. 기분이 나빠 참을 수 없어서 계모에게 돌아와달라고 부탁했다."

계모가 돌아오면서 아빠의 성 학대는 겨우 끝이 났다. 생부에게서 받은 성 학대는 계모에게는 도저히 말을 못 하고 그대로 자기 안에 봉인했다.

사오리는 스물한 살에 결혼하면서 집을 떠났다. 이 결혼은 그저 집을 벗어나기 위한 수단이었다. 1년 만에 이혼했지만 집에는 돌아가지 않고 혼자 살았다. 그리고 사오리가 스물다섯 살 때 생부와 계모는 별거에 들어갔고 사오리가 서른 살 때 이혼했다. 같은 해 사오리는 지금의 남편과 결혼하기로 마음먹었다. 남편은 사오리가 접수처 직원으로 일하던 회사에 자주 드나들던 단골 업자였다.

"학대를 할 때는 저, 악마가 돼요. 화가 치밀고 머리가 터질 것 같고 살의에 휩싸여요. 죽여버리겠다는 생각까지 들어서 한번은 아동 상담소에 전화를 걸었어요. '지금, 애를 반 죽여놓을 것만 같아요'라고 말했죠. 그때는 아동 상담소에서 집으로 찾아오지는 않았는데 내가 우울증이 있고 몸이 좋지 않을 때여서 그쯤에서 끝났어요."

사오리는 첫째인 유메와 네 살 아래인 둘째 가이 이렇게 두 아이와 지낸다. 탁 하고 스위치가 켜진다. 그 대상은 유메다. 유메는 '특정 불능의 광범성 발달 장애'라는 진단을 받았다. 고집이 세고 과민한 감각 등을 지녀서 대하기 힘든 아이임에는 틀림없다. 짜증이 나면 두 시간이든 세 시간이든 발로 바닥을 쿵쿵 치면서 꺅, 꺅 소리를 질러댔다.

"유메, 아래층에서 시끄럽다 그러니까 그만해."

사오리가 이렇게 말하면 오히려 더 쾅쾅대면서 소란을 피운다. 일어나 문을 탕탕 큰 소리 나게 몇 번이나 여닫는다. 이때 사오리의 머릿속 회로에 빨간 불이 켜진다.

"야, 그만해."

미쳐 날뛰는 유메를 있는 힘껏 발로 찬다.

"이렇게 되면 걷잡을 수 없는 흥분 상태가 돼요. 펄펄 끓는 온수기가 되고 나면 더 이상 아무 생각도 안 나요. 이성 같은 건 사라지죠. 애를 짓밟고 걷어차고 그러는 동안은 내

분에 못 이겨서 자제가 안 돼요. 정말로 애가 싫거든요. 어쨌든 애, 정말 짜증 나. 시끄러워."

발에 차여 나뒹구는 유메가 엉엉 울어댄다.

"잘못했어요, 잘못했어요."

"그만해, 시끄러워."

애를 때리기 시작하면 쉬이 멈출 수가 없다. 상대가 아이인데도 사정을 봐주는 일은 일절 없다. 사오리에게 이때 유메의 표정이 어떤지 물어봤다.

"어? 얼굴은 꼴도 보기 싫어서 안 봐요."

사오리는 유메를 수차례 발로 찼다.

"하지 마, 때리지 마. 왜 때려."

"네가 싫으니까. 그래, 네가 물으니까 말해줄게. 네가 싫어서 그런다, 왜."

냉정히 생각해보면 이게 유메에게 좋지 않은 행동이라는 건 잘 알고 있다. 앞으로 절대 때리지 않겠다고 다짐하는데도 분노 스위치는 어김없이 작동한다.

"난, 지금까지 뭐든, 어쨌거나 어떻게든 혼자 해결해서, 육아도 쉽게 할 수 있을 것 같았어요. 하지만 설마, 이렇게까지……."

사오리는 지금까지 학교에서도 사회생활을 하면서도 해야 할 일들을 착실히 잘 해냈다. 과거에 학대를 경험했으리라고는 전혀 눈치채지 못할 만큼 명랑한 성격과 유머를 지녔고 남을 배려하는 태도도 뛰어났다. 사오리가 처음으로 자기 뜻대로 되지 않는 일에 부딪힌 게 바로 육아였다.

"하나둘, 내 과거가 선명히 떠오르는 거예요. 게다가 유메는 신경이 날카로워서 다루기 힘들었어요. 잠도 안 자고. 나한테는 육아 모델이 없어요. 누군가 나를 키워준 일이 없으니까."

아이를 어떻게 키워야 할지 모르는 자신한테 안절부절못했고 때려서라도 말을 듣게 만들려고 했다.

"말로 해서 안 들으면 때려서라도 듣게 해야지 싶어 순간적으로 손이 나가고 말아요. 훈육의 일환이라고 생각했어요. 하지만 일단 폭력이 시작되면 딴사람이 돼서 멈출 수가 없는 거예요. 악마예요. 딸이 뭔가 반항적인 말을 했을 뿐인데 화가 치밀어 목을 졸라요. 아동 상담소에 전화했을 때는 목을 조른 후였고 유메……, 뒹굴고 있어서."

그렇다고 해서 남에게 도움을 청할 수도 없었다.

"사람을 믿지 못하니까. 아이를 남에게 맡긴다는 건 생각도 못 했어요. 지금 생각하면 패밀리서포트(일본 각 지자체가 운영하는 지역 육아 돌봄 활동의 하나로 육아 등을 지원받고 싶은 의뢰 회원과 지원하고 싶은 제공 회원으로 구성된다. 육아 지원을 받고 싶을 때 지자체에 회원 등록을 하고 패밀리서포트센터에 신청을 하면 의뢰 회원과 제공 회원을 연결해준다. – 옮긴이)라든지 여러 방법이 있었는데, 애를 때리더라도 그래도 내가 보는 편이 낫다고. 애를 남에게 맡기다니, 그런 일은 생각도 안 했어요."

일단 애를 때리기 시작하면 자기 안에서 살의가 치밀어 오르는 게 또렷이 느껴졌다.

"이대로 이렇게 있다가는 언제 미칠지 몰랐고 미치고 안 미치고는 종이 한 장 차이였어요."

둘째를 임신했을 때에는 웬일인지 마음이 차분해졌다. 하지만 둘째는 자신에게서 물려받은 유전자의 영향으로 시각 장애가 있다는 진단을 받았다.


둘째의 장애를 계기로 우울 상태에 빠져들었다. 성 학대 피해자에게는 심각한 우울 증상이 다른 병과 같이 발생하는 일이 많고 우울증을 앓게 될 확률은 일반인의 수배에서 수십 배로 그 위험성이 높다고 알려졌다.

"아이 둘을 데리고 자살하는 생각만 했어요. 이대로는 더 이상 안 되겠다 싶어서 정신과에 달려갔죠."

2010년 9월의 일이다.

사오리가 건넨 의사의 의견서에는 이렇게 쓰여 있다.

"둘째 출산 후 아이의 시각 장애에 대한 죄책감, 밤에 깨서 우는 아이를 달래는 일, 첫째의 문제 행동 등으로 불면증, 우울감, 초조감, 자살 충동 등이 두드러짐, 당원 초진."

두 번째 진찰 때 사오리는 의사에게 호소했다.

"이대로 지내다간 죽일 거예요. 두 애를 유아원에 맡기고 싶어요. 매일 죽는 생각만 해요."

아이에게 폭력을 가한다는 사실이 밝혀지자 병원은 "엄마가 위험하다"라고 아동 상담소에 알렸고 남편도 직장에서 불려 왔다. 이튿날 부부가 아이들을 데리고 아동 상담소로 찾아갔고 그대로 아이들은 일시 보호 조치되었다. 이날은 가이의 첫돌이었다.

"'아이들이 어디에 있는지는 알려줄 수 없습니다. 연락도 절대 할 수 없습니다. 면회도 안 되고 2개월 동안 아이들을 만날 수 없습니다'라는 말을 들었는데 하지만 그 편이 아이들에게는 좋을 거라고. 결국 그런 선택을 했네요."

사오리에게 말하지는 않았지만 이때 두 아이는 남매가 함께 위탁 가정에 긴급 보호 조치되었다. 아이를 맡기고 한 달 후 사오리는 집에서 쓰러졌고 그대로 병원에 입원했다.

"아이들이 없으니까 먹는 것도 웃는 것도 다 잊어버렸어요. 남편이 돌아오면 함께 밥을 먹었지만 남편이 3일 동안 출장을 갔을 때에는 아무것도 먹지 않아서 의식을 잃고 쓰러졌어요. 이제 정말 끝이라고 생각했어요. 정신을 차려보니 휴대전화로 남편에게 전화를 걸고 있었고 바로 정신과에 입원했죠. 그때부터 본격적으로 우울증 치료가 시작됐어요."

입원 중에 상담을 받으면서 자신이 왜 아이들에게 폭력을 휘두르는지 찬찬히 들여다봤다.

"아빠가 아무 이유 없이 갑자기 폭력적으로 변하던 것과 똑같은 행동을 내가 하고 있다는 걸 깨달았어요. 아빠에게 하고 싶었던 말, 계모에게 하고 싶었던 말, 꽁꽁 억눌러놓은 마음을 내 아이들에게 쏟아내고 있었어요. 어린 시절부터 쌓아온 분노가 유메에게로 뿜어져 나온 거죠."

그제야 비로소 "자신을 객관적으로 바라봤다"라고 사오리는 말한다. 과거를 직시할 수 있게 되면서 분노가 분출했다. 남편에게도 아동 상담소 복지사에게도 분노를 쏟아냈다. 오랫동안 뚜껑을 꽁꽁 닫아두었던 감정이 쏟아져 나왔다.

"남편에게는 지금까지 '괴롭다, 외롭다, 그러니까 휴가를 내라'라고 계속 말했는데도 휴가를 내지 않아 화가 났는데 남편도 어떻게 해야 좋을지 몰랐을 거예요. 상담을 받으면서 감정을 쏟아내고 나자 내 몸에 일어난 일을 남편에게도 말할 수 있게 됐어요. 그게 나 자신을 객관적으로 바라볼 수 있는 출발점이었던 것 같아요."

약 한 달 동안 입원해 지내는 동안 우울 증상이 개선되어 사오리는 퇴원했다. 이때 자신에게 두 아이의 존재가 얼마나 큰지 절실히 깨달았다고 한다.

"두 달 떨어져 있었는데 두 달이 다 되어갈 무렵에는 '아이를 만나게 해주세요' 하고 몇 번이나 아동 상담소에 전화했어요. 역시 아이들의 존재가 너무나 크더라고요. 두 아이 모두 정말 사랑스럽고. 진심으로 그런 생각이 들어서 그래서 '두 번 다시 절대 아이를 때리지 않을 테니까 아이를 데려가게 해주세요' 하고 계속 매달렸죠."

"아이들을 직접 아동 상담소에 맡긴 건 당신 스스로 아이들을 지킨 훌륭한 행동이었다"라는 상담사의 말도 사오리에게 자신감을 불어넣어주었다. 사오리는 마음속으로 맹세했다. '아이들은 내가 지킨다'라고.

"그 두 달 동안은 나를 들여다보는 소중한 시간이었어요. 아이와 두 달 떨어져 지내다 재회한 순간은 정말로 신선했어요. 내가 아이였어요. 어른이 되기를 거부하고 있었던 거죠. 내가 봐온 어른은 거짓말쟁이에다 자기 마음대로 아이를 조종하려 드는 사람이었으니까요. 지금은 내가 어른이 되었다고 생각해요. 애가 집이 떠나가라 앙앙 울어대도 귀엽다는 생각이 들더라고요."

이렇게 말한 시기는 아이가 돌아오고 나서 1년 2개월 정도 지난 2012년 2월이었다.

그 후 1년, 아이들과의 관계가 극적으로 개선되었느냐 하면 아니었다. 일진일퇴를 거듭했다. 유메에게 화가 나는 나날은 변함없이 계속됐다. 게다가 초등학교에 입학한 유메가 적응을 못해 학교를 자주 빠지게 될 때마다 아이를 학대하는 게 아니냐는 학교 측의 의심을 받았다.

"감시받는 것 같았어요. '유메 옷, 세탁해주세요'라고 알림장에 쓰여 있기도 하고 애를 방치하는 거 아니냐는 식의 의심을 계속 받았어요. 유메는 옷에 정말 집착이 심한데. 매일 이런 일만 생기니 진이 빠져서 아동 가정센터의 지원도 전부 끊었어요. 다들 연계, 연계 하는데 도대체 뭘 어떻게 연계해준다는 건지."

아동 가정센터는 각 지자체가 지자체장의 권한으로 설치하는 기관으로 전문 상담원의 상담을 비롯해 다양한 육아 지원 사업을 벌이고 있다. 사오리는 단기 돌봄 등의 서비스를 이용했다고 한다.

유메가 학교를 자주 빠지자 학교 측과 교육 위원회가 해명을 요구했고 사오리는 혼자 학교에 불려 갔다. 이때는 유메의 주치의가 써준 의견서가 도움이 되었다. 주치의는 유메의 '특정 불능 광범성 발달 장애'는 '사회성 부족, 소통 능력 부족, 강한 집착, 상상력 부족, 감각 과민성 등을 주요 증상으로 하는 발달 장애'라고 설명하면서 사오리가 방임한다는 증거가 됐던 의복에 대해서도 구체적으로 언급했다.

"감각 과민은 큰 문제를 야기합니다. 이를테면 속옷 등이 직접 피부에 닿는 것을 싫어하기도 하는데 무리해서 옷을 입게 하면 큰 고통을 받습니다. …… 또한 집착이 강한 까닭에 똑같은 옷이나 수건 등을 계속해서 사용하고 싶어 하는 경향도 보입니다."

의견서 덕분에 학교에 가져가는 소지품 하나하나에 방임을 의심받는 일이 줄었고 유메의 특성을 고려한 더 세세한 돌봄을 할 수 있게 됐다. 하지만 유메의 끈질긴 집착, 갑작스러운 짜증, 같은 말을 반복하는 일은 조금도 바뀌지 않았다. 종종 사오리와 전화 통화를 하곤 하는데 "그저께 또 그랬어요" 하고 사오리가 말을 꺼냈다.

1학년 수료식 날 아침에 유메가 "학교 안 가"라고 고집스레 말했다.

"오늘은 수료식이라서 두 시간이면 끝나니까 갔다 와."

"싫어, 안 가."

유메는 잠옷을 입은 채 책상 앞에 앉아 꿈쩍도 하지 않았다.

"이렇게 되면 100퍼센트, 유메는 학교에 안 가요. 정말 고집이 세거든요. 결국 자기가 하고 싶은 대로 하니까."

안 가면 학교에 전화해야 한다고 말하면서 사오리가 유메에게 물었다.

"그럼, 유메. 쉴 거야, 늦게라도 갈 거야? 학교에 뭐라고 말해?"

"몰라."

그 한마디에 스위치가 켜졌다.

"말투가 건방지기 짝이 없었다"라고 했지만 순간 유메가 있는 방으로 돌진해 옆구리를 발로 힘껏 걷어찼다.

"네 일이잖아? 뭐야, 그 말투는?"

한번 시작된 사오리의 발길질은 점점 포악해졌다. 몇 차례의 발길질 끝에 마지막엔 신고 있던 슬리퍼를 벗어 들고는 머리를 퍽퍽 힘껏 내리쳤다. 결국 유메는 학교에 갔다.

"집에 있으면 무서우니까 갈 거야."

처방받은 '짜증을 억제하는 한방약'을 매일 밤 먹게 하는 일이 되레 유메의 짜증을 유발하기도 했다. "먹기 싫어" 하고 이리 뻗대고 저리 뻗대면서 투덜대다가 앙 울음을 터뜨렸다.

"이게 시작되는 게 '잠잘 시간이야'라고 말한 9시 무렵부터예요. 두 시간이나 이러고 있어요. '안 먹어도 돼'라고 말하면 '안 먹으면 입원해야 하잖아' 그러면서 또 징징대고. 나도 남편도 두 손 두 발 다 들었어요. 깨끗이 포기하고 그냥 놔둬요. 그렇지 않으면 머리가 돌아서는……."

하지만 화를 억누를 수 없는 밤이 있다.

"유메는 '밤이 되면 엄마가 화를 낸다'라고 말하는데 정말 밤이 되면 내가 멈추질 못해요."

사오리

"멈추지 못하면 어떻게 돼요?" 하고 물어보자 "주구장창 구구절절 유메에게 말을 해요"라는 답이 돌아왔다.

"너만 학교에 잘 다니면 엄마가 학교에서 이래저래 말들을 일도 없잖아. 너 때문에 방임한다고 의심받고 매일 학교에 불려 가고. 너 같은 애는 낳지 말 걸 그랬다. 보기만 해도 화가 난다고. 엄마라고 부르지도 말라고."

"낳지 말 걸 그랬다", 그렇게, 말했다. 또박또박 분명한 목소리로, 몇 번이나.

분명 엄마에게는 때로 그렇게 말하고 싶은 순간이 있다. 될 대로 되라는 심정에 이를 때다. 아이에 대해 참을 수 없게 될 때, 어디에도 마음 둘 곳이 없다고 느껴질 때. 하지만 나 스스로 이 말만은 절대 해서는 안 된다고 다짐하는 말이기도 하다. 엎질러진 물은 담을 수 없다지만 만약 이 말을 내뱉고 나면 반드시 후회하게 되고 아이에게 서둘러 사과하고 부정한다. 그런 일은 생각도 안 해봤다고.

사오리도 그랬다. 유메에게 해서는 안 되는 말을 했다는 사실을 알고 있었다. 하지만 "애가 불쌍하잖아. 난 왜 그런 심한 말을 했을까" 하는 마음과 "미워죽겠어, 차라리 없었으면 좋겠어" 하는 마음이 동시에 존재했고 마음이 "밉다, 미워죽겠다"라는 쪽으로 기울어지면 멈출 수 없었다.

멈출 수 없었다는 사오리의 마음을 모르는 게 아니다.

화가 치밀어 아이를 야단치기 시작하면 자신을 제어하는 게 힘들 때가 있다. 하지만 어른은 그때 자신을 진정시키는 기술을 갖고 있다. '이제 그만, 지나쳤다. 아이를 더 이상 다그치는 건 애한테 가혹하다'라고 심호흡을 한번 하고 아이를 달래며 상황을 수습한다.

하지만 사오리는 자신도 자각하고 있듯이 자기 또한 '똑같은 아이'가 되어버리기 때문에 억제할 수 없다. 애착이라는 기반을 갖지 못한 아이가 튀어나온다. 사오리가 유메에게 소리친 "엄마라고 부르지도 마"라는 말은 사오리가 계모에게 들은 말 중 가장 상처받은 말이었다. 계모에게 당한 것과 똑같은 일을 유메에게 한다.

"사실은……" 하고, 사오리가 머뭇머뭇 말을 꺼낸다.

"저, 자주, 유메한테 '여기서 뛰어내려'라고 말해요. 베란다에 세워놓고는. 정말로, 그렇게 생각하니까."

"아…… 어떤 상황에서 그렇게 말해요?"

"뭐 상황이야 다양하지만 얼마 전에도 그랬어요. '그렇게 학교 가기 싫으면 여기서 뛰어내려. 그러면 안 가도 되니까. 3층이니까 죽진 않을 거야. 다리 정도 부러지겠지.'"

"그랬더니 유메는 어떻게 했어요?"

"'아픈 거 싫어'라고."

유메와 가이가 싸울 때 유메는 가이를 이렇게 몰아세

사오리

웠다.

"너 바보냐. 여기서 뛰어내려."

사오리가 유메에게 하던 말이었다. 단어 하나하나 말투도 똑같았다. 사오리는 이걸 참을 수 없었다.

"내 마음속에서 유메는 실패작이에요. 가이에게 이 말을 하는 유메가 정말 증오스러웠어요. 유메의 주치의에게 '애를 죽일지도 몰라요'라고 선언하기도 했어요. 그래서 그때 유메가 바로 입원을 했나 봐요."

초등학교 1학년 여름부터 유메는 발달 장애 전문 외래 치료를 받았고 병원에 3주 동안 입원하기도 했다고 들었는데 이런 사정이 있었나 보다.

유메가 학교에 가지 않아서 유메를 대기실에 기다리게 해놓고 상담받던 때의 이야기다. 사오리는 화가 난 채 소리쳤고 한다.

"(대기실에) 애가 있어요. 쟤, 죽이고 싶어요."

"애라니? 누구요?"

"쟤요. 쟤는 왜 저럴까요?"

"아, 애가 혼자서 기다리고 있어요? 괜찮을까요?"

"제 맘대로 학교에 안 간 거니까 혼자 있어도 돼요."

이 일화를 듣고서, 또한 유메가 '죽었으면 좋겠다'는 마음에 거짓은 없다는 사오리의 말에 나는 "정말?" 하고 물었다.

"죽었으면. 트럭에라도 치였으면 좋겠다고. 그래서 난 유메가 차에서 내릴 때 '조심해'라는 말 안 해요."

하지만 사오리는 아이한테 손찌검하는 자신을 어떻게 든 해보려고 계모와의 관계의 '의미'를 끊임없이 찾고 있는 게 아닐까.

"계모에게 당한 끔찍한 일을 유메에게 하고 있다고 생각하니까 계모가 왜 나에게 그렇게 했는지 이유를 알면 뭔가 풀 수 있지 않을까 싶어서……."

유메를 향한 애정이 없다면 이렇게까지 자신을 파헤치고 들여다보려는 시도도 하지 않으리라. 이는 애정의 증거이다.

사오리는 내 말을 부정하지 않았다.

"그러네요. 어떻게든 하고 싶다는 생각도 애정의 하나 겠네요."

자신을 바꾸고 싶은 마음이 있기 때문에 이번 취재도 큰마음 먹고 받아들였을 것이다. 이대로 괜찮다고 생각했다면 "죽었으면 좋겠다"라는 등의 말을 취재기자에게 하지는 못할 것이다.

최근 메시지에서 사오리는 이런 말을 했다.

"내가 유메에게 하는 짓, 아마, (내가) 누군가에게 당했던. 유메를 대하는 마음도 누군가가 (나를) 대했던 마음."

사오리

사오리는 자기 안의 분노 마그마를 유메에게 분출한다는 사실을 인지했다. 이대로 가면 더 이상 정신이 버텨내지 못하리라는 공포감도 느꼈다. 그래서 사오리는 트라우마 치료법 중 하나인 'EMDR(Eye Movement Desensitization and Reprocessing, 안구 운동 민감 소실 및 재처리 요법)'을 받기로 했다. EMDR은 안구 운동을 주요 특징으로 하는 치료법으로 환자의 눈앞에 손가락을 세워 좌우로 왔다 갔다 하면 환자가 손가락을 좇아 안구를 움직이는 방식으로 치료를 진행한다. 안구 운동과 함께 트라우마가 된 기억을 떠올리면 그 기억과 심리적 거리를 두게 된다. 그러면 고통이 옅어지고(민감 소실) 동시에 자기 긍정감이 향상된다고 한다.

예를 들어 아버지에게 성 학대를 당한 여자아이의 자기 인식은 '짧은 바지를 입은 내가 잘못했다'는 식이다. EMDR에 따라 아버지에게서 성 학대를 당하는 장면으로 돌아가면, 당시를 떠올리면서도 거리를 두고 바라보게 되어 '짧은 바지를 입은 내가 잘못한 게 아니라 아버지가 나쁘다'라고 생각하게 된다. 수차례의 EMDR 세션을 거치면 최종적으로 자신을 긍정하는 이미지를 가질 수 있고 낮아졌던 자존감도 향상된다. EMDR은 트라우마를 떠올리면서 인지의 왜곡된 부분을 수정하는 치료법이다.

EMDR 세션은 환자가 안전하다고 느끼는 장소를 떠올

리는 데에서부터 시작한다. 사오리도 그랬다.

의사가 사오리에게 물었다.

"당신이 안심할 수 있고 안전하다고 생각되는 장소를 떠올려보세요."

"벽으로 둘러싸인 창문도 문도 없는 큐브 안."

"그건 안 돼요. 사진이라도 좋으니까 안전하다고 여겨지는 장소를 그려보세요."

"따뜻한 남쪽 섬. 탁 트이고 조용하고 한적하고 푸른 바다와 하얀 백사장이 펼쳐지고 아무도 밖에서 들어올 수 없는 남쪽 섬."

"그게 좋겠네요. 좀 더 자세히 그려볼까요. 어떤 느낌이에요?"

그 순간 사오리 마음속에 남쪽 섬의 이미지가 와르르 소리를 내며 무너지고 순식간에 흑갈색으로 채색된 세계가 나타났다.

"왜 그래요?"

의사는 사오리의 변화를 눈치채고 물었다.

"안전한 장소 같은 건 없어요. 그런 곳은 없어요. 무서워요, 무서워, 무서워. 그런 데가 어디 있어요."

"아, 오늘은 그만할게요."

날이 바뀌어 두 번째 세션. 똑같이 안전한 장소를 확인하는 단계부터 시작했다. 의사는 두 손가락을 사오리 눈앞에서 좌우로 몇 차례 왔다 갔다 하다가 멈췄다.

"따뜻한 이미지를 떠올려볼까요. 따뜻한 느낌이 드는 걸 떠올려보는 일부터 할게요."

"없어요, 그런 거. 모르겠어요. 없습니다."

고개만 젓는 사오리에게 의사는 이렇게 말했다.

"몸과 마음이 조각조각 흩어진 걸까요. 머리와 몸의 감각이 연동되어 있지 않아요. 느끼는 감각이 다 토막 나서 앞으로 나아가질 못해요. 감각이 없으면 이 치료는 진행할 수 없어요. 원래 받던 상담으로 돌아가는 게 나을 것 같아요."

사오리가 떠올렸던 광경, 푸른 바다와 하얀 백사장이 순식간에 무너지고 세상이 온통 흑갈색으로 도배된 영상은 바로 열한 살 때 강간당하던 때의 광경이었다.

"흑갈색 억새. 강간당할 때 쏴아, 쏴아 하고 억새가 바람을 가르는 소리까지 선명하게 전부 떠올랐어요. (남자가) 발로 억새를 짓밟고, 무서웠고. 겁이 났고……."

치료실에서 그 순간이 떠오르리라고는 생각지도 못했다. 공포로 몸이 파르르 떨렸다. 세션이 중단되고 집으로 돌아가던 전철 안에서 문득 고개를 들어 창밖을 바라본 순간 흑갈색으로 도배된 세계가 밀려왔다. 봐서는 안 될 것을 봐버렸다. "호러 영화 같았어요"라고 사오리는 말한다. 공포에 떨면서 구토를 참으며 겨우 집에 도착했다. 그 후 한동안 전철을 타지 못했다.

"이런 플래시백은 처음이었어요."

고등학생 때에도 집에서 정한 통행금지 시간이 다 되어 서둘러 집으로 달리던 순간 이 장면이 스쳤던 적이 있다.

"강간당했을 때 일단 도망쳤어요. 온몸의 힘이 다 빠진 상태로 부들부들 떨면서 달리는 건지 어쩐지 모르는 상태로 그래도 죽을힘을 다해 도망치려고 했어요. 달리는 장면이 계속 떠올랐어요. 친구를 남겨두고 와서 정말로 도망치려는 마음이 있지도 않았고 다시 끌려온 것도 알았어요. 그리고 떠오르는 건……, 억새가 내는 소리, 몸 밖으로 나오지 못하는 '도와주세요'라는 외침, 울음을 참는 숨소리. 그게 고막에 틀어박힌 채 끊임없이 재생돼요."


"쓸 수 있겠지 싶어 쓰기 시작했는데 역시 여기까지밖에 못 썼어요" 하고 사오리는 취재 마지막 날 헤어지면서 메모지 몇 장을 건네줬다. "그날, 그 시간……"으로 시작하는 문장. "신 같은 건 없다. 있을 리가 없다"라는 제목의 글. "여기까지밖에"라고 한 마지막에는 이렇게 쓰여 있다.

"잊을 수 있다면……. 그런 매일을 살고 있다. 기억이 되살아난 날부터. 그날은 매일 왔다. 열한 살의 여름. 열 살인 친구와 둘이서 놀고 있었다. 신사 뒤편에서 개미지옥을 쑤시면서 놀았다. 후덥지근한 오후 모르는 남자가 '무덤은 어느쪽이냐' 하고 말을 걸어왔다."

사오리는 하늘을 향해 물었다.

"얼어붙은 마음을 녹일 수 있을까."

상담사가 한 말이 뒤에 이어진다.

"그건 죽은 인간을 되살리는 일이나 마찬가지예요. 죽은 사람을 되살릴 수는 없죠."

'마음'을 알지 못하겠다고 사오리가 말을 잇는다.

"마음의 준비를 잘 해놓지 않으면 남을 배려하는 행동 같은 건 할 수 없다. '있는 그대로도 괜찮다'라는 게 어떤 건지 모르겠다. 어렵다."

"있는 그대로", 확실히 이건 나도 어렵다. 하지만 사오리의 경우는 딛고 설 발밑의 토대를 찾는 작업부터 시작해야만 한다.

나도 딱 한 번 깊이를 알 수 없는 구렁텅이로 발이 쑥 빠져드는 듯한 기분에 사로잡힌 적이, 세상에 나 혼자 남겨진 듯한 단절감에 몸서리쳤던 적이 있다. 그때는 두 아이의 손도 놔버렸다. 매초 숨을 어떻게 쉬어야 하는지 모를 정도로 고통스러웠고 내가 허공으로 사라져버릴 것만 같았다. 어쩌면 그런 게 '미친' 상태였던 걸까 하고 지금은 생각한다. 사오리는 그야말로 태어난 순간부터 지금까지 그런 상태를 끊임없이 반복하며 지내왔던 것일까. 지금도 그 구렁텅이 속에서 버둥거리고 있는 걸까.(내가 그랬던 건 남편의 외도라는 흔해빠진 사연 때문이었다.)

사오리는 펜으로 갈겨썼다.

"출생과 얽힌 복잡한 강간 사건. 나는 생지옥에 태어났다고 생각했다. 뛰어넘을 수 있는 힘을……, 그런 게, 무슨 의미가 있을까? 의미를 찾아다니는 내가 한심하다."

한심하다고 한탄하면서도 사오리는 지금 비통할 정도로 계모와의 인연의 의미를 찾아 헤맨다. 그는 세상과 이어지는 '의미'를 자기 손으로 찾으려 한다. 쉬이 포기하고 '상실'의 이야기로 덮어놓을 수는 없었다. 그 열쇠가 지금의 사오리에게는 계모였다. 결단코 생모가 아니었다. '엄마'라고 절절한 마음을 담아 불렀던 유일한 존재가 계모였다. 사랑받고 의지하고 싶다고 마음속 깊이 바라던 존재로부터 사랑받고 의지하고 소중히 받아들여졌던 기억이 한 조각도 없다면 왜 태어났는지 수없이 묻게 된다. 붙잡고 매달릴 실 한 가닥 없는 세상이라면 도대체 어찌 살아가야 할까.

그래서 사람은 찾아 헤매는 것일까. 아무리 부모에게 학대를 받았다 해도 거기에 손톱만큼의 애정이 있다면 그것만으로도 존재의 의미가 생겨나고 어두컴컴한 세상에서, 홀로 헤매는 지옥에서 구원받을 수 있다고 믿는 것일까. 유마가 엄마와의 생활을 간절히 바라고 아스카가 "노예가 되어도 좋으니" 엄마와 살고 싶다고 뛰쳐나갔던 것처럼……

하지만 그 끝엔 무엇이 있었던가.

10개월 하고도 10일 배 속에 품어준 것만으로 애정은 충분히 받은 거라고 생각하자. 그런 마음으로 지금을 소중히 여긴다면 어디로 향하면 좋을지 모를 고통도 조금은 편해지지 않을까.


사오리의 "아이를 정말 아무 조건 없이 사랑하나요?"라는 질문에 나는 문자메시지로 대답을 보냈다.

"두 아들을 사랑하는 일에 조건은 없어. 그런 생각을 해본 적도 없고."

사오리는 이런 대답을 보내왔다.

"사랑에 조건 따위는 없는 거겠죠. 난 '무조건'의 의미를 검색해보고 곱씹어보지 않으면 몰라요."

애초에 찾지 않아도 될 것을 사오리는 '검색하지' 않으면 모른다.


"쇼코 씨, 어떻게 하면 마음이 편해질까요?"

사오리가 핸들을 잡고 운전하면서 이런 질문을 던진

순간 갑자기 몸이 굳었다. 그가 사는 동네를 세 번째로 찾아 갔을 때였다. 명쾌한 정답 따위 있을 리 없었다. 고되고 힘든 육아는 유메와 가이가 앞으로 학교에 가고 유치원에 다니게 되면서 물리적으로는 편해질 테고 그런 일은 그리 나쁘지 않을 거라고 얘기했던 것 같다.

"그렇구나, 그렇기도 하겠네요."

그의 다정한 답에 문득 마음이 편해졌다. 그리고 이것 하나만은 말해주고 싶었다.

"더 이상 '참을 수 없다'는 생각이 들면 유메를 3개월 정도 장기 입원시키는 방법도 고려해봐요."

나는 아이치소아센터의 32병동을 떠올렸다. 발달 장애 아도 많았고 발달 장애로 학대받은 아이도 꽤 있었다. 32병동 아이들은 근처에 있는 '오부특별지원학교'에 다닌다. 학교와 병동이 연계해 학교에 대한 저항감을 극복하고 간호사의 지도로 일상생활에서의 어려움, 사회성 부족을 극복하는 훈련도 진행한다. 그리고 무엇보다 유메와 떨어져 지내다 보면 사오리가 자신을 돌볼 수 있다. 헤어져 생활하는 동안 깨닫고 배울 점도 있을 것이다. 아이치소아센터와 같은 학대 피해 아동 전문치료센터는 일본에서는 아직 찾아보기 힘들다. 사오리와 유메 같은 모녀를 위해서도 이런 치료 시설이 전국 각지에 생기기를 간절히 바란다.

사오리

제2장에 등장한 '모두의 집 사와이'의 유키에게 전화해 작정하고 사오리 얘기를 꺼냈다. 최근 문자메시지에 "유메는 포기했어요. 개만 보면 짜증이 나서 가능한 한 거리를 두려 하고 기회만 되면 떼어놓으려 해요"라고 적혀 있었기 때문이다. 이제 정말 한계에 처한 듯한 사오리에게 무슨 일을 해줄 수 있을지 상담을 청했다.

　　그러자 유키는 이런 말을 했다.

　　"그런 때를 위해서 우리 같은 위탁 부모가 있는 거예요. 유메를 위탁 부모에게 맡기면 좋을 텐데. 사오리 씨는 지금까지 정말 열심히 해왔어요. 키우기 힘든 애를 정말이지 지금까지 잘 돌봤어요. 양육 위탁 부모라면 생부모와의 관계를 중요하게 이어가니까 안심하고 아이를 맡기고 지금은 아이와 떨어져서 쉬었으면 좋겠네요. 부모도 마음에 여유가 있어야 아이와 좋은 관계를 만들어갈 수 있으니까요."

　　유키의 말에 눈시울이 뜨거워졌다. 그랬다. 사오리와 유메 모녀 같은 가정을 위해 이들이 있다.

　　그리고 이 말은 꼭 하고 싶다. "죽어" "싫어"라고 말하면서도 사오리, 당신은 결코 당신의 생모나 계모처럼 아이를 버리거나 방치하지 않았다. 자기가 겪었던 것과는 다른 육아의 길을 당신은 걷고 있다. 그것만은 자부심을 가져주기 바란다. 아직 갈 길은 멀고 머나먼 여정의 도중에 있지만 말이다.

지금도 그 소리가 귓가에 아련히 남아 있다.

2012년 여름 나는 아이치소아센터를 다시 찾았다. 아라이 야스아키 의사를 오랜만에 만나 심리 치료과 32병동으로 안내받았다. 이 여행의 출발점이라 할 수 있는 이 병동에서 지난 2011년 여름에는 『주간 아사히』의 취재 의뢰를 받고 2박 3일 동안 머물기도 했다.

아라이가 목에 건 ID카드로 잠금장치를 풀고 안으로 들어갔다. 푹푹 찌는 여름날 오후 병동은 어두침침했고 쥐 죽은 듯이 조용했다. 입원 환자인 아이들 대부분이 근처에 위치한 오부특별지원학교에 간 시간대였다. 남자아이 단 하나만이 식당 테이블을 사이에 두고 여성 간호사와 마주 앉아 있었다. 우리를 알아채고 흘끗 얼굴을 든 소년의 인상은 얌전하고 허약해 보였다. 초등학교 3, 4학년쯤 됐을까.

병동 더 안쪽으로 발길을 옮겨 스물네 시간 폐쇄 구간으로 들어갔다. 한 모퉁이에 있는 방 '문moon'에 들어가 있었는데 누군가 문을 두드렸고 간호사가 들어와 아라이에게 뭔가를 전달했다. 지금부터 '문'을 쓴다고 했다. 아까 본 남자아이 혼자서 우리를 스쳐 지나 방으로 들어갔고 간호사가 조용히 문을 닫더니 문 앞을 지킨다. '문'은 침대 하나 겨우 들어갈 정도 크기의 1인실인데 크고 작은 다양한 헝겊 인형들이 놓여 있는 게 인상적이었다. 리놀륨 바닥에는 퍼즐 매트가 깔렸고 아이보리 벽은 판자로 보강되어 있었다.

아라이가 입을 열었다.

"이곳은 짜증이 나거나 화가 났을 때 혼자서 마음을 가라앉히는 방이에요."

혼자서 차분히 마음을 진정시키는 치유의 방. 방에는 관엽식물이 놓였고 좌식 소파도 있었다. 아이보리 색조로 통일된 작은 공간은 헝겊 인형으로 둘러싸여 있었다.

아라이가 덧붙였다.

"남에게 퍼붓기 전에 우선 이곳에서 헝겊 인형이라도 때리라고요."

방 밖으로 나가 아라이의 설명을 듣는 사이 귀의 안테

나가 뭔가 이질적인 소리를 포착했다. 뭐지, 이 소리. 지금까지 들어본 적 없는 종류의 소리였다. 나도 모르게 기웃기웃 주위를 둘러봤다.

"콩, 콩, 콩……."

소년이 들어간 후 닫힌 문 저편에서 둔한 소리가 울려 퍼진다.

"콩, 콩, 콩……."

딱딱한 소리가 규칙적으로 이어진다. 격렬하지도 과격하지도 않은 오히려 담담한 소리. 점점 소리가 의미를 띤다. 작은 주먹이 뭔가를 때리는 소리. 방에 들어갔을 때 먼저 눈에 띈 커다란 헝겊 인형이 지금 샌드백이 되었나 보다.

소리의 정체를 알아챈 순간 마음이 아려왔다. 저렇게 순해 보이는 남자아이가……. 방에 들어갈 때 서로 엇갈리면서 마주한 얼굴에선 뭔가 특별한 걸 느끼지 못했다. 소년은 무엇을 향해 누구를 향해 작은 주먹을 휘두르는 걸까. 그 주먹 앞에는 무엇이 있을까. 그 소리는 학대받은 아이의 마음속 외침, 터져 나오지 못한 비명처럼 느껴졌다.


학대가 아이에게 어떤 영향을 미치고 무엇을 앗아가는지 그 일부를 찾아 헤맨 여행이었다. 아이치소아센터 32병동, 아동 양호 시설, 유아원, 패밀리홈에서 다양한 아이들의 현실을 마주하고 함께하는 어른들의 마음과 고뇌를 목도했다.

패밀리홈에서 살아가는 아이들이 이 책의 주요 주인공이 된 이유는 생활의 다양한 장면에서 아이들을 직접 만날 수 있고 양육자인 위탁 부모의 이야기를 밤과 낮 시간을 이용해 들을 수 있었기 때문이다. 패밀리홈이 가정이라는 장소에서 사회적 양호를 행하는 곳이기에 가능했다.

친척 집에 들르듯 '○○홈'에 찾아가 위탁 부모와 아이들을 만나고 차를 마시고 식사를 하고 빨래를 개고 설거지를 하면서 학대받은 아이들의 '그 후'의 나날을 피부로 느꼈다. 밝은 햇살이 퍼지는 식탁에서 위탁 부모의 이야기를 들으며 나는 수없이 입술을 깨물고 눈물을 흘리고 할 말을 잃었다.

학대는 인간의 근간을 뒤흔들고 갈기갈기 찢어놓는다. 그 참혹함을 똑바로 마주해야만 했다. 학대를 받아 인간으로서 기반을 얻지 못한 아이들 앞에 놓인 잔혹한 일상에 진저리 쳤다. 감정의 스위치를 끄고 전류 차단기를 내리지 않고는 견딜 수 없는 가혹한 현실을 버텨온 아이들에겐 모든 게 토막나 있다. 마음도 몸도 뇌도 모든 게. 부모에게 받은 것이라곤 피의 맛, 통증, 온몸이 저려오는 감각 그리고 공포뿐이었다.

그렇기 때문에 지금 학대에서 벗어나 보호받는 수많은 아이들 – 그들은 생존자다 – 을 제대로 바라봐야 한다는 마음이 더욱 간절해졌다. 학대가 초래한 잔혹한 모습에 때론 눈을 감고 귀를 막고 싶기도 했지만 '아이들의 현실'을 외면해선 안 된다고 뒷걸음치는 마음을 다잡았다. '아이의 시선'으로 학대를 바라봐야 한다고 수없이 되뇌면서.

생모의 학대를 받고 자란 20대 후반의 청년이 생모를 살해한 사건이 있었다. 그 재판에서 청년은 이렇게 외쳤다.

"난 지금 학대받다 죽은 아이가 부럽다."

이렇게 가슴 아픈 일이 또 있을까.

그렇기 때문에 '학대 후유증'이라는 관점에서 '살해당하지 않은' 학대 피해 아동의 현실을 직시해야만 한다. 잔혹한 현실을 버텨온 생존자인 아이들에게 든든하고 따스한 손을 내밀어줘야 한다.


만약 새 '집'에서 엄마 아빠의 애정 속에 다시 커가는 시간을 보내지 못했다면 미유는 평생 괴물의 목소리에 괴로워하며 기억을 단절한 채 어른이 될 수밖에 없었을 것이다. 그 끝에는 뭐가 있을까. 학대의 '연쇄'이다.

마사토가 트라우마의 공포에 몸을 떨며 치밀어 오르는 충동에 이리 치대고 저리 치대며 살아간다면 자기다운 인생의 길을 찾아가기는 불가능에 가깝다.

사람은 무엇을 통해 학대로 입은 손상을 회복해가는 걸까. 상처를 끌어안은 채 어른이 된 사오리의 말 속에서 한

가지 시사점을 얻을 수 있다. 그는 편지에 이런 말을 썼다.

"학대, 강간의 공포보다 극단의 고독을 느끼는 게 진짜 공포일지도 모른다. 이 감정을 느낄 바에는 차라리 죽는 게 낫다는 선택을 할 것만 같다."

태어난 이후로 내내 고독했다. 고독이라는 캄캄한 방에 그는 어린 시절부터 지금까지 계속 감금되어 있었다. 함께 있어 주고 힘껏 껴안아주고 괜찮다고 다독여주는 따뜻한 존재가 있어야 할 그곳엔 아무도 없었다.

다쿠미에게는 초등학교 4학년이 될 때까지 자기를 지켜주는 사람도 이해해주는 사람도 없었다. 그래서 위탁 부모 앞에서 "난 죽는 게 나아!"라고 소리치며 울었다. 고독이라는 암흑의 바다밖에 보이지 않았기 때문이다.

물론 엄마의 따스한 기억을 가슴에 지닌 학대 피해 아동도 있다. 엄마가 다정하게 대해준 기억, 꼭 껴안아준 아스라한 기억이 한두 조각 남아 있는 아이도 있다. 아스카도 그랬을 것이다. 그렇기 때문에 사랑을 갈구하던 대상에게서 '버림받았다' '날 지켜주지도 키워주지도 않았다'라는 '상실의 감정'이 마음을 깊이 후벼 팠다. 그가 지금 고독이라는 암흑을 헤매고 있지 않기만을 바랄 뿐이다.

이 책에 등장하는 각각의 아이가 짊어진 현실은 끔찍이도 잔혹하다. 하지만 내가 만난 많은 아이들은 집집의 식

탁에서 즐겁게 식사하며 웃고 있었다. 뽐내듯이 보여준 거북,
직접 쳐준 피아노 선율, "또 와"라고 말하는 힘찬 목소리.

벽이 되거나 해리를 통해 살아남은 생존자 아이들은
이제 자신을 사랑해주는 사람들 속에서 환한 미소를 찾아가
고 있다. 자신을 이해하고 온전히 받아들여주는 따스한 존재
가 있다면, 그게 생부모가 아니더라도, 아이는 가늘고 여리
지만 밝은 빛줄기 하나를 얻을 수 있다고 패밀리홈 아이들의
'지금'은 보여준다.

한 패밀리홈에서 본 저녁 식사 풍경이 잊히지 않는다.
고등학생 남자아이가 육상부 동아리 활동을 마치고 집에 돌
아와 배가 고파 허겁지겁 밥을 먹고 있는데 세 살 아이가 똥
을 쌌다. 그러자 그는 젓가락을 척 내려놓고는 아주 자연스
럽게 기저귀를 가는 엄마를 도왔다. 더러워진 기저귀를 정리
하고 새 기저귀를 가져오고 아무런 거리낌 없이 당연한 일을
하듯이, 그의 행동은 그렇게 자연스러웠다. 요즘 세상에 이런
남자 고등학생이 있을까 싶어 깜짝 놀랐다.

위탁모가 이런 말을 했다.

"자기와 똑같은 고통을 지닌 동지라는 마음이 아이들
속에 크게 자리 잡고 있는 것 같아요. 우린 우리가 어떤 마음
으로 위탁 부모를 하는지에 대해서 아이들에게 충분히 말해
줘요. 남녀, 연령에 관계없이 그 아이들, 정말 대단해요. 여섯

살 애도 세 살짜리에게 뭔 일이 생기면 솔선해서 도우려 해요. 이게 여러 아이가 함께 커나가는 장점인 것 같아요. 동지라는 마음은 소중하거든요. 얼마나 든든하겠어요."

한 지붕 아래 사는 아이와 어른 사이에 흐르는 따스한 마음, 이는 서로의 고통을 알고 있기에 생겨난 것이리라. 배려하고 이해하고 다른 사람의 기쁨을 자신의 기쁨으로 공감하는 관계성을 만들어갈 수 있는 것도 학대에서 살아남은 아이들에게 안정된 가정환경이 주어졌기 때문이다.


희망으로 향하는 갈림길은 어디에 있을까.

한 위탁모가 명쾌하게 답한다.

"뿌리내릴 수 있는 곳이 있는가 없는가."

뿌리, 이는 존재의 근간이다. 신뢰하는 사람에게 둘러싸인 안심할 수 있는 장소. 그곳이 아이가 뿌리내릴 집이다.

그의 집에는 지금 3세부터 고등학교 3학년까지 여섯 아이가 있다. IQ(지능지수)가 낮아서 "위탁 가정에서 양육하기는 힘들다"라는 말을 들었던 네 살 남자아이가 지금은 명문 고등학교에 다니며 국립대 진학을 목표로 하고 있다.

"그 애는 이 집에 뿌리를 내렸어요. 뿌리를 내리면 장애도 가벼워져요. 어떤 아이든 변해요"라고 말하며 위탁모는 흐뭇한 미소를 짓는다.

최근 둘이 있을 때 이렇게 물어봤다고 한다.

"너를 낳아준 엄마 만나보고 싶지 않니?"

생모 얘기를 전혀 하지 않아서 마음을 억지로 억누르고 있는 게 아닐까 걱정이 되어서다.

아이는 정말 깜짝 놀란 얼굴이었다.

"아니, 전혀. 지금 그 말 듣고 처음 깨달았어. 난 지금 생활이 정말 행복해. 그러니까 그런 거 전혀 생각 안 해. 충분히 만족하니까."

그리고 이렇게 말을 이었다.

"엄마, 누가 낳았는지는 상관없는 거지. 사람은 모두 다 달라도 괜찮은 거지."

위탁모는 호소한다.

"아이에게는 희망이 있어요. 이 녀석들 꿈을 정말 많이 품고 있어요. 모든 아이가 희망이 가득 든, 반짝반짝 빛을 낼 무언가를 잔뜩 지니고 있어요. 그걸 어른이 망가뜨려선 안 돼요. 빛을 낼 수 있는가 없는가는 어른의 책임이니까요."

이곳에 희망이 분명히 있다.

학대는 때로 아이를 비참한 죽음으로 몰고 가기도 한다. 그렇기 때문에 제4장에 등장한 정서 장애아 단기 치료 시설 지도과장의 말처럼 사회적 양호의 장에서 지내는 아이들에게는 먼저 "잘 살아냈구나"라고 이야기해주고 싶다. 잘 살아냈으니까, 앞으로도 아이들이 살아 있어서 다행이라고 여기면서 커가기를 바란다. 아이들이 그런 마음을 가질 수 있도록 만드는 건 우리 어른의 몫이다.

보호받은 아이들을 둘러싼 현실은 아직도 매우 엄혹하다. 학대는 급격히 늘어나는데 아동 상담소 체제 등 사회적 양호는 이를 따라잡지 못한다. 일본은 시설 양호 일변도에서 벗어나 가정 양호로 나아간다는 방침을 명확히 밝혔지만 다른 국가와 비교해보면 일본의 위탁 가정 비율은 아직도 매우 낮다. 이런 현실을 똑바로 직시해야만 한다.

그럼에도 불구하고 이번 여행에서 본 것은 희망이었다. 패밀리홈이라는 새 '집'에서 다시 새 삶을 살아가는 아이들에게서 느낀 건 희망이었고 또렷한 빛이었다.

아직 작은 희망일지도 모르지만 그 빛을 볼 수 있었던 건 나에겐 커다란 의미를 지닌다. 그 따스함을 느낀 것만으로도 이번 여행은 뜻깊었다. 그 빛이 발하는 따스함을 조금이라도 전해보고자 서투른 문장이나마 적어나갔다.

이 책에는 학대 피해 아동이 살아가는 다양한 공간과 그들과 함께하는 여러 사람들이 등장하는데 원칙적으로 장소를 특정할 만한 표현은 피했다. 시설명, 등장인물의 이름은 일부 예외를 제외하고는 전부 가명이다. 특정됨으로써 학대 피해 아동이 사는 장소가 피해받는 일은 절대 있어서는 안 되기 때문이다.

　　2011년 여름과 2012년 겨울 나는 『주간 아사히』 지면에 다치바나 유호橘由歩라는 필명으로 「아동 학대 그 후」, 「속續 아동 학대 그 후」라는 기사를 총 8회에 걸쳐 연재했다. 치료 기관과 시설, 패밀리홈을 포함한 위탁 가정 등 다양한 사회적 양호의 장에서 학대 피해 아동의 문제를 살핀 기사였다. 그 취재의 일부가 이 책의 근간이 됐음을 밝혀둔다.


　　마지막으로 사오리의 근황을 전하고 싶다. 그는 제2장에 등장한 패밀리홈 '모두의 집 사와이'의 위탁 부모 유키의 충고를 받아들여 지역 아동 상담소에 연락을 취하는 등 학대의 연쇄를 단절하려고 스스로 행동에 나섰다. 그 과정에서 한 양호 시설의 시설장과 면담을 했다.

　　사오리의 문자를 소개하며 이 여행기를 마치려 한다.

　　"시설장은 수많은 엄마들을 면담했던 분이라 내 사정을 매우 잘 이해해주셔서 내내 눈물이 멈추질 않았어요. 난 정말로 열심히 살아왔구나. 금방이라도 무너져 내릴 것 같았는데 쇼코 씨와 유키 씨가 내 손을 잡아주었어요. 고독하지 않다고 처음으로 느낀 순간이었습니다. 아, 또, 눈물이 나요."

이 책을 세상에 내놓을 수 있었던 건 전적으로 나와 같은 외부의 취재기자를 흔쾌히 받아들여준 분들 덕분이다. 아이치소아센터의 선생님을 비롯해 아동 양호 시설, 유아원, 정서 장애아 단기 치료 시설 직원, 위탁 가정 부모님, 그리고 이 책의 주인공들이 사는 패밀리홈 식구들에게 진심으로 감사드린다.

나는 모두의 모습에서 깊은 감동을 받았다. 얼마나 힘든 일인지 감히 상상도 못 하는 나에게 그들은 "그리 특별한 일도 아닌데요"라며 명랑한 목소리와 환한 미소로 답했다. 그렇기 때문에 널리 알리고 싶었다. 학대받은 아이들이 살아가는 곳은 결코 '특별한 사람들이 사는 특별한 곳'이 아니라는 것을. 그들이 있는 '그곳'과 우리가 있는 '이곳'을 이어주고 싶다. 우리도 깊은 상처를 품은 아이들을 위해 무언가를 분명히 할 수 있을 테니까.

괴로운 얘기를 털어놔준 사오리에게 고맙다는 말을 전한다. 앞으로도 당신의 용기에 부끄럽지 않게 당신의 마음에 답할 수 있는 글을 쓰고자 한다.

2013년 10월

구로카와 쇼코

## 뿌리내릴 수 있는 곳을 찾은 지
## 3년이 지난 지금

3년의 시간이 지나 나는 다시 그리운 그곳으로 향했다. 주인공 한 사람 한 사람의 '지금'을 마주하기 위해서다. 아이였던 주인공은 모두 사춘기라 불리는 나이에 들어섰다. 학대에서 살아남은 생존자인 그들은 자신이 뿌리내린 '집'에서 감수성이 예민해지고 몸과 마음이 큰 변화를 겪는 질풍노도의 시기를 어떻게 맞이하고 있을까. 생존자들의 지난 3년의 세월을 직접 확인해보고 싶어서, 아니 무엇보다 그냥 아이들을 만나고 싶어서 불쑥 길을 나섰다.

3년 전 몇 차례 며칠 밤 신세를 졌음에도 불구하고 잘 찾아갈 수 있을지 불안했다. 희미한 기억을 더듬으며 길모퉁이를 돌아선 순간 모든 게 생생히 되살아났다.

　제1장의 주인공 미유가 사는 요코야마홈은 이전처럼 조용한 주택가 한 모퉁이에 그대로 자리하고 있었다. 이전에는 현관 앞에 일반 자전거에 뒤섞여 보조 바퀴가 달린 자전거와 세발자전거가 있었는데 그런 게 없어진 걸 보니 유아들도 다들 초등학생이 되었나 보다.

　"어서 와요. 오랜만이네요."

　구미의 따스한 미소는 3년 전과 변함이 없었다. 구미 뒤에 중학생쯤으로 보이는 깡마른 여자아이가 서 있다. 설마 미유?

　"맞아요. 미유예요. 지난봄에 중학교 1학년이 됐어요."

　천진난만하던 여자애는 온데간데없고 내 앞엔 청순한 소녀가 서 있었다. 키가 훌쩍 컸고 얼굴에서도 아이다운 구석은 사라졌다. 턱이 뾰족한 작은 얼굴에 머리는 정수리 꼭대기에다 하나로 야무지게 묶었다. 두 갈래로 땋은 머리를 한, 불면 날아갈 듯 여리고 소심한 인상이었던 여자아이가 이제는 씩씩한 소녀가 됐다.

　"미유, 안녕. 나 기억나? 보고 싶었어!"

　미유는 나를 보고 꾸벅 고개를 끄덕였다. 반가워 어쩔 줄 모르는 내 기세에 당황하면서도 얼굴에 수줍은 미소가 살짝 피어났다. 이제 막 사춘기에 접어든 소녀들 특유의 어떤

'냉랭함'과 긴장감이 느껴졌지만 나는 반가운 마음을 어쩌지 못하고 학교는? 동아리는? 하고 연신 질문을 퍼부었다.

하지만 돌아온 대답은 엄청 빠른 말에 모깃소리만 한 목소리였다. 관악부에서 퍼커션을 맡고 있다는 건 재차 물으면서 알아들을 수 있었지만 다시 물으면 더욱 긴장을 해서 그런지 눈을 자꾸 깜박거려서 안쓰러웠다. 미유, 어떻게 된 거지. 내 불안을 날려버리려는 듯 구미가 호탕하게 웃는다.

"나도 미유가 하는 말 반도 못 알아먹어요!"

아? 도대체 무슨 일일까. 막연한 의문이 든 순간 내 얼굴에 물음표가 가득했는지 구미가 지금 미유의 상태를 설명해줬다.

ADHD는 성장하면서 과잉 행동이 사라지는 대신 말이 빨라지는 증상이 나타나는 경우가 많은데 미유도 그렇다고 한다. 미유가 ADHD? 좀 의외였다. 당시 해리와 환청 등 너무나도 심각한 증상을 겪고 있었기 때문에 구미는 ADHD에 대해선 특별히 언급하지 않았다고 한다. 학대는 '제4의 발달 장애'라고 스기야마 도시로 의사는 주장했는데 ADHD는 학대 피해 아동에겐 흔하게 나타나는 증상이기도 했다. 겨우 그 정도라며 구미는 느긋한 태도로 지켜봐주고 있었다.

"하고 싶은 말이 목까지 올라오는데도 그걸 잘 정리해서 전달하는 게 어려운가 봐요. 하지만 소통에는 문제없어요.

학교에서도 선생님이 하는 말은 다 알아듣고 잘 해내고요. 다만 말을 고를 때에 힘들어해요. 자신이 없으니까 목소리가 점점 작아지고 입은 열리지 않고."

이 대목에서 구미는 말을 끊고 단호하게 말했다.

"긴장을 잘 하는 체질도 있어요. 그렇잖아요. 태어나면서부터 공포, 긴장 속에서 지냈잖아요. 그래도 지금은 해리가 없어요. 대단하죠. 전에는 긴장하면 해리 증상이 바로 나타났거든요."

이제 미유는 해리뿐만 아니라 환청도 얼어붙는 일도 없다. 그렇게 집요하게 미유를 물고 늘어지던 괴물은 사라졌고 주치의도 깜짝 놀랄 정도로 놀라운 회복을 보여줬다.

다만 미유의 성장을 옆에서 지켜본 구미는 이런 절실한 생각이 들었다고 한다.

"세 살까지의 육아는 아이에게 엄청나게 큰 영향을 끼치는 것 같아요. 태어나고 나서 3년이 공백인 것과 크고 나서 도중에 3년이 공백인 건 전혀 달라요."

미유의 성장 과정을 돌아보면 태어난 후 보호 조치를 받을 때까지 3년 동안 생모에게서 애정은커녕 제대로 된 돌봄조차 받지 못했다. 구미가 말한 '최초 3년', 이 기간은 애착 형성과 깊은 관련이 있기 때문에 무척 중요하다. 즉 신생아부터 3세까지의 기간에 애정 어린 돌봄을 받았다면 인간은 애착이라는 '인간으로서 기반'을 형성한다. 이 책에서도 애착이 있느냐 없느냐로 삶이 크게 바뀐다는 사실을 여러 차례 언급했다.

애착이라는 기반이 없을 때 아이에게 어떤 일이 일어나는지 구미는 미유와의 삶을 통해 수없이 겪었다. 하지만 구미는 홀가분하다는 듯이 털털하게 웃는다.

"그래도 미유, 이렇게 잘 자라고 있어요. 말하는 것도 그리 신경 쓰이지 않고 절반 정도 알아들으면 그걸로 됐다 싶어요."

미유는 지금 자기 방에서 햄스터와 아홀로틀(멕시코 도롱뇽의 일종. - 옮긴이)을 기른다. 보여달라고 졸랐더니 그건 좀, 아니, 꽤나 반가운 요구였나 보다. 미유의 얼굴에 자부심이 번졌으니까. 아홀로틀을 보고 깜짝 놀라는 내 옆에서 미유는 재밌다는 듯 웃는다. 그것만으로도 이 아이는 '빛이다'라는 생각이 들었다. 이렇게 있어 주는 것만으로도 사랑스럽고 소중히 키워나가야 할 존재라고.

구석구석 멋진 센스를 느낄 수 있는 미유의 방에는 동물 인형이 많았다.

"미유, 동물 엄청 좋아해요. 전에는 가둬두고 지배하려 드는 애정이었지만 지금은 생물을 존중하고 돌봐주는 애정으로 바뀌었어요. 햄스터에게 어떤 환경이 좋은지 헤아리게 된 거죠."

미유가 초등학교 6학년 때 만든 그림책이 있다. 주인공은 여느 무당벌레와는 달리 등에 점이 하나 더 많았다.

다른 무당벌레들은 마지막에 중요한 사실을 깨닫는다.

"하나 더 많은 점은 용기의 점이야."

'남들과 달라도 된다.' 이것이 그림책에 담긴 미유의 메시지였다.

요코야마홈에 머무는 동안 커다란 테이블은 대학생이 된 사키가 거의 독차지했다. 사키의 말은 끊이지 않았다.

"대학은 정말 힘들어. 영어를 좀 해서 단기 유학 가고 싶은데 친부모의 서명이 필요하다니까 그건 안 되고."

미성년의 여권 신청에는 법정대리인의 서명이 필요한데 어릴 적부터 사회적 양호의 장에서 자란 아이여도 생부모가 아니면 법정대리인이 될 수 없다. 생부모를 만나고 싶어 하지 않는 아이도 있다. 사키도 그런 아이였다.

"얼마 전 IFCA 모임에 갔었어. 다들 자기 출생을 많은 사람 앞에서 밝히더라고. 나도 그러는 게 좋을까 고민 돼."

IFCAInternational Foster Care Alliance는 일본과 미국의 사회적 양호 당사자 교류회로 당사자 스스로 자신들의 권리를 위한 목소리를 내는 등 다양한 활동을 하고 있다. 사키 입에서 이런 말이 나올 줄이야. 3년 전 요코야마홈을 방문했을 때에는 상상도 못 했던 일이다.

수다스러운 사키 옆에서 미유는 자기 방으로 돌아가지도 않고 아무 말도 하지 않은 채 앉아 있다. 미유의 얼굴엔 가끔씩 미소가 번졌다.

다시 만난 마사토의 인상은 키가 컸구나 정도였다. 이지적이고 흰 살결에 미남형, 마르고 여린 소년이라는 이미지 그대로 중학교 2학년이 되었다.

바다가 보이는 작은 마을 길 한 모퉁이. 제2장의 무대였던 '모두의 집 사와이'의 앞마당엔 오늘도 남색, 회색의 빨래가 휘날리고 있다. 마사토를 필두로 유가 초등학교 6학년, 아쓰야가 5학년, 어린이집에 다니던 스스무는 2학년이 되었다. 작은 몸집의 깡마른 후미토는 가정 복귀 결정이 나서 사와이홈을 떠났다. 정신적으로 쇠약한 후미토의 생모를 유키가 지원해주기로 하고 엄마와 둘이서 생활하고 있다. 그런 역할도 위탁 부모에게는 중요하다고 유키는 전부터 강조했다.

마사토에 대해 묻자마자 유키는 "마사토는 바보예요"라며 껄껄 웃는다. "정말이지, 친자식도 이렇게까지 고민한 적이 없어요, 진로 때문에. 지금도 칠전팔기 중이에요"라고.

"6학년 때부터 학교 다니는 게 힘들어졌어요. 그래도 내가 무서우니까 등교 거부는 못 하고. 하지만 자기가 따돌림

당한다는 의식이 강해서 정말 괴로웠나 봐요. '멍청하게' '빨리 좀 해, 뭐 하는 거야'라는 식의 언어폭력을 당하고. 나도 꽤 자주 학교에 불려 갔죠. 그렇게 어찌어찌 졸업은 했지만."

중학교는 일반 학급이 아닌 특수 학급을 선택했다. 그만큼 마사토는 '보통의' 아이들로부터 상처를 입었다. 그 상처를 알고 있었기에 학교도 마사토에게 더 나은 환경을 만들어주고자 배려했다. 지금도 공황 장애나 해리가 종종 일어난다. 학년이 올라갈수록 학습 면에서도 생활면에서도 같은 학년 아이들과 점점 차이가 벌어져만 갔다.

"강당에 가서 서 있는 그런 정도의 일도 할 수 없는 거예요, 시간 개념이 없어서. 숫자라는 개념도 없어서 수학은 초등학교 3학년 수준 이상 늘지가 않아요. 한자와 사회는 좋아하지만."

그런 마사토의 자립을 위해 유키가 생각한 건 특수지원학교 고등부에 진학해 장애인 특별 전형으로 취직하는 길이다. 하지만 지적 장애인으로 인정받을 정도로 지능이 낮지는 않았다. 마사토의 경우 선천적 장애가 아닌 환경 때문에 발생한 성장 지연이 문제였다. 언제 얻어맞을지 언제 가스 불에 몸이 델지 모르는 나날을 보내는데 어떻게 마음과 몸과 뇌가 쑥쑥 성장할 수 있겠는가. 감정 스위치를 끄고 자신을 지키는 일에 온 힘을 기울여야 하는 환경을 마사토는 살아냈다.

어떻게 해도 요육 수첩을 받을 수 없는 상황이라 유키는 주치의를 졸랐다. 유키는 몸이 달았다.

"열여덟 살이 되면 이 집을 나가야 하는데 마사토에게 어떤 지원을 해줄 수 있는지 찾는 게 내 일이고 이 일을 돕는 게 선생님의 일이잖아요! 선생님, 지능 테스트 점수 바꿔줘요! 어떻게든 요육 수첩을 받게 해야죠."

어차피 억지스러운 바람이었다. 의사가 점수를 고칠 수 있을 리 만무했다. 주치의가 안 된다면 이번에는 아동 상담소라고 유키가 이리저리 발을 동동댈 무렵 마사토는 자기가 좋아하는 교사에게 장래 희망을 이야기했다. 유키는 깜짝 놀랐다.

"마사토가 글쎄 수족관 사육사가 되고 싶다고 했대요. 너한테 그런 꿈이 있었구나 하고 난 정말이지 너무 기뻐서."

그도 그럴 것이 지금까지 마사토는 "고아라노마치(일본 과자 이름. - 옮긴이) 만드는 회사에서 일할 거야. 불량품이 나오면 내가 먹을 수 있으니까"라는 식의 말만 했다.

집에서는 이런 능청스러운 대화밖에 하지 않던 마사토가 교사에게는 이렇게도 말했다.

"오키나와 추라우미 수족관에서 일하고 싶어. 고래상어는 일본에선 그곳밖에 없으니까."

커튼 방에서 방금 낚아 온 팔딱거리는 도미를 얼굴 앞

에 치켜들고 꼼짝 않고 바라보던 '물고기 소년'. 그런 마사토가 희망하는 직장이 수족관이라니. 유키의 말을 들으며 이번엔 내가 놀라서 입을 다물지 못했다. '물고기 소년'은 역시 '물고기 소년'이었다. 마사토가 사와이홈에서 본래 지닌 개성을 해치지 않고 성장했다는 증거다.

유키는 웃음을 멈추지 못했다.

"그 말을 들은 순간 난, 정말 행복하다는 생각이 들었어요. 의사를 협박하며 그렇게 난리를 쳤던 난 뭐지? 정말로 마사토 일로는 골치가 지끈지끈했는데 너무 쉽게 정해진 거예요. 수산고등학교로 가자 하고. 속이 다 시원했죠."

마사토는 지금도 가끔 비관적이 되어 "난 태어나지 않는 게 나았어"라는 상태가 된다. 걱정이 된 교사가 마사토를 격려하는 편지를 써주면 어떻겠느냐고 유키에게 부탁했다. "좋아, 써볼까" 하고 펜을 든 유키, 편지는 이렇게 시작한다.

"세상에서 가장 사랑하는 마사토에게."

뜻밖의 러브레터가 됐다.

"너랑 나는 피로 이어진 부모 자식 사이는 아니지만 마사토가 다섯 살일 때 널 처음 보고 난 사랑에 빠졌어."

교사에게 편지를 건네받은 마사토는 빙그레 웃었다고 한다. 그리고 놀랄 정도로 금세 기운을 되찾았다. 집에 돌아온 마사토는 아무 일도 없었다는 듯 아무 말도 하지 않았다.

그야말로 초연했다. 유키가 재밌다는 듯이 말을 잇는다.

"'제1탄'이라고 썼거든요. '자, 러브레터, 제2탄도 있을 거야. 죽을 때까지 보낼 거야'라고 썼는지도 몰라요."

유키는 배꼽이 빠져라 웃는다. 이 웃음이 마사토의 마음속에 이제는 단단히 자리 잡고 있다. 자기를 격려하는 따스한 웃음으로. 언제든 돌아갈 수 있는 안전한 장소를, 즉 생모에게서 받지 못했던 애착이라는 기반을 마사토는 유키와의 삶에서 견고하게 다질 수 있었다.


'도라에몽'은 키가 쑥 컸다. 살이 쏙 빠져 훤칠하고 듬직하고 날쌘 소년이 되었다.

제3장의 주인공 다쿠미가 사는 '패밀리홈 희망의 집'의 입구는 그때 그 모습 그대로였다. 시간을 거슬러 가는 듯한 기분으로 집 안에 들어섰는데 방의 모양은 확 바뀌어 있었다. 리모델링한 지 얼마 안 됐다고 한다. 다카하시 도모코가 사정을 들려주었다.

"아야카 방을 안쪽에 만들었어요. 이제 3학년이니까. 그래도 지금도 2층 침대에서 나랑 같이 자고 있고 4학년 사토시에게도 방을 줬는데 아빠랑 같이 자고. 둘 다 아직 혼자서는 잠을 못 자요."

그런 이유로 거실 안쪽 창가에 있던 아키라와 다쿠미

의 반려동물 공간은 없어지고 이제는 각자 자기 방에서 기른다고 한다. 다쿠미의 거북은 얼마나 컸을까 문득 궁금했다. 거북은 다쿠미의 자랑이었으니까.

다쿠미는 중학교 3학년이 되었다. 자기가 직접 진학을 결정한 특수지원학교에서 학생회 부회장을 맡고 있다는 말을 듣고 나도 모르게 "우아" 하고 탄성이 흘러나왔다. 학교에서 문제라고 내쫓길 뻔했던 그 다쿠미였다. "그랬잖아요! 믿기지가 않아요" 하고 도모코가 큰 소리로 웃는다.

"선생님이 '넌 다른 아이를 돕는 역할을 하는 거야'라며 권했나 봐요. 그래도 다쿠미는 '회장은 싫다, 운동회 날 조회대에 서야 하니까'라고 거절하고는 다른 애를 추천했대요."

입후보하기로 마음을 정한 다쿠미에게 가장 큰 문제는 입후보자 연설이었다. 과연 사람들 앞에서 말할 수 있을까. 교사 입장에서도 모험이었다고 한다. 다쿠미는 단상에 섰다.

"포스터에 전부 적었습니다. 부회장에 입후보한 다카하시입니다."

이것만 해도 어마어마한 진전이었다. 그리고 조회대에 서지 않고 끝난 운동회.

"다쿠미는 운동회 내내 보이지 않는 곳에서 움직이는 조력자였어요. 어딘가로 사라져버리는 애들을 교실까지 데리고 오는 등 말이죠. 초등학교 때에는 운동회를 정말 싫어했거든요. 우리 집에 오고 나서도 운동회 당일은 텐트를 가장 밑까지 내리고는 거북처럼 숨어서 '빨리 끝나라' 하고 중얼대던 아이였는데."

부모가 학교에 와 함께 밥을 먹고 즐기는 운동회는 시설의 아이들이 찬밥 신세가 되는 날이었다. 심지어 '시설에 사는 애'라고 손가락질까지 당한다. 다쿠미에게 운동회와 관련한 좋은 추억 따위는 하나도 없었다. 그런데 중학교에서는 운동회 운영을 맡게 된 것이다.

지금은 진로를 정하는 중요한 시기이다. 이대로 특수지원학교 고등부에 들어갈 수도 있지만 교사도 도모코도 한 단계 위의 학교를 생각하고 있다.

"특별고등지원학교라는 게 있는데 경쟁률이 엄청난가 봐요. 다쿠미가 다니는 학교에서는 아무도 합격한 애가 없고요. 하지만 이곳은 정말 철저하게 직업훈련을 해서 취업률이 100퍼센트래요. 그러니 틀림없이 정규직으로 사회생활을 할 수 있을 거예요."

도모코는 다쿠미에게 물었다.

"어떻게 할래? 무리하지 않아도 돼. 그렇지만 지금의 너라면 도전해볼 만해."

"알았어."

다쿠미는 의젓하게 대답했다.

"엄마가 가정 통신문에다 그렇게 회신할게."

도모코가 말하자 다쿠미가 가로막는다.

"안 해도 돼. 선생님한테는 내가 말할게."

다쿠미는 이렇게까지 성장했다. 다카하시홈에 처음 왔을 때 "난 바보라서 일도 못 하고 열여덟 살에 죽을 수밖에 없어"라고 말하던 초등학생. "어른이 된다는 건 무서운 일이잖아"라고 도모코 앞에서 흐느끼며 울던 남자아이가 열여덟 살 이후의 자기 인생을 그려보며 확실하게 정규직으로 취직할 수 있는 고등학교에 도전한다. 내 힘으로 먹고살아갈 "내 인생도 꽤 괜찮겠네" 하며 미래를 꿈꿀 수 있게 됐다. 도모코가 이뤄주고 싶다고 간절히 바라는 미래를 향해 다쿠미는 착실히 나아가고 있다.

존중받은 경험은 아이에게 자신감을 불어넣고 아이의 생각을 긍정적으로 바꿔준다는 걸 새삼 깨닫는다. 다카하시홈이라는 보금자리와 가족을 얻은 지 6년, 다쿠미는 자신을 긍정하며 살아갈 수 있게 됐다. 만약 시설의 방침대로 다카하시홈에 조치 변경되지 않았다면……. 그 미래는 상상하기조차 두렵다. 상처받은 채로 미래 따위를 그려볼 엄두도 내지 못했을 터이다.

하지만 지금 아동 양호 시설의 아이들은 정도의 차는 있지만 이러한 상황에 놓여 있다. 삶의 희망을 빼앗긴 채 미래를 꿈꿔볼 수 없는 아이들 앞에 '열여덟 살의 봄'이라는 잔혹한 벽이 세워져 있다. 다쿠미의 눈부신 성장을 보면 가정 양호의 중요성을 다시금 곱씹게 된다.

최근의 일이지만 다쿠미는 교실에서 끈질기게 시비를 걸어오는 아이를 큰 소리로 위협했다. 교사는 이 일을 기회로 삼았다. 다쿠미가 성장할 절호의 기회라 여겼다. 그래서 일부러 크게 질책했다.

"다쿠미, 다른 고등학교에 가려면 그러면 안 돼."

평소라면 "됐다 그래"라며 다 내던졌을 텐데 잠시 화난 얼굴로 교실을 서성이던 다쿠미는 한 시간 후 교사에게 다가왔다.

"선생님 말이 맞아요."

도모코는 확신한다.

"중학교 선택은 옳았어요. 일반 중학교에 들어갔다면 다쿠미는 겉돌았을 테고 정신적 성장도 기대하지 못했을 거예요. 오히려 열등감과 소외감에 휩싸였겠죠. 학교가 자신을 믿고 존중해준 경험은 다쿠미에게 정말 큰 힘을 줬어요."

부회장으로 활약한 올해의 운동회를 다쿠미의 생모가 보러 왔다. 아이를 맡아 기를 수도 함께 살 수도 없는 생모이지만 도모코가 "다쿠미, 정말로 열심히 해요" 하고 말을 걸자 기쁜 듯이 웃었다고 한다. 슬쩍슬쩍 생모를 쳐다보는 다쿠미에게 도모코는 이런 제안을 했다.

"다쿠미, 첫 월급 받으면 어머니께 뭔가 사드려야지."

다쿠미에게 이런 청천벽력은 없었다.

"엄마, 첫 월급을 타면 어머니에게 뭔가를 사드려야 하는 거야?"

다쿠미는 지금 크나큰 고민에 빠졌다.

내가 다카하시홈에 있는 동안 2층 자기 방에서 거의 내려오지 않던 다쿠미. 거실에 내려와도 쑥스러운지 눈을 맞추려 하지 않았다. 그렇지. 딱 까칠한 중학교 3학년 남자아이답다. 전보다 포동포동해진 아키라는 "구로카와 아줌마죠?" 하고 말을 걸어주었다. 중학교 1학년 남자아이에겐 아직 아이다운 순진함이 남아 있나 보다.

하지만 "있잖아, 엄마, 엄마, 엄마" 하고 도모코에게 달라붙는 모습은 예나 지금이나 똑같다. 목소리만 굵어졌을 뿐.


'그 후' 아스카를 만난 사람은 아무도 없다. 위탁 부모였던 가와모토 기요코도, 자매처럼 지냈던 기요코의 친딸 하즈키도 아스카를 만나지 못했다. 대강의 '그 후'만 전해져올 뿐이다. 기요코는 이렇게 전한다.

"정서 장애아 단기 치료 시설은 2년 프로그램이에요. 중학교 1학년 가을에 들어가 중학교 3학년 가을에 프로그램이 종료됐는데 가정 복귀는 불가능해 고등학교 진학을 염두에 두고 위탁 가정으로 들어간 것 같아요. 우리랑은 다른 지역에 사는 위탁 부모라서 어떤 분인지 잘 몰라요."

제4장의 주인공 아스카는 지금 고등학교 1학년이다. 패션 디자인 관련 공립 전문고등학교에 다닌다고 소문으로 들었다. 앞으로 3년 동안 기능을 익히면 자립도 가능할지 모른다고 기요코는 안도했다.

"지금은 안정된 생활을 하고 있나 봐요. 우리 집에 있을 때 모든 게 뒤죽박죽되고 말았잖아요. 엄마랑도 이제 깨끗이 정리를 한 모양이더라고요."

가와모토홈에서 순조롭게 성장하던 아스카의 일상을 산산이 부숴버린 생모이지만 지금도 가끔씩 기요코에게 아스카의 사진을 보내온다.

"그게 말이에요, AKB처럼 귀여운 옷을 입고 '어때?'라고 말하는 듯한 모습이에요. 이제 드디어 엄마가 걸어놓은 마법에서 풀려났나 봐요. 여자아이니까 귀여운 옷 입고 싶겠죠. 드디어 자연스럽게 자신을 드러낼 수 있게 된 것 같아요. 자기가 입고 싶은 옷을 입을 수 있게 됐으니까. 이제 아스카 걱정은 안 해요. 안심해도 될 것 같아요."

아스카는 생모와 1년에 한두 번 면회라는 형식으로 교류를 이어가고 있었다. 그때마다 생모는 아스카의 사진을 찍어 기요코에게도 보내준다.

올해 여름에 찍은 아스카 사진을 기요코가 보여줬다. 날씬한 몸에 허리 부근까지 기른 까만 생머리, 어른스러운 분위기를 풍기는 가늘고 긴 눈초리의 소녀가 그곳에 있었다. 잔잔한 꽃무늬가 들어간 산뜻한 점프슈트를 입은 딱 요즘의 여고생. 과거 엄마가 금지했던 앞머리도 지금은 단정히 내렸다. 지나친 농담처럼 느껴졌던, 기요코가 '고릴라'에 비유했던 모습은 흔적도 없이 사라지고 흰 살결에 팔다리가 길쭉한 늘씬한 소녀가 서 있었다.

지금의 아스카는 생모와 적당한 거리를 취하고 있을 터이다. 아기로 돌아가 생모에게 "사랑해줘" 하고 매달렸지만 이루지 못했던 상실감을 아스카는 이제 어떻게든 메웠는지도 모른다. 정서 장애아 단기 치료 시설의 프로그램은 물론 의사, 심리 치료사, 직원 등의 도움도 컸을 것이다. 그 성과로 1년에 한두 번 만나는 모녀 관계가 아스카의 안정을 위해서 가장 최선이라고 판단한 것이다.

아스카가 상실감을 메워가며 생모와 거리를 둘 수 있게 된 과정을 아스카에게 직접 듣고 싶다. 무엇보다 아스카는 어떤 표정을 짓고 어떤 목소리로 말을 할지 만나보고 싶다. 하지만 이건 그저 내 욕심이다. 무엇보다 중요한 것은 아스카의 '지금'이며 '미래'이다. 지금은 아직 만날 수 없는 소녀 아스카를 멀리서나마 응원해주고 싶다. 언젠가 만날 날이 오기를 바라면서.

기요코는 생모가 가끔 아스카 소식을 전해주는 게 고맙다. 아스카와의 인연의 끈이 끊어지지 않았음을 느끼게 해줘서다. "그래서" 하고 운을 떼며 기요코는 아득한 미소를 짓는다.

"내가 직접 해줄 수 있는 건 아무것도 없지만 친척 아줌마처럼 멀리서 아스카를 응원하고 있어요. 그 애들에게는 응원해주는 어른이 많으면 많을수록 좋을 테니까."

아스카는 지금 가와모토홈에서 지낸 날들을 어떻게 회상하고 있을까. 아스카의 기억 어딘가에 기요코가 만든 다닌동과 장어덮밥이 남아 있을까. 기요코의 마음속에 그런 미련 따위는 전혀 없다. 마음 깊이 바라는 건 단 하나다.

뒤는 돌아보지 않아도 되니까 자신의 미래를 향해 나아가길. 이상한 생각, 분노 같은 나쁜 감정에 휘둘리지 말고 아스카는 아스카의 길을 걸어가길. 아줌마가 바라는 건 그것뿐이라고. 멀리서 언제까지고 언제까지고 응원할 테니까.


만날 때마다 일본 배우 오노 마치코尾野真千子와 닮았다고 매번 생각한다. 다키카와 사오리와는 일 때문에 그의 집 근처에 갈 일이 있을 때면 꼭 연락을 했고 여러 차례 만나 함께 술을 마셨다.

　최근 이런저런 안 좋은 상황이 파도처럼 계속 밀려들었지만 사오리는 풀리지 않는 영원한 숙제인 첫째 딸 유메를 위해 동분서주했다. 이렇게까지 하는구나 하고 경의를 표하고 싶을 정도로 열심이다.

　유메는 초등학교 4학년이 된 올해 4월에 맹학교로 전학을 갔다. 사람이 많은 상황에 잘 적응하지 못하는 유메에게는 교사가 1:1로 봐주는 시스템이 훨씬 잘 맞을 거라고 판단했기 때문이다. 아들 가이의 시각 장애는 사오리에게서 유전된 것이었는데 유메에게도 그런 증상이 나타났고 맹학교에 다녀야 할 만큼 시력이 떨어졌다.

　초등학교 입학 이후 학교에 적응 못 하는 유메를 위해 사오리는 유메를 일반 학급에서 정서 학급情緒學級(자폐 스펙트럼 장애 및 정서 장애 특별지원학급. – 옮긴이)으로 옮기고 치료, 상담 등 유메의 어려움을 어떻게든 해결해보려 할 수 있는 일은 뭐든 찾아서 했다.

　유메 자신도 바랐던 맹학교. 하지만 신나서 다녔던 건 처음 며칠뿐이다. 바래다주는 사오리의 차에서 꿈쩍도 않고 버티며 등교를 거부하는 사태가 계속 이어졌다.

　"8시 반에 데려다주는데 10시가 지나도록 차에서 나오지 않아요. 난 선생님한테 맡기고 멀찌감치 있어요. 애를 때리기 시작하면 걷잡을 수 없을 테니까. 어쨌든 꽤 참을성이 생겼어요."

말은 그리했지만 최근에 또 폭발했다고 한다.

"머리끝까지 화가 치밀어 차 문을 박차고는 선생님 앞에서 '너, 죽여버릴 거야. 내려, 빨리!'라고 말했어요. 유메는 학교가 떠나가라 꺅! 사이렌처럼 소리치고요. 유메를 억지로 내리게 하고는 발로 차서 덜렁덜렁해진 차 문을 열어둔 채 차를 끽 출발시켜서 돌아왔죠."

이러면 늘 정해진 패턴의 정신 상태가 되풀이된다.

"그러면 하루 종일 기분이 나빠요. '너 때문에, 기분 나빠'로 시작해 '너 같은 애가 있으니까 기분이 나쁘잖아'로 바뀌고 '너 같은 애가 살아 있으니 기분이 나빠'로 결국에 그렇게 되고 말아요."

그럼에도 이전처럼 유메에게 손찌검하는 일은 없다.

"아이를 때리지 않으려고 벽을 때려요. 손이 부러질 정도로. 정말 참고 있어요."

유메를 향한 미움이라는 감정을 없애고 싶다고 사오리는 간절히 바란다. 좋아하게 되는 것까진 바라지도 않는다면서. 유메보다 네 살 아래인 아들 가이를 향한 사랑은 저절로 샘솟는다. 성장의 기쁨을 주는 아이니까.

"가이, 유치원에서 돌아오면 배운 노래를 불러줘요. 귀엽죠. 발표회 보러 가면 많이 컸구나 싶어 뭉클하고. 그 기억이 소중해요. 화가 치밀었을 때 그 기억으로 멈출 수 있어요. 유메는 유치원에 안 갔죠."

가이를 볼 때면 솟아나는 사랑스러운 감정을 유메에게선 느낀 적이 없다. 그럴 정도로 대하기 힘든 아이인 건 분명했다. 최근 상담사에게 지적을 받았다.

"어머님이 제대로 된 양육자가 없는 상황에서 자랐고 유메도 장애가 있는 아이예요. 어머님의 성장 배경에 발달 장애 아이를 돌봐야 하는 고된 육아가 겹쳐지면서 가장 힘든 모녀 관계가 형성되는 일이 많아요."

유메의 정서 발달에 자신이 부정적인 영향을 주는 건 아닌가 걱정되어 상담했을 때 들은 대답이었다.

육아를 하면서 사오리는 판단 불능인 순간을 수없이 맞닥뜨린다.

"이를테면 급식 때 쓰는 테이블 매트. 이걸 매일 바꿔줘야 하나 어쩌나 몰라서. 더러운 것 같진 않으니까 그냥 계속 보냈더니 학교에서 '매일 바꿔주세요' 하고 주의를 받고 방임한다고 의심받았어요. 그런 거 난 한 번도 누가 빨아준 적이 없으니까 몰라요."

테이블 매트, 체육복 같은 경우면 그나마 낫다. 유메가 농성에 돌입해 자기 입으로 조건을 내건 적이 있다.

"3교시가 끝날 때까지 엄마랑 같이 밖에 있을 거야. 그러고 나서 학교에 갈래."

과연 이 조건을 받아들여야 하는지 사오리는 판단이 서지 않았다.

"내가 싫으니까 그냥 거절하면 되는 건가, 거절하면 유메의 정서 발달에 영향을 주게 되나. 그런 걸 판단을 못 하겠어요. 상담 선생님이나 주치의나 학교 선생님에게 일일이 물어보지 않으면 몰라요."

사오리는 자신의 출생과 성장 배경 때문에 생긴 2차 장애의 결과로 유메가 정서 불안정이 된 것은 아닐까 괴로워한다.

"내게서 대물림된 거면 유메를 어떻게 돌봐야 할까. 누구에게 맡길까."

그래서 맹학교 교사에게 자신의 출생을 털어놨다. 처음으로 신뢰할 수 있는 교사를 만났다고 생각해서다.

"나는 6명이나 양육자가 바뀌었고 제대로 된 어른에게 맡겨진 적이 없어요."

그리고 이렇게 부탁했다.

"나 때문에 유메가 이것저것 못 배우는 게 많아요. 이상한 엄마를 두었다고 놀림받지 않게 어떻게든 노력은 하고 있습니다만, 내게서 남과 달리 도덕성이 결여된 점이라든가 비상식적인 곳을 발견하면 알려주세요. '엄마가 이상하니까 유메랑 놀지 마'라는 말은 정말 듣기 싫거든요."

사오리는 유메와 함께 자신도 성장하려 애쓰고 있다.

"'이상한 엄마여서 그런 거다'라고 끝나버리면 유메도 괴로울 테니까."

한 번도 제대로 된 돌봄을 받아보지 못한 채 엄마가 되어 지뢰밭을 걷는 듯한 육아에 진저리 치며 지내는 사오리. 그의 마음속엔 언제 터질지 모를 폭탄까지 들어 있다. 바로 얼마 전 꽁꽁 묻어두었던 광경이 꿈속에서 되살아났다. 사오리는 늘 쫓기는 꿈을 꾼다. 결국에는 묘지에 도착해 등 뒤에 있는 피의 강을 건너지 않으면 도망칠 수 없는 상황에 몰린다. 강에는 시체가 떠다니고 있다.

"그날은 아침에 일어나서, 토가 나올 것 같아서. 기억에서 도망쳐 나왔는데 꿈이 가르쳐줬어요. 저, 묘지에서 강간 당했어요. 지금까지 바람 소리라든지 흑갈색 억새밖에 기억이 나지 않았는데 장소가 선명하게……. 묘지 뒤편이었어요. 절대로 아무도 오지 않는 장소. 무서웠어요. 엉엉 울며 상담 선생님에게 전화를 했어요."

초등학교 6학년 여름방학 비열한 남자가 어린 소녀에게 행한 범죄행위는 이렇게까지 오랜 시간 마음을 잔혹하게 후벼 팠다. 그때부터 지금까지 사오리는 한순간에 피가 왈칵 뿜어져 나올 정도로 깊디깊은 상처를 몸에 꽁꽁 싸맨 채 살아왔다. 인간으로서의 근간을 무참히 짓밟힌 채로.

사오리가 멍하니 말한다.

"삶과 죽음이 종이 한 장 차이라 기회만 닿으면 죽으려는 마음이 내내 머릿속에 있어서……. 평범한 사람들은 모르겠죠. 어렸을 땐 자기 전에 늘 '이대로 눈뜨지 않게 해주세요' 하고 빌었어요."

'평범한 사람', 거기에는 물론 나도 포함된다. 유머 가득한 웃음, 농담, 호쾌하게 잔을 기울이는 사오리의 옆에 지금도 '죽음'이 있다는 엄중한 사실에 파르르 몸이 떨렸다. 아무리 함께 술잔을 기울이며 웃어도 '함께'가 아닌 것이다. 주어진 일상이, 삶이 당연한 나와 달리 사오리는 언제든 삶을 버릴 마음으로 휘청휘청 생의 한가운데를 걸어가고 있다.

그렇기 때문에 사오리, 당신은 훌륭하다.

정말 미워, 진짜 싫어, 귀엽다는 생각이 든 적이 한 번도 없어, 응석 부리며 매달리면 으악 짜증 난다는 생각밖에 안 들어……. 유메를 향해 날선 감정을 품으면서도 사오리는 엄마로서 유메를 위해 행동하고 있다. 생모나 계모, 돌봐준 할머니에게서 한 번도 받아본 적 없는 것들을 사오리는 유메를 위해서 하고 있다. 유메에 대한 학대가 앞으로의 성장에 어떤 영향을 줄지는 모르지만 그럼에도 사오리는 생모, 계모와 달리 '엄마'로서 이를 악물고 살아간다. 사오리의 등을 토닥토닥 다독여주고 싶다. 유메를 위해서 교사에게 자신의 출생과 성장 과정을 모두 털어놓은 용기를 칭찬해주고 싶다.

그렇지만 유메와의 관계는 계속 삐걱거린다. 불쑥 화가 치밀고 울컥 화를 쏟아내며 쓸데없는 말을 해버린다. 늘 이 말을 반복한다.

"너 같은 애는 낳지 말았어야 해."

유메도 더 이상 당하기만 하지는 않는다. 엄마에게 대차게 따지고 든다.

"유메는 이젠 말을 너무 잘해서 더 화가 나요. 사람을 화나게 하는 급소를 알고 있다니까요."

"사오리한테 배운 거 아냐?"라고 지적하자 "아, 그럴지도 몰라요" 하며 호탕하게 웃는다.

"저, 말로 사람을 울려요. 남의 아픈 곳을 정확히 찾아내서. 이게 내 재능이에요. 정말 유메도 똑같네. 내 안에 천사랑 악마가 있어서 지원센터 사람들 앞에서는 천사처럼 대응했거든요."

예를 들어 "자살은 생각하지 마세요"라는 말을 들었을 때에 천사는 이렇게 대답한다.

"네, 걱정 마세요. 고맙습니다."

악마는 이렇다.

"나 같은 사람이 어떤 상태인지 당신 같은 사람들이 알 턱이 없지."

이 한마디에 중년의 여성 지원 담당자가 울며 돌아갔다고 한다. 악마로 바뀌는 계기는 이런 말이었다.

"유메도 언젠가 엄마의 마음을 알고 고마워할 거예요."

사오리 안의 악마는 딱 알아챈다.

"알고 있어, 당신이 듣고 싶은 말은. 어차피 가짜, 겉으로만 친한 척하는 거지."

날마다 위태롭게 흔들리면서도 지금 사오리는 분명히 느낀다.

"(이전처럼) 유메를 두들겨 패고 싶지는 않아요. 그러니 벽을 때리죠. 유메한테 불쑥 화가 나도 이전보다는 참을 수 있게 됐으니까."

금방이라도 치켜올릴 것만 같은 손을 사오리는 꾹 눌러 내린다. 아이에게 악마를 보여주지 않기 위해서. 그렇기 때문에 몇 번이나 말해주고 싶다. 사오리, 당신은 아등바등하면서도 엄마로서 무엇을 해야만 하는지 생각하고 똑바로 행동하고 있다고. 학대의 연쇄를 끊고 싶기 때문에 자신뿐만 아니라 유메도 상담을 받게 하고 있다고.

육아의 롤 모델이 전무한 채로 엄마가 되는 건 불안으로 가득 찬 미지의 세계에 발을 들여놓는 것과 같다. 이를테면 내 기억 속에는 계절마다 달라지는 제철 음식으로 차린 밥상도, 불안으로 잠 못 드는 때에 파고들었던 엄마의 이불 속 따스함도 남아 있다. 목이 아플 때 열이 났을 때 엄마가 어떻게 해줬는지 떠올리면서 아이를 간병한다. 유메가 열이 났을 때 사오리는 남편이 처방받은 어른용 좌약을 유메에게 넣었고 유메는 저체온이 되어 죽을 뻔했다. 열이 났을 때 자기에겐 아무도 아무것도 해주지 않았기 때문이다. 게다가 유메의 성장을 바라보는 일은 '자신이 받지 못했던' 것들을 아프게 떠올려야만 하는, 자신의 상처를 도려내야 하는 일이기도 했다.

분명 유메를 향한 학대가 100퍼센트 없어질 거라고 장담할 수는 없지만 자신의 생모나 계모와는 다른 용기 있는 인생을 사오리가 선택했다는 사실만은 틀림없다. 가끔 만날 뿐인 나는 아무런 힘도 되어주지 못하지만 사오리의 주위에 이런 모녀를 지켜봐주는 사람과 시스템이 두터워지기를 진심으로 바라본다.

"학대는 평생 아이를 괴롭히는군요."

미유의 위탁 부모 요코야마 구미의 말이다.

"아무리 환경이 정리되고 안심할 수 있는 상황이 되어도 학대로 받은 상처는 제로가 되지 않아요. 지적 발달 지체를 회복하지 못하는 아이도 있고 집중력이 없거나 과잉 행동을 보이거나 남의 감정을 읽지 못하는 등 발달 장애와 같은 경향이 아무래도 남게 돼요."

학대 피해 아동을 매일 마주하며 함께 살아가는 사람의 거짓 없는 증언이다. 이 말이 지닌 무게를 되새겨본다. 괴로움에 신음하는 사오리의 나날이 문득 떠오른다.

학대는 이렇게까지 심각하게 아이에게 상처를 입힌다. 미유도 마사토도 가정이라는 안심하고 지낼 수 있는 환경과 자신을 포근히 안아주는 존재를 만났지만 태어난 순간부터 받은 학대 흔적은 아직 몸과 마음에 깊이 각인되어 있다. 다쿠미는 선천적인 지적 장애는 아니지만 지적 장애인으로서 자립하는 길을 걸어가야만 한다. 그가 자란 시설에서 행해진 일 또한 아이를 상처 입히는 학대였다.

인생의 첫 몇 년 동안 겪은 일로 그들은 평생 고통과 괴로움을 짊어지고 살아간다. 그렇다 하더라도 가정이라는 보금자리를 얻고 그곳에 뿌리를 뻗어 자신을 사랑해주는 엄마 아빠, 같은 고통을 품은 형제자매와 함께 자기 속도에 맞춰 느리지만 천천히, 분명히 성장하고 있다.

아이는 하나하나가 소중한 빛이다. 그렇기 때문에 반짝반짝 빛이 나도록 그 불이 꺼지지 않도록 아름답게 빛날 수 있도록 잘 품고 지켜줘야 한다. 아이가 지닌 모든 것을 사

랑하고 존중하는 일이 아이가 자라는 데 있어 얼마나 중요한
지를 학대 피해 아동의 '그 후'는 보여준다.

　　짓밟히고 내동댕이쳐진 아이들이기에 어른은, 사회는
더욱 그들을 껴안아야 한다. 사회적 양호의 장에서 자라나는
아이들의 문제는 특수하거나 특별한 영역이 결코 아니다. 그
곳에 모아놓고 그들을 '없는' 것처럼 외면해선 안 된다. 결코
그런 사회여서는 안 된다고 다시 만난 아이들 한 사람 한 사
람의 미소를 보며 굳게 다짐한다.

　　이번 여름 여행에서 나는 아이들이 아름답지만 약하고
꺼지기 쉬운 빛이기에 '집'이라는 한 지붕 아래에서, 가족이
라는 울타리 안에서 사랑받고 존중받으며 자라는 일이 얼마
나 중요한지를 다시금 직접 확인할 수 있었다. 단언컨대 여기
에 분명 희망이 있다.

　　앞으로도 하나하나의 성장을 '친척 아줌마'처럼 지켜
봐주고 싶다. 사오리와는 사오리만 괜찮다면 친구 혹은 나이
많은 언니로 평생 옆에 있어 주고 싶다.

2015년 9월

구로카와 쇼코

# 참고 문헌

杉山登志郎,『子ども虐待という第四の発達障害』, 学研プラス(스기야마 도시로, 『아동 학대라는 제4의 발달 장애』, 가쿠겐플러스), 2007.

杉山登志郎,『発達障害の子どもたち』, 講談社現代新書(스기야마 도시로, 『발달 장애 아이들』, 고단샤겐다이신쇼), 2007.

杉山登志郎,『発達障害のいま』, 講談社現代新書(스기야마 도시로, 『발달 장애의 현재』, 고단샤겐다이신쇼), 2011.

坂井聖二,『子どもを病人にしたてる親たち ― 代理によるミュンヒハウゼン症候群』, 明石書店(사카이 세이지, 『아이를 환자로 몰아가는 부모 ― 대리 뮌하우젠 증후군』, 아카시쇼텐), 2003.

ヘネシー澄子,『子を愛せない母 母を拒否する子 ― 今増えている愛着障がいが教える母と子の絆の大切さ』, 学習研究社(헤네시 스미코, 『아이를 사랑하지 않는 엄마, 엄마를 거부하는 아이 ― 오늘날 늘고 있는 애착 장애가 알려주는 엄마와 아이 사이 유대의 중요성』, 가쿠슈겐큐샤), 2004.

西澤哲,『子どもの虐待 ― 子どもと家族への治療的アプローチ』, 誠信書房(니시자와 사토루, 『아동 학대 ― 아이와 가족을 향한 치료적 접근』, 세이신쇼보), 1994.

西澤哲,『子ども虐待』, 講談社現代新書(니시자와 사토루, 『아동 학대』, 고단샤겐다이신쇼), 2010.

増沢高,『虐待を受けた子どもの回復と育ちを支える援助』, 福村出版(마스자와 다카시, 『학대받은 아이들의 회복과 성장을 지원하는 원조』, 후쿠무라슈판), 2009.

南部さおり,『代理ミュンヒハウゼン症候群』, アスキー新書(난부 사오리, 『대리 뮌하우젠 증후군』, 아스키신쇼), 2010.

南部さおり,『児童虐待 ― 親子という絆、親子という鎖』, 教育出版(난부 사오리, 『아동 학대 ― 부모 자식이라는 유대, 부모 자식이라는 쇠사슬』, 교이쿠슈판), 2011.

毎日新聞児童虐待取材班,『殺さないで ― 児童虐待という犯罪』, 中央法規出版(마이니치신문 아동 학대 취재반, 『죽이지 마 ― 아동 학대라는 범죄』, 주오호키슈판), 2002.

朝日新聞大阪本社編集局, 『ルポ 児童虐待』, 朝日新書(아사히신문 오사카지부 편집국, 『르포 아동 학대』, 아사히신쇼), 2008.

犬塚峰子, 田村毅, 広岡智子, 『児童虐待 父・母・子へのケアマニュアル 東京方式』, 弘文堂(이누즈카 미네코, 다무라 다케시, 히로오카 도모코, 『아동 학대 부・모・아이를 위한 돌봄 매뉴얼 도쿄 방식』, 고분도), 2009.

宮田雄吾, 『『生存者』と呼ばれる子どもたち 児童虐待を生き抜いて』, 角川書店(미야타 유고, 『아동 학대에서 살아남은 생존자라 불리는 아이들』, 가도카와쇼텐), 2010.

小田兼三, 石井勲 編, 『養護原理 現代の保育学5』, ミネルヴァ書房(오다 겐조, 이시이 이사오 편집, 『양호 원리 현대 보육학5』, 미네르바쇼보), 1982.

堀場純矢 編著, 『子どもの社会的養護内容 ─ 子ども・職員 集団づくりの理論と実践』, 福村出版(호리바 준야 편저, 『아이의 사회적 양호 내용 ─ 아이와 직원 집단 형성의 이론과 실천』, 후쿠무라슈판), 2013.

木下茂幸 著, 前田信一 監修, 『児童養護とは何か ─ 木下茂幸の養育論』, 明石書店(기노시타 시게유키 저, 마에다 신이치 감수, 『아동 양호란 무엇인가 ─ 기노시타 시게유키의 양육론』, 아카시쇼텐), 2007.

ささやななえ 画, 椎名篤子 原作, 『凍りついた瞳』, 集英社YOU漫画文庫(사사야 나나에 그림, 시이나 아쓰코 원작, 『얼어붙은 눈동자』, 슈에이샤 YOU만가분코), 1995.

ささやななえ画, 椎名篤子 原作, 『続 凍りついた瞳 ─ 被虐待児童からの手紙』, 集英社YOU漫画文庫(사사야 나나에 그림, 시이나 아쓰코 원작, 『속續 얼어붙은 눈동자 ─ 학대 피해 아동이 보낸 편지』, 슈에이샤 YOU만가분코), 1999.

ささやななえ画, 椎名篤子 原作, 『新 凍りついた瞳』, 集英社愛蔵版コミックス(사사야 나나에 그림, 시이나 아쓰코 원작, 『신新 얼어붙은 눈동자』, 슈에이샤 애장판 만화), 2003.

佐藤万作子, 『虐待の家 ─ 義母は十五歳を餓死寸前まで追いつめた』, 中央公論新社(사토 마사코, 『학대의 집 ─ 계모는 15세 아이를 아사 직전까지 몰아갔다』, 주오고론신샤), 2007.

杉山春, 『ネグレクト 育児放棄 ─ 真奈ちゃんはなぜ死んだか』, 小学館文庫(스기야마 하루, 『방임 육아 방기 ─ 마나는 왜 죽었나』, 쇼가쿠칸분코), 2007.

スーザン・フォワード 著, 玉置悟 訳, 『毒になる親 ─ 一生苦しむ子供』, 講談社+α文庫, 2001. (한국어판: 수잔 포워드 지음, 김형섭 외 옮김, 『독이 되는 부모』, 푸른육아, 2020.)

ジュリー・グレゴリー 著, 細田利江子, 寺尾まち子 訳,『Sickened — 母に病気にされ続けたジュリー』, 竹書房文庫, 2004. (한국어판: 줄리 그레고리 지음, 김희정 옮김,『병든 아이 — 엄마, 나는 아프지 않아요』, 태일소담출판사, 2017.)

大久保真紀,『児童養護施設の子どもたち』, 高文研(오오쿠보 마키,『아동 양호 시설의 아이들』, 고분켄), 2011.

NPO法人日向ぼっこ 編著,『『日向ぼっこ』と社会的養護 施設で育った子どもたちの居場所』, 明石書店(NPO법인 히나타보코 편저,『히나타보코와 사회적 양호 시설에서 자란 아이들의 보금자리』, 아카시쇼텐), 2009.

渡井さゆり,『大丈夫がんばっているんだから』, 德間書店(와타이 사유리,『괜찮아, 넌 잘 하고 있어』, 도쿠마쇼텐), 2010.

小林美佳,『性犯罪被害にあうということ』, 朝日新聞出版(고바야시 미카,『성범죄 피해를 당한다는 일』, 아사히신분슈판), 2008.

坂本洋子,『ぶどうの木 — 10人の"わが子"とすごした、里親18年の記録』, 幻冬舎文庫(사카모토 요코,『포도나무 — 열 명의 아이와 지낸 위탁 부모 18년의 기록』, 겐토샤분코), 2003.

坂本洋子,『丘の上の家』, 幻冬舎(사카모토 요코,『언덕 위의 집』, 겐토샤), 2004.

坂本洋子 編, 東京養育家庭の会みどり支部 監修,『わたしたち里親家族！— あなたに会えてよかった』, 明石書店(사카모토 요코 편집, 도쿄양육가정모임 미도리지부 감수,『위탁 부모 가족! — 널 만나 다행이야』, 아카시쇼텐), 2008.

石亀泰郎,『かあさんのにおい — ある乳児院の光と陰の物語 フォトエッセイ集』, 廣済堂出版(이시가미 야스로,『엄마 냄새 — 어느 유아원의 빛과 그늘 이야기 포토에세이집』, 고사이도슈판), 1997.

링거에 썩은 물을 넣는다고? 그렇게 둘째, 셋째, 넷째 애를 죽였다고?

책을 열자마자 나온 믿기지 않는 얘기에 '이런 엄마가 세상에 어디 있겠어, 일본의 아주 특수한 사례겠지' 하며 몇 장 넘겨보다 말고 책을 덮었다. 한참 잊고 지내다 '정인이' 얘기로 세상이 들끓을 때 문득 이 책이 떠올라 다시 꺼내 찬찬히 들여다보았다. 세상에 그런 부모가 어디 있겠나 싶었는데 있었다. 분명히 존재하는데도 부정하고 싶어 외면했는지 모르겠다. 링거에 썩은 물을 섞어 넣어 제 자식을 죽음으로 몰아가는 부모를 보며 어떻게 엄마가 애한테 이럴 수 있느냐고, 왜냐고 의사에게 따지듯 묻는 저자의 마음이 꼭 내 마음 같았다. 그 마음을 따라가며 저자의 여행에 동행하는 사이 보이지 않던 아이들이 보였다. 이 책은 뉴스에선 보이지 않던, 아동 학대를 구성하는 전체 그림의 가장 중요한 퍼즐 한 조각을 찾아 끼워 넣는다. '학대 그 이후.'

아동 학대 사건을 다룬 뉴스를 볼 때마다 가해자에게 정당한 죄를 물어야 한다고, 제대로 된 법과 제도를 만들어 더 이상 아이들이 폭력 속에 놓이는 일은 없어야 한다고 조급해하다가 여론이 잦아들면 나 또한 금세 잊곤 했다. 나와는 거리가 먼 일인 양 세상에 그런 아이들은 없는 양 내 일상은 흘러갔다. 돌이켜보면 정작 '아이'에 대해선 아무것도 알 수 없었다. 사건에 붙은 아이의 이름만이 알 수 있는 전부였다. 죽지 않고 살아남은 아이들은 안전한 곳에서 잘 지내고 있을까. 아니면 여전히 죽음과 생이 오가는 순간순간을 가까스로 버티고 있을까.

『생일을 모르는 아이』는 사회의 관심이 멈춘 바로 그곳에서 시작한다. 어쩌면 학대 사건 자체는 아이의 길고 긴 삶의 서장에 불과할지도 모른다. 지독히도 끔찍하고 섬뜩한 서장. 구로카와 쇼코는 학대에서 살아남은 아이들이 어디서 어떻게 지내고 있는지 그 후를 좇는다. 어떤 학대 후유증을 겪으며 어떤 일상을 살아가는지 학대 피해 아동을 껴안은 위탁 가정은 어떤 문제에 직면하는지 들여다본다.

　　책에는 마음의 상처와 싸우는 아이들의 암울한 현실과 평범한 삶을 향한 희망이 교차한다. 엄마가 고함치며 화내는 환청에 시달리는 미유, 커튼으로 몸을 휘감고 그 속에서 몇 시간이고 숨죽이고 있는 마사토, 모든 사람을 적으로 바라보는 다쿠미, 아무리 상처받더라도 엄마에게 돌아가고 싶다고 애원하는 아스카, 학대의 굴레에서 괴로워하는 사오리, 이렇게 다섯 명의 이야기를 중심으로 학대 피해 아동의 돌봄 현장을 파고든다. 그리고 이들을 지켜주고 돌봐주며 삶의 길로 이끄는 위탁 부모와 의사의 모습을 통해 아동 학대의 전체상을 그려나간다.

　　영화 〈바닷마을 다이어리〉, 〈그렇게 아버지가 된다〉, 〈어느 가족〉 등을 통해 꾸준히 '가족'이라는 주제를 다뤄온 감독 고레에다 히로카즈는 이 책에 대하여 이렇게 상찬한 바 있다. "폭풍우 속에 뛰어들어 바람에 휩쓸리면서 써 내려간 르포가 아니라 폭풍우가 지나간 후 파도가 잠잠해진 해변에 나뒹구는 나무토막을 하나하나 주우며 적어나간 여행자의 기록이다. 현재에 새겨진 과거의 잔해를 응시하며 폭풍우가 얼마나 무섭게 휘몰아쳤는지 상상하면서 뒤늦게 사건을 쫓는다. 무엇이 과거가 되었고 무엇은 과거가 되지 못했는가? 이를 해부하는 눈, 그 눈이 무척이나 예리하면서도 부드럽다"

라고. 그것은 "충격적인 묘사에만 펜을 굴리는 사람이 세상에 넘쳐나고, 문장이 훌륭한지 졸렬한지는 제쳐두고라도 누구나가 무엇이든 표현할 수 있는 이 시대에, 구로카와는 이 일을 업으로 삼는 사람이라면 어떤 태도로 타인을 대해야 할까를 고민"했기 때문일 것이다. "앞다퉈 현장으로 뛰어가는 것만이 능사가 아니며 뒤늦게 찾아가는 일 또한 하나의 방식, 태도의 표명이지 않을까" 하고.

번역을 마치고 나서도 한동안 아이들이 불쑥불쑥 생각났다. 계란 프라이를 하다 프라이팬에 손이 살짝 댔을 땐 미유의 손등에 난 화상이 떠올라 마음이 아렸고 머리를 감다가는 머리 감는 법을 몰라 물만 묻히고 마는 다쿠미가 떠올라 울컥했다. 앞으로도 하루하루 일상 속에서 학대의 상흔을 수없이 마주해야 하는 아이들의 삶 앞에 마음이 숙연해졌다.

"치료의 목적은 아이가 세상을 살아가기 쉽게 만들어주는 것이지 '다루기 쉬운 아이'로 만드는 것이 아니"라는 의사의 말이 오래도록 마음을 붙잡았다. 말 잘 듣는 착한 아이라는 시선에 갇혀 성장했던 '나'와 왜 이렇게 말을 안 듣느냐고 아이를 다그치는 '나'가 떠올랐다. 어린 나에게 요구됐던 것도 지금 내가 아이에게 요구하는 것도 '다루기 쉬운 아이'가 되라는 것이었다. 어른이 다루기 쉬운 아이. 학대의 근간에는 아이를 내 마음대로 해도 된다는 마음과 훈육이라는 명분 아래 아이를 다루기 쉬운 아이로 만들려는 태도가 자리 잡고 있다. 이런 마음과 태도가 내겐 없다고 확신할 수 있을까.

학대받은 아이들을 온전한 아이로 자랄 수 있게 하는 건 어른의 몫일 터이다. 막연하지만 책에 등장하는 패밀리홈 위탁 부모들의 시선과 태도에서 어른이 담당해야 할 몫의 실마리를 찾아본다. 학대받은 아이들을 보듬는 패밀리홈 위탁 부모들의 따스한 시선이 느껴지는 대목에선 어김없이 눈시울이 뜨거워졌다. 동등한 생명체로서 아이를 대하고 아이의 성장을 묵묵히 지켜봐주는 그 시선이 아이들을 지켰고 아이들의 상처를 희미하게 만들었다. 반복되는 아동 학대 뉴스를 접하며 무력해질 때마다, 해마다 늘어나는 학대 피해 아동 통계를 보며 무감해질 때마다 이들의 시선을 기억하려 한다. 그리고 이 책을 통해 학대 그 이후의 삶에 대한 우리 사회의 고민이 더 깊어지고 넓어지길 바라본다.

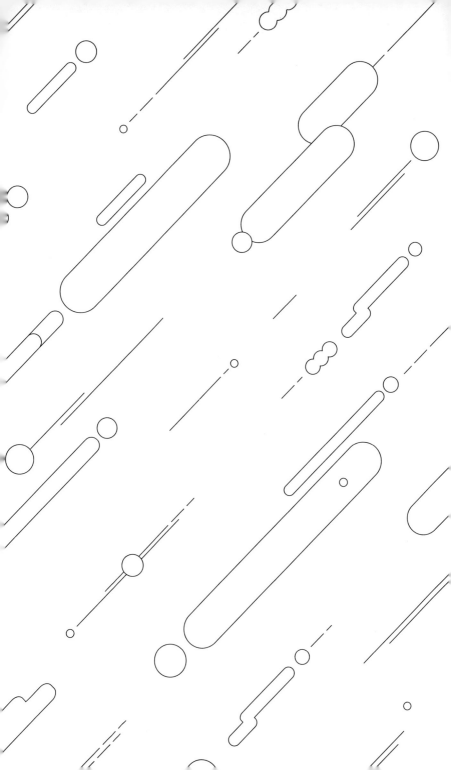

# 생일을 모르는 아이 — 학대 그 후, 지켜진 삶의 이야기

2022년 2월 7일 1판 1쇄

| 지은이 | 옮긴이 | |
| --- | --- | --- |
| 구로카와 쇼코 | 양지연 | |

| 편집 | 디자인 | |
| --- | --- | --- |
| 이진, 이창연, 홍보람 | 김민해 | |

| 제작 | 마케팅 | 홍보 |
| --- | --- | --- |
| 박흥기 | 이병규, 양현범, 이장열 | 조민희, 강효원 |

| 인쇄 | 제책 | |
| --- | --- | --- |
| 천일문화사 | J&D바인텍 | |

| 펴낸이 | 펴낸곳 | 등록 |
| --- | --- | --- |
| 강맑실 | (주)사계절출판사 | 제406-2003-034호 |

| 주소 | | 전화 |
| --- | --- | --- |
| (우)10881 경기도 파주시 회동길 252 | | 031)955-8588, 8558 |

| 전송 | | |
| --- | --- | --- |
| 마케팅부 031)955-8595, 편집부 031)955-8596 | | |

| 홈페이지 | 전자우편 | |
| --- | --- | --- |
| www.sakyejul.net | skj@sakyejul.com | |

| 블로그 | 페이스북 | 트위터 |
| --- | --- | --- |
| skjmail.blog.me | facebook.com/sakyejul | twitter.com/sakyejul |

ISBN 979-11-6094-905-6 03300